ERNEST LAROCHE

LE

LIVRE UTILE

MANUEL POPULAIRE

EN QUATRE PARTIES

LOIS, DÉCRETS, COUTUMES, FORMULES, USAGES
COMMERCE, FINANCES, INDUSTRIE
LA CHASSE, LE PROTOCOLE, LES PRÉSÉANCES
LE MARIAGE ET LE DIVORCE
LA CORRESPONDANCE ADMINISTRATIVE, LA CORRESPONDANCE PRIVÉE
FAILLITES ET BANQUEROUTES
LE CONTRIBUABLE ET L'ENREGISTREMENT
BREVETS D'INVENTION
TRIBUNAUX DE COMMERCE, CONSEILS DE PRUD'HOMMES
RENSEIGNEMENTS MILITAIRES
GUIDE DU COMMERÇANT DANS LES PRINCIPALES OPÉRATIONS DE DOUANE
ETC., ETC., ETC.

BORDEAUX	PARIS
G. GOUNOUILHOU	J. ROUAM ET Cie
IMPRIMEUR-ÉDITEUR	ÉDITEURS
11, rue Guiraude, 11	14, rue du Helder, 14

1892

LE
LIVRE UTILE

ERNEST LAROCHE

LE
LIVRE UTILE

MANUEL POPULAIRE

EN QUATRE PARTIES

LOIS, DÉCRETS, COUTUMES, FORMULES, USAGES
COMMERCE, FINANCES, INDUSTRIE
LA CHASSE, LE PROTOCOLE, LES PRÉSÉANCES
LE MARIAGE ET LE DIVORCE
LA CORRESPONDANCE ADMINISTRATIVE, LA CORRESPONDANCE PRIVÉE
FAILLITES ET BANQUEROUTES
LE CONTRIBUABLE ET L'ENREGISTREMENT
BREVETS D'INVENTION
TRIBUNAUX DE COMMERCE, CONSEILS DE PRUD'HOMMES
RENSEIGNEMENTS MILITAIRES
GUIDE DU COMMERÇANT DANS LES PRINCIPALES OPÉRATIONS DE DOUANE
ETC., ETC., ETC.

BORDEAUX
G. GOUNOUILHOU
IMPRIMEUR-ÉDITEUR
11, rue Guiraude, 11

PARIS
J. ROUAM ET Cie
ÉDITEURS
14, rue du Helder, 14

1892

PRÉFACE

L'ouvrage modeste et sans prétention — malgré son titre peut-être — que je viens de terminer, pourra, je crois, trouver sa place — une place encore inoccupée — dans plus d'une bibliothèque de petit commerçant, d'ouvrier ou d'artisan. A chacun il pourra rendre quelques services, fournir certains renseignements pratiques, donner de bonnes et sûres indications. C'est le seul but que j'aie entendu poursuivre en entreprenant mon travail.

A notre époque, ce ne sont pas les ouvrages spéciaux qui manquent. Écrits par des gens autorisés, instruits, compétents, ils fournissent, sur bien des sujets qu'il est essentiel de connaître, des détails dont on tire grand profit. Quoi de plus intéressant dans cet ordre d'idées par exemple — et pour ne citer que quelques titres — que le *Nouveau Guide en affaires*, de Durand de Nancy; *A travers le Code pénal*, de G. Vibert; le *Code-Manuel du citoyen-soldat*, d'Émile Manceau; *Chasse et Procès*, de Ch. Chenu; le *Savoir-Vivre*, de Mᵐᵉ E. Dufaux; le *Secrétaire universel*, d'Armand Dunois; l'*Enregistrement*, de Louis Peyroche?

Mais la lecture de tous ces ouvrages, qui m'ont aidé, je tiens à le déclarer, dans la tâche entreprise, n'est pas permise à tout le monde. Qui lit *Chasse et Procès*, ne connaît pas le *Savoir-Vivre*; qui étudie le *Nouveau*

Guide en affaires, n'achète pas l'*Enregistrement* — parce qu'il l'ignore...

J'ai souhaité que mon livre — reflet des ouvrages de longue haleine — pût être, par son prix et par la disposition des matières qu'il contient, accepté, lu et compris par tous; j'ai voulu aussi et surtout qu'il fût à la portée de la bourse du « plus grand nombre », pour me servir de l'expression consacrée. Être clair, précis, exact et aussi complet que possible dans la condensation, la sélection, telle a été ma règle de conduite, telle a été ma constante préoccupation.

Certes, je n'ai pas parlé de tout — est-ce d'ailleurs possible? Je n'ai pu étendre aussi loin que je l'eusse voulu, dans un cadre restreint cependant, mon champ d'études et de recherches, et pourtant, par la multiplicité des questions traitées, il me paraît avoir fait un travail non point de savant, mais de philanthrope — à ma manière; non une œuvre d'érudition, mais — je le répète et j'y insiste, car le mot synthétise mes louables désirs — une œuvre d'utilité.

Puissé-je avoir réussi!

E. L.

PREMIÈRE PARTIE

RENSEIGNEMENTS GÉNÉRAUX

LE

LIVRE UTILE

L'INSTRUCTION EN FRANCE

Il y a trois degrés d'instruction, qui comprennent chacun des gradations ou des variétés :

1º *L'instruction primaire,* à laquelle se limite la grande majorité des Français; on la reçoit dans les écoles primaires et dans les basses classes des lycées, collèges, etc.;

2º *L'instruction secondaire,* qui convient aux enfants des familles riches ou aisées, ainsi qu'à l'élite des jeunes gens pauvres que leurs aptitudes désignent pour des *bourses.* On reçoit cette instruction dans les lycées, les collèges, les petits séminaires, et dans un grand nombre d'institutions libres ;

3º *L'instruction supérieure,* qui est donnée dans les Facultés et dans quelques établissements spéciaux. Elle est nécessaire à ceux qui se destinent à la médecine, à la magistrature et au barreau, à l'enseignement secondaire et supérieur, etc.

L'État donne gratuitement l'instruction primaire et l'instruction supérieure.

L'enseignement est dit *public* lorsqu'il est donné par des maîtres relevant directement de l'État, des départements ou des

1

communes; il est dit *privé* ou *libre* lorsqu'il est organisé par des particuliers ou des associations.

En France, l'enseignement public domine; les professeurs qui s'y consacrent constituent le corps de l'*Université*. L'enseignement libre tient aussi une large place dans notre pays; il est surtout donné par des prêtres et des congréganistes, dans une unité de vues; il n'offre pas plus de diversité que l'enseignement universitaire.

Il n'y a pas non plus, entre les deux enseignements, de rivalité au point de vue des méthodes. Cela tient à ce que les études, à tous les degrés, sont sanctionnées par des examens que l'Université seule fait passer. Les programmes en sont arrêtés par le *Conseil supérieur de l'instruction publique,* et il faut nécessairement y subordonner tout enseignement. Le succès à ces examens est affirmé par la délivrance de diplômes, qui sont exigés à l'entrée de la plupart des carrières.

L'instruction, à tous ses degrés, a pris en France, depuis vingt ans, et surtout dans ces dernières années, un développement considérable.

En 1881, on a rendu l'enseignement primaire gratuit dans toutes les écoles publiques. En 1882, on a fait une obligation aux pères de famille d'envoyer leurs enfants à l'école jusqu'à ce qu'ils aient obtenu le certificat d'études primaires ou atteint l'âge de treize ans. On a créé presque de toutes pièces l'enseignement primaire supérieur, qui compte aujourd'hui 302 écoles primaires supérieures et 431 cours complémentaires.

Il y avait moins à faire du côté de l'enseignement secondaire. Cependant on a construit, un peu partout, pour les lycées, des bâtiments spacieux, où l'air et la lumière viennent apporter la joie et la santé. On a créé un grand nombre de nouveaux lycées. Mais l'effort de ces dernières années a porté surtout sur l'organisation et l'extension de l'enseignement secondaire des jeunes filles et de l'enseignement secondaire spécial.

C'est dans le domaine de l'enseignement supérieur que les plus grands progrès ont été accomplis. Partout les Facultés étaient à l'étroit et laissées dans le plus triste abandon; les *sciences* et la *médecine* surtout manquaient de laboratoires pour les études et les recherches. Les installations étaient dans un état si déplorable, à Paris notamment, que, en 1873, M. Jules Simon, alors ministre de l'instruction publique, avouait, devant les sociétés savantes, qu'il n'osait pas montrer la Sorbonne ni l'École de médecine aux visiteurs étrangers, tant il en rougissait pour la France. Que de transformations ont été accomplies depuis cette époque, que d'édifices ont été construits! Ce ne sont pas tous des palais, mais tous sont vastes et dotés d'un riche outillage au courant de tous les progrès. On a consacré au relèvement de l'enseignement supérieur quatre-vingt-quatre millions environ et on évalue à une somme moitié moindre la dépense qu'il reste à faire pour achever le réseau de ce haut enseignement.

En 1876, il y avait 625 chaires pour l'enseignement supérieur; il y en a aujourd'hui environ 1,200. Le nombre des étudiants, qui était de 9,963 en 1875, est maintenant de 17,630.

On ne s'est pas contenté d'élever des constructions, de créer des chaires d'enseignement; on a rendu l'école primaire accessible aux enfants dénués de toute ressource, et l'enseignement à tous ses degrés accessible à ceux qui ont le mérite sans avoir la fortune.

A peu de chose près, chaque école primaire est placée sous le patronage d'une commission scolaire, qui veille au bien-être des enfants; qui donne des chaussures à ceux qui n'en ont pas, un vêtement pour l'hiver, un repas chaud à midi.

Si l'enseignement primaire supérieur est gratuit, il n'est pas donné partout. Aussi a-t-on créé des bourses pour ceux qui veulent aller chercher cet enseignement loin de chez eux, mais qui ne pourraient subvenir à leur entretien.

En quittant l'école primaire supérieure, ceux qui visent au commerce et qui ont des dispositions pour l'étude des langues vivantes peuvent concourir pour une bourse de séjour à l'étranger; ceux qui se destinent à l'industrie, pour une bourse de voyage.

Les bourses d'enseignement secondaire sont de fondation ancienne; on en a étendu le bénéfice aux jeunes filles.

On a supprimé toute limite de nombre dans l'admission des

boursiers aux écoles militaires et navale : le manque de fortune est devenu un titre suffisant.

Enfin, on a ouvert toutes grandes les portes de l'enseignement supérieur à un nombre considérable de jeunes gens qu'on pensionne et dont quelques-uns illustreront plus tard le pays.

ENSEIGNEMENT PRIMAIRE

L'enseignement primaire comprend :

L'instruction morale et civique ;

La lecture et l'écriture ;

La langue et les éléments de la littérature française ;

La géographie, particulièrement celle de la France ;

L'histoire, particulièrement celle de la France jusqu'à nos jours ;

Quelques notions usuelles de droit et d'économie politique ;

Les éléments des sciences naturelles, physiques et mathématiques ; leurs applications à l'agriculture, à l'hygiène, aux arts industriels ; travaux manuels et usage des outils des principaux métiers ;

Les éléments du dessin, du modelage et de la musique ;

La gymnastique ;

Pour les garçons, les exercices militaires ;

Pour les filles, les travaux à l'aiguille.

L'instruction primaire publique est gratuite, c'est-à-dire qu'il n'est perçu aucune rétribution scolaire dans les écoles primaires publiques (élémentaires et supérieures) ni dans les écoles maternelles publiques.

Dans la plupart des écoles privées d'enseignement primaire, l'instruction était gratuite aussi ; la tendance maintenant est plutôt à une légère rétribution. Ces écoles sont presque toutes tenues par des congréganistes, en faveur desquels des sociétés d'instruction, telles que la *Société d'éducation et d'enseignement*, adressent des appels à la générosité des catholiques.

BOURSES

L'État fonde et entretient des bourses nationales dans les établissements d'enseignement primaire supérieur de garçons et de filles.

Ces bourses sont de trois sortes :

1º Bourses d'internat; 2º Bourses d'entretien; 3º Bourses familiales.

Les bourses d'internat sont attribuées à des élèves placés à demeure dans des établissements d'enseignement primaire-supérieur pourvus d'un pensionnat;

Les bourses d'entretien, à des élèves logés dans leur propre famille et fréquentant l'école supérieure ou le cours complémentaire de la localité;

Les bourses familiales, à des élèves placés en pension dans des familles autres que la leur et agréées par le directeur ou la directrice de l'école ou du cours.

Chaque année, le ministre détermine la somme à allouer à chaque département pour être répartie en bourses nationales et dégrèvements de trousseaux. Cette répartition est faite entre les différents départements proportionnellement au chiffre de leur population et en tenant compte du nombre d'écoles primaires supérieures qui s'y trouvent.

Nul ne peut être admis à jouir d'une bourse nationale, s'il n'a préalablement subi un examen ayant pour objet de constater son aptitude.

La concession d'une bourse est subordonnée à l'appréciation de l'ensemble des titres produits par les postulants. Il est tenu compte dans cette appréciation :

En premier lieu et avant tout du mérite de l'enfant et de ses notes d'examen;

2º Des services rendus à l'État par les parents;

3º De la situation de fortune, du nombre des enfants et des charges de famille des pétitionnaires.

Les bourses peuvent être accordées par fractions de moitié ou de trois quarts.

Une fraction de bourse nationale peut être cumulée avec une

fraction de bourse départementale ou communale, mais seulement jusqu'à concurrence d'une bourse entière.

Les bourses nationales sont attribuées pour trois années scolaires. Une prolongation de bourse d'une année peut être accordée.

Examen pour l'obtention des bourses. — Cet examen a lieu tous les ans, du 15 au 30 mai, au chef-lieu de chaque département.

Les parents ou tuteurs des candidats doivent les faire inscrire dans les bureaux de l'inspection académique avant le 1er avril. Pour les pièces à fournir, consulter le *Plan d'études des cours complémentaires et des écoles primaires supérieures.*

Les candidats doivent être âgés de douze ans au moins et de quinze ans au plus au 1er octobre de l'année durant laquelle a lieu l'examen. Aucune dispense d'âge ne peut être accordée. On exige un certificat de vaccine et un certificat de *revaccination.*

Si le candidat n'est pas encore pourvu du certificat d'études primaires, il est admis à se présenter conditionnellement, à charge par lui d'obtenir ce certificat à la première session qui suit l'examen; mais ses titres ne seront pris en considération qu'après qu'il aura réussi aux examens du certificat d'études primaires.

Il y a des épreuves écrites et des épreuves orales.

Épreuves écrites :
1° Dictée d'orthographe;
2° Écriture (la dictée d'orthographe sert pour cette épreuve);
3° Composition d'arithmétique;
4° Composition française.
Les épreuves écrites sont éliminatoires.

Épreuves orales :
1° Lecture expliquée, avec interrogations sur la grammaire et analyse d'une phrase;
2° Interrogations sur l'arithmétique et le système métrique;
3° Interrogations sur l'histoire et la géographie de la France;
4° Interrogations sur l'instruction morale et civique;

5° Interrogations sur les éléments des sciences physiques et naturelles.

Les questions portent sur les matières enseignées dans le cours supérieur des écoles primaires.

Les nominations de boursiers sont faites avant la rentrée des classes.

En règle générale, les boursiers sont placés dans le département qu'habite leur famille. Un certain nombre d'entre eux peuvent obtenir d'être placés dans une école pratique d'agriculture ou dans une des trois écoles nationales professionnelles (Armentières, Vierzon, Voiron).

Statistique relative aux derniers concours.

	1887		1888		1889	
	Garçons	Filles	Garçons	Filles	Garçons	Filles
Nombre d'aspirants........	2,836	1,310	2,242	994	2,429	1,031
Nombre d'admissibles	1,085	603	960	449	345	510
Bourses accordées :						
Bourses et fractions de bourses d'internat....	229	134	306	165	327	171
Bourses et fractions de bourses familiales....	67	39	52	29	67	53
Bourses et fractions de bourses d'entretien...	141	88	148	76	180	122
Bourses accordées à des candidats pris parmi les premiers au concours et placés dans les écoles nationales professionnelles.	30	»	34	»	38	»

Régime des boursiers. — Le montant annuel des bourses d'internat entretenues par l'État est égal au prix de pension demandé par les chefs d'établissements aux parents des élèves payants, sans que toutefois la somme payée puisse jamais dépasser 500 francs.

Les bourses d'entretien varient de 100 à 400 fr., par fraction de 100 fr. Les bourses familiales sont de 500 fr.

Des dégrèvements de trousseaux peuvent être accordés aux

candidats dont les familles justifient ne pouvoir pas en supporter les frais.

La subvention de l'État pour les dégrèvements de trousseaux
ne peut pas être supérieure à 300 fr. pour la première année
et à 100 fr. pour chacune des autres années.

Selon la situation de fortune des familles, on accorde la
totalité ou une partie seulement du dégrèvement.

Il peut être accordé aux boursiers, à titre de remise de fournitures classiques, une subvention dont le montant ne peut
être supérieur à 25 fr. par année.

Les titulaires d'une bourse d'entretien ne peuvent pas recevoir de dégrèvement de trousseau, mais il peut leur être
accordé chaque année une remise de fournitures classiques.

Tous les ans, dans le courant du mois de juillet, les boursiers qui ne sont pas arrivés au terme de leur bourse subissent
un examen de passage portant sur l'ensemble des études de
l'année qui s'achève.

Tout boursier qui subit cet examen avec succès obtient de
droit la prolongation de sa bourse pendant l'année scolaire
suivante; tout boursier qui ne satisfait pas à cet examen est
déchu de sa bourse.

Transfert de boursiers dans l'enseignement secondaire. —
Les boursiers de l'enseignement primaire exceptionnellement
méritants peuvent être transférés, avec jouissance d'une
bourse, dans l'enseignement secondaire s'ils sont âgés de
moins de seize ans au 1er janvier de l'année où se fera la
mutation. L'année dernière, une douzaine de ces transferts ont
été opérés.

Bourses de séjour à l'étranger.

On sait que pour les positions où la connaissance des langues
étrangères est nécessaire, les commerçants français sont ordinairement obligés de s'adresser à des employés de nationalité
étrangère. Pour remédier à cette situation, pour offrir aux
grandes maisons françaises un personnel jeune, actif, instruit,
sûr et capable de remplir mieux que des étrangers tous les offices
que réclament les relations internationales, le ministère de

l'instruction publique a créé, depuis huit ans, des bourses de séjour à l'étranger.

Les élèves des écoles primaires supérieures sont au nombre de ceux qui en bénéficient. On les choisit au concours avec mission de se perfectionner dans le maniement de la langue du pays où on les envoie. Jusqu'à présent l'Angleterre et les pays de langue allemande ont seuls reçu nos boursiers. Il y aurait sans doute intérêt à en envoyer aussi en Espagne, en Italie, en Russie, dans les Pays-Bas, les Pays scandinaves; mais les ressources du budget ne le permettent pas.

Le rôle de l'État devait d'ailleurs se borner à donner l'impulsion. Aux municipalités, aux conseils généraux à s'associer à un mouvement qui peut avoir les plus heureuses conséquences pour l'extension des relations industrielles et commerciales de leur région! C'est ce qui a été très bien compris, et l'initiative de l'État tend à être imitée maintenant par un nombre de plus en plus grand de villes et de départements.

Revenons aux boursiers de l'État.

Un comité de patronage s'occupe de leur choisir les meilleures résidences et de veiller sur eux. On les loge dans des familles modestes, et on leur fait fréquenter les cours d'écoles primaires supérieures, d'écoles normales ou d'écoles commerciales. On en place quelques-uns dans des maisons de commerce.

Les bourses sont généralement accordées pour un an; on peut même les prolonger si le titulaire demande cette faveur et qu'il la mérite.

Concours pour l'obtention des bourses. — Pour concourir, il faut être pourvu du certificat d'études primaires supérieures et avoir, au moment du concours, seize ans accomplis et moins de dix-huit ans.

Pour les pièces à fournir, consulter le *Plan d'études des écoles primaires supérieures.*

Les épreuves du concours consistent en une composition française, un thème et une version, soit allemands, soit anglais. Ces épreuves ont lieu au chef-lieu de chaque département, vers la fin de juillet. Se faire inscrire dans les bureaux de l'inspection académique avant le 30 juin.

CERTIFICAT D'ÉTUDES PRIMAIRES SUPÉRIEURES

Ce certificat est la consécration donnée aux études primaires supérieures.

Il est décerné à la suite d'examens qui s'ouvrent à la fin de chaque année scolaire dans tous les départements et simultanément.

La date de la session, qui est annoncée un mois au moins à l'avance, et les centres d'examens sont fixés par le ministre.

L'examen se compose d'épreuves écrites, d'épreuves orales et d'épreuves pratiques portant sur le programme des écoles primaires supérieures.

Les épreuves écrites sont éliminatoires; elles comprennent quatre compositions, qui ont lieu en deux jours consécutifs : 1° composition française (lettre, récit, compte rendu ou rapport, développement d'une maxime, etc...); 2° composition d'histoire et de géographie; 3° composition de mathématiques et de sciences physiques et naturelles; 4° composition de dessin géométrique ou de dessin d'ornement.

Trois heures sont accordées pour chacune de ces compositions.

Les candidats peuvent présenter à la Commission, à titre de renseignement, un cahier de devoirs mensuels ou un cahier de devoirs courants.

L'admissibilité aux épreuves orales est prononcée d'après l'ensemble des compositions écrites.

Les épreuves orales, qui ne peuvent excéder une heure pour chaque candidat, comprennent nécessairement une langue vivante.

Les épreuves pratiques comprennent le travail manuel, le chant et, pour les garçons, la gymnastique et les exercices militaires.

ÉCOLES D'AGRICULTURE

ET DE SYLVICULTURE

Un mot de l'enseignement agricole donné ailleurs que dans les établissements spéciaux.

Les progrès considérables que la science a fait faire à l'agriculture ont montré toute l'importance qu'il y aurait à développer l'enseignement agricole.

Un projet de loi est à l'étude, qui organiserait cet enseignement sur des bases un peu solides. Mais déjà les notions d'agriculture font partie de l'instruction obligatoire des élèves des écoles primaires. A chaque école rurale est annexé un jardin, qui sert à compléter par l'application les leçons essentiellement pratiques du maître.

Pour permettre aux instituteurs d'enseigner aux enfants les éléments de l'agriculture, on a réservé une assez large place à l'enseignement agricole dans les écoles normales. Cet enseignement, basé sur l'application des sciences à l'agriculture, est destiné à faciliter la tâche du futur instituteur, qui devra plus tard initier les populations agricoles à l'esprit de progrès et aux bonnes méthodes de culture indiquées par l'expérience et l'observation.

Un instituteur qui prend à tâche de déraciner l'esprit de routine chez les cultivateurs, est un véritable génie bienfaisant pour une contrée. Nous pourrions citer une école, ouverte il y a trois ans à peine, dont l'instituteur a gagné ainsi le cœur des populations. Il a introduit dans le pays la culture des blés à grand rendement et à paille résistante, les cultures sarclées, l'emploi des engrais chimiques ; il a fait obtenir 35 hectolitres de blé à l'hectare, au lieu des 12 à 14 hectolitres auxquels arrivaient les cultivateurs avec les blés du pays.

Pour encourager les instituteurs et les institutrices à se faire les apôtres du progrès agricole, le ministre de l'instruction publique distribue annuellement 25 prix à ceux qui ont donné, avec le plus de zèle et de succès, d'une manière théorique et pratique, l'enseignement agricole et horticole à leurs élèves. Ces prix consistent en médailles d'argent accompagnées d'une somme variant de 100 à 300 francs.

L'enseignement agricole a été introduit aussi à l'école primaire supérieure; il a pour but de donner aux élèves des connaissances suffisantes en agriculture pour leur permettre de continuer leurs études dans les écoles spéciales, ou même de se livrer à une exploitation intelligente et éclairée des propriétés agricoles.

A deux ou trois exceptions près, l'enseignement agricole n'est pas donné dans les lycées et collèges.

———

Nous allons parler maintenant des écoles consacrées spécialement à l'enseignement agricole. Pour continuer à procéder du simple au composé, nous sommes forcés de commencer notre exposition par les écoles de bergers.

———

ÉCOLES DE BERGERS

ÉCOLE DE RAMBOUILLET (SEINE-ET-OISE)

L'école de bergers établie dans la bergerie nationale de Rambouillet est destinée à former des bergers expérimentés.

Pour être admis, les élèves doivent avoir quinze ans au moins et adresser leur demande au ministre de l'agriculture, avant le 10 octobre. Cette demande doit être accompagnée de l'acte de naissance, d'un certificat de bonnes vie et mœurs, d'un certificat de vaccine.

Les candidats subissent, devant l'instituteur de leur commune, un examen sur la lecture, l'écriture, les éléments de l'arithmétique; le procès-verbal de cet examen est joint à la demande du candidat, ainsi qu'une page écrite de sa main.

Les élèves sont internes; la nourriture et l'enseignement sont gratuits.

L'apprentissage dure deux ans. Outre l'instruction professionnelle relative au service de la bergerie et les compléments d'instruction primaire qu'ils reçoivent, les élèves sont exercés à toutes les opérations de la ferme; ils prennent part à cet effet aux divers travaux de l'exploitation.

Les élèves peuvent obtenir des gratifications durant leur apprentissage et recevoir à la fin des études un certificat d'aptitude avec une prime en argent variant de 100 à 300 francs.

A l'Exposition universelle de 1889 figurait la collection des mèches du troupeau de Rambouillet de 1786 à 1889. On pouvait y suivre tous les progrès accomplis dans l'amélioration de la laine au point de vue de sa finesse, de son élasticité et de la longueur de la mèche.

ÉCOLE DE MOUDJEBEUR (ALGÉRIE)

Cette école a pour objet de former pour l'Algérie des bergers capables de bien diriger les troupeaux et de les entretenir dans les meilleurs conditions possible.

L'école reçoit des élèves européens et indigènes (25 environ chaque année), à partir de quatorze ans. Pour être admis, ils doivent se faire inscrire, soit à l'école, soit aux préfectures, sous-préfectures, mairies, et produire un certificat de bonne conduite et un certificat de vaccine.

Les élèves sont internes; la pension et l'enseignement sont gratuits, mais la fourniture du trousseau est obligatoire.

L'apprentissage dure trois ans. Les élèves reçoivent une instruction spéciale essentiellement pratique sur les travaux de la ferme et sur les questions relatives à la tenue des troupeaux.

Un diplôme est délivré aux élèves qui satisfont aux examens de fin d'études.

Outre les apprentis proprement dits, l'école de Moudjebeur reçoit des jeunes gens âgés de seize ans au moins, admis à suivre

tous les travaux et opérations de l'exploitation. Ces élèves sont
internes et ont à payer une pension annuelle de 600 fr.

FERMES-ÉCOLES

Les fermes-écoles ont été créées dans le but de former des
ouvriers intelligents et des praticiens habiles, aptes, soit à diriger
et à exploiter une propriété, soit à devenir de bons aides ruraux,
commis de ferme, contremaîtres, etc.

La ferme-école n'est pas une école proprement dite : c'est un
établissement agricole privé, conduit avec habileté et profit, qui
reçoit des élèves ou apprentis et leur donne l'instruction professionnelle, le logement, la nourriture, gratuitement. Le directeur
les emploie, à son gré, à tous les travaux agricoles de l'exploitation, qui est entièrement à sa charge.

Les apprentis sont reçus dans les fermes-écoles à partir de
l'âge de seize ans ; ils sont internes et n'ont à fournir que leur
trousseau ; la durée de l'apprentissage est variable avec les localités ; elle est de deux et de trois ans. Le nombre des élèves dans
chaque école est de 20 en moyenne.

L'enseignement professionnel est essentiellement pratique ; un
complément d'instruction primaire est cependant donné aux
élèves, ainsi que des notions sur l'arpentage, le nivellement, le
cubage, l'art vétérinaire ; en outre, des conférences sont faites
sur des questions rurales.

Un brevet de capacité est accordé, à la fin des études, aux
apprentis qui en sont jugés dignes, avec une prime de 200 ou
de 300 fr.

Nous donnons ci-après la liste des fermes-écoles.

DÉPARTEMENTS	SIÈGES DES FERMES-ÉCOLES
Ariège.	Royat, par Saverdun.
Aude.	Besphas, par Castelnaudary.
Charente-Inférieure.	Puilboreau, par La Rochelle.
Cher.	Launoy, par Le Châtelet-en-Berry.

DÉPARTEMENTS	SIÈGES DES FERMES-ÉCOLES
Corrèze	Les Plaines, par Neuvic.
Doubs	La Roche, par Marchaux.
Haute-Garonne	Castelneau-les-Nauzes, par Cazères.
Gers	La Rivière, par Lectoure.
Gironde	Machorre, par Caudrot.
Haute-Loire	Nolhac, par Saint-Paulien.
Lot	Le Montat, par Cahors.
Lozère	Chazeirolettes, par Mende.
Orne	Saint-Gautier, par Domfront.
Sarthe	La Pilletière, par Jupilles.
Vienne	Montlouis, par Saint-Julien-l'Ars.
Haute-Vienne	Chavaignac, par Nieul.
Vosges	Beaufroy, par Mirecourt.

ÉCOLES PRATIQUES D'AGRICULTURE

Les écoles pratiques d'agriculture ont été créées pour donner l'enseignement agricole intermédiaire entre celui des fermes-écoles et celui des écoles nationales d'agriculture. Elles participent des unes et des autres en faisant une égale part à la pratique et à la théorie.

Ces écoles n'admettent que des élèves suffisamment préparés déjà à recevoir une instruction spéciale où la théorie tient une certaine place; elles s'adressent donc plus particulièrement aux fils de cultivateurs, propriétaires ou fermiers. Les jeunes gens qui se destinent à l'agriculture y trouvent ces avantages, de pouvoir les aborder plus facilement que les écoles nationales d'agriculture et de n'y être pas soumis au pénible métier d'ouvrier agricole imposé aux apprentis des fermes-écoles. Le prix de la pension y est maintenu à un taux relativement peu élevé et ne dépasse jamais 600 fr. par an.

Le but commun des écoles pratiques d'agriculture est de former des cultivateurs instruits, doués des connaissances spéciales qui importent au succès des exploitations agricoles.

DÉPARTEMENTS	LOCALITÉS	ADMISSION AGE minimum	ADMISSION AGE maximum	NOMBRE D'ANNÉES D'ÉTUDES	DATE DE L'EXAMEN d'admission	RÉGIME DE L'ÉCOLE PRIX DE LA PENSION FRAIS D'ÉTUDES
Alger	Rouïba *(Agriculture et viticulture)* .	14	18	3	août	Internes; pension, 600 fr. Demi-pensionnaires et externes.
Allier	Gennetines	14	18	2	nov.	Pension, 400 fr.
Bouches-du-Rhône . .	Valabre, par Gardanne *(Agriculture et viticulture)*	13	18	3	sept.	Internes, 400 fr. Demi-pensionnaires, 200 fr. Externes.
Côte-d'Or	Beaune *(Agriculture et viticulture)* .	13	18	3	juillet	Internes, 500 fr. Demi-pensionnaires, 250 fr. Externes, 50 fr.
Eure	Neubourg	13	18	3	sept.	Internes, 500 fr. Demi-pensionnaires, 250 fr. Externes, 100 fr.
Finistère	Lézardeau, par Quimperlé *(Agriculture et irrigation)*.	15	»	2	. . . . . .	Internes, 500 fr. Externes. Auditeurs libres.
Ille-et-Vilaine	Trois-Croix, près Rennes	13	18	2	oct.	Pension, 500 fr. Demi-pension, 250 fr. Externat, 50 fr.
Loiret	Le Chesnoy	14	18	2	. . . . . .	Pension, 400 fr. Demi-pension, 250 fr. Externat, 50 fr.
Manche	Coigny, par Prétot *(Agriculture et laiterie)*	14	20	2	oct.	Pension, 400 fr. Demi-pension, 250 fr. Externat, 50 fr.
Haute-Marne	Saint-Bon, commune de Champcourt, près Blaise	15	»	2	sept.	Pensionnaires, 450 fr. Demi-pensionnaires, 200 fr. Externes, 50 fr.
Meurthe-et-Moselle. . .	Château de Tomblaine, près Nancy (Ecole Mathieu-Dombasle).	15	»	2	sept.	Internes, 600 fr. Externes, 200 fr. Auditeurs libres.
Meuse	Merchines, par Vaubecourt.	15	»	2	sept.	Pension, 400 fr.
Morbihan	Grand-Resto, près Pontivy.	14	18	2	février	Internes, 350 fr. Demi-pensionnaires, 200 fr. Externes, 50 fr.
Pas-de-Calais.	Berthonval, par Mont-Saint-Éloi . . .	13	18	3	oct.	Internat, 400 fr. Demi-pensionnat, 200 fr. Externat, 50 fr.
Puy-de-Dôme.	La Molière, près Billon.	15	18	3	oct.	Internat, 400 fr. Externes.
Rhône.	Écully, près Lyon.	14	»	3	sept.	Internat, 450 fr. Externat, 50 fr.
Seine-Intérieure. . . .	Aumale	13	18	3	oct.	Internat, 500 fr. Demi-pensionnat, 250 fr. Externat, 50 fr.
Somme	Paraclet, par Boves.	13	18	3	. . . . . .	Pension, 450 fr.
Haute-Saône	Saint-Rémy, par Amance	15	»	2 1/2	oct.	Pension, 25 fr. par mois.
Vaucluse	Avignon *(Agriculture et irrigation)* .	13	»	2	juillet	Pension, 400 fr. Demi-pension, 250 fr. Externat, 50 fr.
Vendée	Pétré, près Luçon (Fontenay-le-Comte) *(Agriculture et laiterie)*	13	19	2	oct.	Pension, 400 fr. Demi-pension, 200 fr. Externat, 50 fr.
Vosges	Saulxures-sur-Moselotte *(Agriculture et laiterie)*	12	18	2	oct.	Pension, 500 fr. Demi-pension, 250 fr. Externat, 50 fr.
Yonne	La Brosse, par Auxerre	14	18	3	sept.	Pension, 450 fr. Demi-pension, 200 fr. Externat, 50 fr.

Les écoles pratiques ne sont pas soumises à un règlement uniforme : leur organisation varie avec les localités et au gré du directeur à qui est affermée l'école ; celui-ci est libre de diriger son exploitation dans le sens qui lui plaît, et l'État n'intervient qu'en ce qui touche à l'enseignement ; mais un caractère commun à toutes ces écoles est dans le partage égal de l'emploi du temps entre l'enseignement théorique et l'enseignement pratique.

L'enseignement théorique porte sur la physique et la chimie ; la zootechnie, l'histoire naturelle, l'horticulture et l'agriculture, l'hygiène vétérinaire, l'économie rurale, le français, les mathématiques appliquées.

L'enseignement pratique ne saurait être renfermé dans les limites d'un programme : il varie avec les localités, les besoins ou les industries de la région.

Il est délivré dans chaque école, à la fin des études, un certificat d'instruction ou diplôme permettant de prendre part au concours pour l'obtention des bourses de l'Institut agronomique et des écoles nationales d'agriculture.

Outre cette légitime sanction accordée aux études, il est décerné dans plusieurs écoles des médailles aux élèves qui se sont le plus distingués ; dans quelques-unes même des primes en argent sont attribuées, chaque année, aux trois premiers élèves sortants : ce sont là des encouragements destinés à attirer les jeunes gens vers l'agriculture et qu'on ne saurait trop louer.

Sous ce rapport, d'ailleurs, les plus grands efforts sont tentés partout ; ils se traduisent en particulier par la fondation de bourses, entretenues par l'État, les départements et les communes près de toutes les écoles pratiques d'agriculture. Ces bourses sont attribuées, au concours, aux jeunes gens dont les ressources sont insuffisantes pour subvenir à leurs frais de pension ; elles peuvent être fractionnées dans certains cas. (L'obtention d'une bourse ne dispense pas l'élève de l'obligation de fournir les objets du trousseau exigé par toutes les écoles pratiques.)

Les étrangers ne sont admis dans les écoles pratiques d'agriculture que par décision spéciale.

Le nombre des élèves dans les écoles pratiques est en moyenne de 15 à 20 par année d'études.

L'école d'agriculture et de laiterie de Saulxures-sur-Moselotte ouvre chaque année des *cours temporaires* d'industrie laitière pour les jeunes gens, non élèves de l'école, de seize à vingt-cinq ans. Ces cours durent un mois; ils ont lieu trois fois par an (mars, mai, novembre).

Pension (internes), 55 fr. pour la durée du cours; demi-pension, 25 fr.; externat, 5 fr.

Les écoles de Tomblaine (Mathieu Dombasle), de Merchines (Meuse) et d'Avignon accordent chaque année aux trois premiers élèves sortants une prime en argent de 500 fr. pour le premier avec une médaille d'or; de 300 fr. pour le deuxième avec une médaille d'argent; de 200 fr. pour le troisième avec une médaille de bronze.

Une nouvelle école pratique d'agriculture va être installée dans le département de la Haute-Garonne (domaine de Tournassou).

ÉCOLE NATIONALE D'HORTICULTURE

Au potager de Versailles.

L'école d'horticulture de Versailles a pour but de former des jardiniers habiles et instruits dans leur art.

L'école ne reçoit que des externes. L'instruction y est donnée gratuitement; la durée des études est de trois années.

Les candidats doivent être âgés de seize ans au moins et de vingt-six ans au plus au 1er octobre de l'année de leur admission.

Les demandes doivent être adressées aux préfets avant le 1er septembre, et, pour les départements de la Seine et de Seine-et-Oise, au ministre de l'agriculture.

L'examen est subi le 15 septembre dans les préfectures et sous-préfectures, ou au siège même de l'école pour les candidats de la Seine ou de Seine-et-Oise.

Épreuves écrites : Dictée d'orthographe, servant en même temps d'épreuve d'écriture; — questions d'arithmétique portant sur les applications du calcul et du système métrique; — rédaction d'un genre simple.

Épreuves orales : Analyse d'une phrase; — éléments d'histoire et de géographie de la France; — questions d'application pratique sur le calcul et le système métrique.

Les élèves pourvus du certificat d'études primaires ou du certificat d'apprentissage d'une école pratique d'agriculture ou d'une ferme-école sont dispensés de l'examen.

Les élèves admis doivent être rendus à l'école le 1er octobre; en y arrivant, ils subissent un examen de classement.

Six bourses de l'État, d'une valeur de 1,000 fr., et pouvant être fractionnées, sont attribuées aux élèves portés parmi les premiers sur la liste de classement.

L'école reçoit aussi un assez grand nombre d'élèves subventionnés par des départements, des villes, des associations agricoles ou autres.

L'enseignement embrasse les matières suivantes : Arboriculture fruitière de plein air et de primeur, pomologie. — Pépinière fruitière. — Arboriculture d'ornement et forestière. — Culture potagère de primeur et de pleine terre. — Floriculture de plein air et de serre. — Botanique élémentaire et descriptive. — Principes de l'architecture des jardins et des serres. — Notions élémentaires de physique, de météorologie, de chimie, de géologie, de minéralogie appliqués à la culture. — Éléments de zoologie et d'entomologie. — Arithmétique et géométrie appliquées aux besoins du jardinage. — Dessin linéaire, dessin des plantes et dessin d'instruments. — Langue française et comptabilité. — Langue anglaise.

L'instruction pratique est donnée par le directeur et les jardiniers principaux; tous les travaux sont demandés à la main-d'œuvre des élèves.

L'école est très riche en collections de toute sorte : celle des rosiers de plein air, par exemple, dépasse le chiffre de 600 variétés; celle des poiriers comprend 558 variétés; et toutes les autres à l'avenant.

Les élèves sont présents à l'école, de 6 h. du matin à 9 h. du soir en hiver, de 5 h. à 9 h. en été. Le séjour en études est de 4 h. en hiver, de 2 h. 1/2 en été; les cours et les interrogations prennent 3 h. par jour. Le reste du temps est consacré aux travaux pratiques, sauf deux repos de 1 h. 1/2 chacun pendant lesquels les élèves vont au dehors prendre leurs repas.

Il n'y a pas de vacances proprement dites. Toutefois, les cours sont suspendus pendant les mois d'août et de septembre, et des congés, de quinze jours au plus, sont accordés successivement aux élèves.

Des examens de passage ont lieu à la fin de chaque année scolaire, et les élèves qui n'y satisfont pas cessent de faire partie de l'école. A la fin des études les élèves peuvent obtenir un certificat. Ceux dont les aptitudes justifient cette faveur reçoivent une allocation de 1,200 fr. pour aller faire un stage d'une année dans de grands établissements horticoles de France ou de l'étranger.

Les élèves, à leur sortie, trouvent des positions avantageuses, tant dans des établissements d'intérêt public et d'enseignement technique que dans des établissements horticoles d'intérêt privé, ainsi que dans des propriétés particulières. Un certain nombre d'entre eux s'établissent pour leur propre compte. L'école ne peut suffire aux demandes de jardiniers qui lui sont adressées.

ÉCOLES NATIONALES D'AGRICULTURE

L'enseignement donné dans les écoles nationales d'agriculture est à la fois théorique et pratique. Il s'adresse aux jeunes gens qui se destinent à l'enseignement agricole et à la gestion des domaines ruraux, soit pour leur propre compte, soit pour autrui.

Ces écoles sont au nombre de trois; elles sont situées :

A Grignon, par Neauphle-le-Château (Seine-et-Oise). —(On

s'y rend par le chemin de fer de l'Ouest, ligne de Granville, station de Plaisir-Grignon);

A Grandjouan, par Nozay (Loire-Inférieure). — (A 2 kilomètres de la gare de Nozay, ligne de Châteaubriant à Saint-Nazaire);

A Montpellier (banlieue de la ville).

Chaque école reçoit des Français et des étrangers, en qualité d'internes ou d'externes. L'école de Montpellier cependant ne reçoit pas d'externes, mais elle admet des demi-pensionnaires.

Les élèves sont admis au concours. Les candidats doivent être âgés de seize ans accomplis au 1er octobre de l'année de l'admission. Les demandes doivent être adressées avant le 1er septembre au ministre de l'agriculture.

Le concours est subi à l'école même, le 10 octobre.

Épreuves écrites : narration, problème d'arithmétique ou d'algèbre et problème de géométrie.

Épreuves orales : arithmétique, algèbre, géométrie, physique, chimie, géographie.

Les jeunes gens pourvus d'un diplôme de bachelier ès sciences, de bachelier de l'enseignement spécial ou de vétérinaire sont dispensés de l'examen.

On admet chaque année 40 à 50 élèves dans chacune des trois écoles. Les cours commencent le 15 octobre. La durée des études est de deux ans et demi : on sort à la fin de mars de la troisième année.

Le prix de la pension est de 1,200 fr. par an pour Grignon, de 1,000 fr. pour les deux autres écoles.

Les externes ont à payer 200 fr.

Des bourses, au nombre de six par année d'études, sont attribuées par l'État à des élèves internes. La moitié de ces bourses est réservée aux anciens apprentis de fermes-écoles ou élèves d'écoles pratiques d'agriculture porteurs du certificat de capacité. Ces bourses se donnent au concours et dès l'entrée à l'école.

Chacune des trois écoles reçoit aussi des auditeurs libres, admis sans examen. Ils assistent aux cours et conférences, mais ne prennent aucune part aux travaux et exercices pratiques. Ils paient la rétribution scolaire, fixée à 200 fr. par an. Leur admission a lieu sur demande adressée au directeur de l'école.

Les auditeurs libres suivent les travaux de l'exploitation. Un grand nombre de jeunes gens étrangers viennent temporairement dans ces conditions.

Enseignement.

L'instruction est donnée dans des cours réguliers et des conférences ; en outre, des applications et des travaux pratiques s'exécutent sur le domaine de l'école et dans les laboratoires ; des excursions ont lieu dans les établissements agricoles et industriels du voisinage.

Les élèves, en prenant part aux divers travaux et services de l'exploitation, ont l'occasion de pénétrer dans les détails de la surveillance, de l'exécution et de la direction des travaux de la ferme.

Pendant les vacances (de la fin de juillet au 15 octobre), les élèves sont tenus de suivre les travaux d'une ferme et de rédiger un rapport détaillé de leurs observations.

ÉCOLE DE GRIGNON

On y étudie spécialement la grande culture, les prairies artificielles, la culture des céréales, des plantes fourragères et des plantes industrielles, les spéculations animales et les industries agricoles et viticoles de la région septentrionale de la France.

L'école possède 47 hectares de terres labourables et de prairies naturelles et 32 hectares de bois taillis. Un champ d'exercice, des jardins potagers, une vacherie, une bergerie et une porcherie d'élevage et d'expériences complètent l'enseignement théorique et pratique, sans compter la station agronomique dirigée par M. Dehérain, membre de l'Institut. Le domaine de l'école s'étend sur 300 hectares.

Chaires. — Agriculture. — Zoologie et zootechnie. — Physique, météorologie et géologie agricoles. — Génie rural, mécanique, machines, hydraulique, construction. — Chimie générale et chimie agricole. — Technologie. — Économie et législation rurales. — Botanique. — Sylviculture.

L'enseignement des professeurs est complété, pour certaines parties spéciales ou secondaires, par des conférences confiées soit à des savants ou agronomes, soit aux répétiteurs. Les sujets traités dans les conférences sont : l'entomologie, l'hygiène humaine, l'horticulture et la culture maraîchère, la laiterie, la tenue des livres, le calcul, la géométrie, l'algèbre et la trigono- métrie (matières préparatoires au cours de génie rural), la pratique agricole, les exercices de zootechnie et la chimie ana- lytique.

ÉCOLE DE GRANDJOUAN

Cette école est surtout destinée à l'étude de la mise en valeur des terres incultes ou des landes. On y étudie la culture pasto- rale mixte, la culture par le colonage partiaire, les prairies naturelles, les spéculations animales, les cultures industriel- les et fruitières et les industries agricoles de la France occi- dentale.

L'école possède 21 hectares.

Chaires. — Agriculture. — Zoologie et zootechnie. — Chi- mie, physique, météorologie et géologie appliquées. — Sylvi- culture et botanique. — Génie rural. — Économie et législation rurales.

ÉCOLE DE MONTPELLIER

L'école de Montpellier est spécialement consacrée à la viti- culture. Elle a rendu d'inappréciables services dans la grande œuvre de reconstitution de notre vignoble.

L'école possède une station séricicole et une station viticole.

Chaires. — Agriculture. — Zoologie et zootechnie. — Viti- culture. — Chimie. — Physique, météorologie, géologie et minéralogie. — Génie rural. — Technologie agricole. — Éco- nomie et législation rurales. — Entomologie. — Sylviculture et botanique.

Diplômes.

A la fin de leurs études, les élèves peuvent obtenir un *diplome d'école nationale d'agriculture;* ceux qui, sans avoir été jugés dignes du diplôme, ont fait preuve cependant de connaissances suffisantes, obtiennent un certificat d'études. Pour le diplôme, une moyenne de 13 points est exigée; pour le certificat, une moyenne de 12 points.

Chaque année, les deux élèves sortis les premiers de leur promotion peuvent obtenir aux frais de l'État un stage de deux années dans des établissements publics ou privés, à l'effet de compléter leur instruction pratique.

PROTOCOLE

En langage administratif, on donne le nom de « protocole » aux formules de politesse qui terminent une lettre. Les bons employés d'administration doivent savoir sans broncher leur protocole, c'est-à-dire le cas où il faut mettre :

« Votre très humble et très obéissant serviteur ; »

et celui où il faut hausser le ton jusqu'à la

« Très haute considération. »

Il y a des nuances infinies entre les salutations simples et banales, la « considération » tout court, la « considération distinguée », « très distinguée » ou « la plus distinguée ».

Ces détails ont une grande importance, et on ne saurait jamais donner assez de soin et d'attention aux formules qui terminent les lettres, quelles qu'elles soient. Tout dépend des personnes qui les adressent et aussi et surtout des personnes qui doivent les recevoir.

CORRESPONDANCE ADMINISTRATIVE

1. La correspondance administrative, dit M. Maurice Block, dans le *Dictionnaire de l'administration française*, se compose de toutes les lettres, dépêches, instructions, circulaires, etc., qui émanent des différents services de l'administration. Il y a échange de correspondance entre l'autorité supérieure et les fonctionnaires ou agents administratifs, à tous les degrés de la hiérarchie, ou entre deux administrations différentes, ou encore entre l'administration et des particuliers. On donne plus particulièrement le nom de « dépêche » aux lettres qui ont pour but de communiquer rapidement un ordre ou d'annoncer une nouvelle. Les instructions et circulaires. ne peuvent émaner que de l'autorité supérieure, centrale ou départementale.

2. Dans les administrations centrales, le ministre étant chargé d'exercer, par délégation du Chef de l'État, le pouvoir exécutif dans la sphère des attributions qui lui sont départies, c'est à lui que toutes les lettres doivent être adressées, de même qu'il signe toutes celles qui partent de l'administration.

3. Certaines formes extérieures ont été adoptées dans toutes les administrations publiques pour les dépêches administratives. En tête du premier recto de la feuille est indiqué le ministère, ainsi que le service spécial d'où émane la dépêche; en marge se trouve une courte analyse du contenu; au bas du premier recto, on porte l'indication du titre ou de la fonction du destinataire. Tous ces détails ne laissent pas que d'avoir une certaine importance. Ces formalités servent à guider l'employé, à donner de l'uniformité au travail, à prévenir les erreurs, à faciliter les recherches.

4. En ce qui concerne le style de la correspondance

administrative, il serait présomptueux de vouloir tracer ici les règles qui lui conviennent. Voici les instructions données par l'Assemblée nationale, lorsqu'elle a créé l'organisation administrative de la France, en 1789. Ces conseils, quoique donnés dans des circonstances politiques très différentes, nous paraissent encore applicables aujourd'hui :

« Les lettres et les pétitions adressées par les municipalités (maires) soit aux administrations de district (sous-préfets), soit à celles des départements (préfets), et celles des administrations ou directoires de district à l'administration ou directoire de département, doivent être rédigées avec la réserve et le respect dus à la supériorité politique que chacun de ces corps doit reconnaître à celui qui le prime dans l'ordre et la distribution des pouvoirs.

» La correspondance de l'administration supérieure doit, en conservant le caractère de l'autorité qui leur est graduellement départie, en tempérer l'expression par l'observation de tous les égards qui font aimer le pouvoir, établi pour faire le bien commun et dirigé sans cesse vers cet objet.

» Il est bien désirable que les directoires de département, au lieu de faire passer à ceux des districts des ordres trop concis, et en quelque sorte absolus, les intéressent au contraire à l'exécution de toutes les dispositions qui leur seront confiées, en leur en développant l'esprit et les motifs, et en facilitant leur travail par des instructions claires et méthodiques. »

5. L'administration a, de tout temps, fait des efforts pour simplifier la correspondance au moyen d'imprimés et de formules de toutes sortes. Nous citerons à cet égard, à titre d'exemple, la circulaire du 25 mai 1866 du directeur des contributions directes, insérée au *Bulletin officiel du ministère de l'intérieur* de 1866, page 300.

TABLEAU DES JOURS D'AUDIENCE

De MM. les Ministres et Chefs de Service des différents Ministères.

MINISTÈRES	Lundi.	Mardi.	Mercredi.	Jeudi.	Vendredi.	Samedi.
AFFAIRES ÉTRANGÈRES — *Rue de l'Université, 130.*						
Le Ministre	9 h. à 11 h.	»	9 h. à 11 h.	»	9 h. à 11 h.	»
Le Ministre, en dehors des heures régulières d'audience, reçoit MM. les Députés chaque fois qu'il ne s'est pas créées pour d'autres occupations						
Le Chef du Cabinet	9 h. ¹⁄₂ à 11 h.	»	9 h. ¹⁄₂ à 11 h.	»	9 h. ¹⁄₂ à 11 h.	9 h. ¹⁄₂ à 11 h.
Le Directeur des Affaires politiques	»	»	2 h. à 5 h.	»	3 h. à 5 h.	»
Le Directeur des Affaires commerciales	»	»	2 h. à 5 h.	»	10 h. à 12 h.	»
Le Chef du Protocole	10 h. à 12 h.	»	»	»	2 h. à 5 h.	»
Le Chef de la Division des Archives	2 h. à 5 h.	»	»	»	2 h. à 5 h.	»
Le Chef de la Division de la Comptabilité	1 h. à 5 h.	»	1 h. à 5 h.	»	1 h. à 5 h.	»
AGRICULTURE — *Rue de Varenne, 78.*						
Le Ministre, rue de Varenne, 78	»	»	10 h. à 11 h. ¹⁄₂	»	10 h. à 11 h. ¹⁄₂	»
Le Chef du Cabinet du Ministre et du Service Central	10 h. à 12 h.	»	10 h. à 12 h.	»	10 h. à 12 h.	»
Le Chef du Secrétariat, du Personnel et du Sceau, rue de Varenne, 78	10 h. à 12 h.	»	10 h. à 12 h.	»	10 h. à 12 h.	»
Le Directeur des Forêts, rue de Varenne, 80	2 h. à 4 h.	2 h. à 5 h.	2 h. à 5 h.	»	2 h. à 5 h.	»
Le Directeur des Haras, rue de Varenne, 81	»	»	»	»	»	»
Le Directeur de l'Enseignement agricole, rue de Varenne, 81	4 h. à 5 h.	»	4 h. à 5 h.	4 h. à 5 h.	»	»
Le Conseiller d'État, Directeur de l'Agriculture, rue de Varenne, 80	2 h. à 4 h.	»	»	»	2 h. à 4 h.	»
COMMERCE, INDUSTRIE, COLONIES — *Rue de Grenelle, 101.*						
Le Ministre, rue de Grenelle, 101	9 h. ¹⁄₂ à 12 h.	»	9 h. ¹⁄₂ à 12 h.	»	9 h. ¹⁄₂ à 12 h.	»
Le Chef du Cabinet	9 h. ¹⁄₂ à 12 h.	»	9 h. ¹⁄₂ à 12 h.	»	9 h. ¹⁄₂ à 12 h.	»
Le Conseiller d'État, Directeur du Commerce intérieur, Lieutenant Saint-Germain, 284	»	»	2 h. à 4 h.	»	»	10 h. à 3 h. 4
Le Directeur du Commerce extérieur, rue de Varenne, 80	12 h. à 4 h.	12 h. à 4 h.	12 h. à 4 h.	12 h. à 4 h.	12 h. à 4 h.	12 h. à 3 h. 4
Le Chef de la Division de la Comptabilité et de la Statistique	10 h. à 4 h.	10 h. à 4 h.	10 h. à 4 h.	10 h. à 4 h.	10 h. à 4 h.	»
Le Directeur du Personnel et de l'Enseignement technique	»	»	9 h. à 12 h.	»	»	9 h. à 12 h.
SOUS-SECRÉTARIAT D'ÉTAT DES COLONIES — *Rue Royale, 2.*						
Le Sous-Secrétaire d'État	10 h. à 12 h.	»	»	»	10 h. à 12 h.	»
Le Chef du Cabinet	»	»	9 h. à 11 h.	»	10 h. à 12 h.	»
POSTES et TÉLÉGRAPHES — *Rue de Grenelle, 103.*						
Le Conseiller d'État, Directeur général des Postes et Télégraphes	2 h. à 4 h.	»	9 h. à 4 h.	»	9 h. à 4 h.	»
Le Chef du Secrétariat	2 h. à 5 h.	»	2 h. à 5 h.	»	2 h. à 5 h.	»
Le Chef du Personnel	2 h. à 5 h.	»	2 h. à 5 h.	»	2 h. à 5 h.	»
FINANCES — *Palais du Louvre.*						
Le Ministre	»	»	»	»	10 h. à 11 h. ¹⁄₂	»
Le Chef du Cabinet	»	»	10 h. à 11 h. ¹⁄₂	»	10 h. à 11 h. ¹⁄₂	»
Le Directeur du Personnel et du Matériel	»	»	10 h. à 12 h.	»	10 h. à 12 h.	»
Le Chef du Service de l'Inspection générale	»	»	10 h. à 12 h.	»	10 h. à 12 h.	»
Le Directeur du Mouvement général des Fonds	3 h. à 5 h.	»	3 h. à 5 h.	»	3 h. à 5 h.	»
Le Directeur général de la Comptabilité publique	»	»	9 h. ¹⁄₂ à 12 h.	»	9 h. ¹⁄₂ à 12 h.	»
Le Directeur de la Dette inscrite	»	»	2 h. à 5 h.	»	2 h. à 5 h.	3 h. à 4 h.
Le Chef du Service du Contentieux et Agence judiciaire	3 h. à 5 h.	»	3 h. à 5 h.	»	3 h. à 5 h.	»
Le Garant payeur central des Travaux	De 10 h. à 5 h. tous les jours.					
Le Payeur central de la Dette publique	De 10 h. à 5 h. tous les jours.					
Le Directeur général du Trésor	2 h. à 4 h.	2 h. à 4 h.	2 h. à 4 h.	2 h. à 4 h.	2 h. à 4 h.	»
Le Directeur général de l'Enregistrement, des Domaines et du Timbre, rue de Rivoli, 198	»	10 h. ¹⁄₂ à 12	10 h. ¹⁄₂ à 12	10 h. ¹⁄₂ à 12	10 h. ¹⁄₂ à 12	»
Le Directeur général des Douanes	»	»	2 h. à 5 h.	»	»	9 h. ¹⁄₂ à 11 h.
Le Directeur général des Contributions indirectes	1 h. à 3 h.	»	1 h. à 3 h.	1 h. à 3 h.	1 h. à 3 h.	1 h. à 3 h.
Le Directeur général des Manufactures de l'État						
Le Directeur général des Monnaies et Médailles, Hôtel des Monnaies	»	»	»	»	11 h. à 12 h.	»
GUERRE — *Rue St-Dominique-St-Germain, 14.*						
Le Ministre	»	»	»	»	9 h. à 4 h.	»
Le Chef du Cabinet	3 h. à 4 h.	»	»	»	10 h. à 11 h. ¹⁄₂	»
Le Général Chef d'État-Major général	2 h. à 4 h.	»	»	»	2 h. à 4 h.	»
Le Directeur du Contrôle	2 h. à 4 h.	2 h. à 4 h.	»	»	2 h. à 4 h.	»
Le Chef du Service Intérieur	»	»	»	»	2 h. à 4 h.	»
Le Directeur de l'Infanterie	4 h. à 5 h.	»	»	»	4 h. à 5 h.	»
Le Directeur de la Cavalerie	4 h. à 5 h.	»	»	»	4 h. à 5 h.	»
Le Directeur de l'Artillerie	4 h. à 5 h.	»	»	»	4 h. à 5 h.	»
Le Directeur du Génie	4 h. à 5 h.	»	»	»	4 h. à 5 h.	»
Le Directeur des Services administratifs	4 h. à 5 h.	»	»	»	4 h. à 5 h.	»
Le Directeur des Poudres et Salpêtres	3 h. à 4 h.	»	»	»	2 h. à 4 h.	»
Le Directeur du Service de Santé	»	»	»	»	4 h. à 5 h.	»

MINISTÈRES	Lundi.	Mardi.	Mercredi.	Jeudi.	Vendredi.	Samedi.
INSTRUCTION PUBLIQUE et BEAUX-ARTS — *Rue de Grenelle Saint-Germain, 110.*						
Le Ministre	10 h. à 12 h.	»	10 h. à 11 h.	»	10 h. à 12 h.	»
Le Chef du Cabinet du Ministre	10 h. à 12 h.	»	»	»	10 h. à 12 h.	»
Le Directeur de l'Enseignement supérieur	»	»	2 h. à 4 h.	»	2 h. à 4 h.	»
Le Directeur de l'Enseignement secondaire	»	»	2 h. à 4 h.	»	2 h. à 4 h.	»
Le Directeur de l'Enseignement primaire	»	»	2 h. à 4 h.	»	2 h. à 4 h.	»
Le Directeur du Secrétariat et de la Comptabilité	»	»	1 h. à 5 h.	»	»	»
Rue de Valois, 3.						
Le Directeur des Beaux-Arts	»	»	2 h. à 4 h.	»	2 h. à 4 h.	»
Le Directeur des Bâtiments civils et des Palais nationaux	»	3 h. à 4 h.	2 h. à 4 h.	»	2 h. à 4 h.	»
INTÉRIEUR — *Place Beauvau.*						
Le Ministre. — Place Beauvau	10 h. à 11 ¹⁄₂	»	10 h. à 11 ¹⁄₂	»	10 h. à 11 h. ¹⁄₂	»
Le Chef du Cabinet du Ministre. — Directeur du Personnel et du Secrétariat	10 h. à 11 h. ¹⁄₂	»	10 h. à 11 h. ¹⁄₂	»	9 h. à 11 h. ¹⁄₂	»
Le Directeur de l'Administration départementale et communale. — Rue Cambacérès, 7	»	»	10 h. à 12 h.	»	10 h. à 12 h.	»
Le Directeur de l'Assistance publique. — Rue Cambacérès, 7	»	»	10 h. à 12 h.	»	10 h. à 12 h.	»
Le Directeur de l'Administration pénitentiaire, Rue Cambacérès, 11	»	»	10 h. à 12 h.	»	»	10 h. à 12 h.
Le Directeur de la Santé générale. — Rue des Saussaies, 11	10 h. à 12 h.	»	»	»	10 h. à 12 h.	»
JUSTICE et CULTES — *Place Vendôme.*						
Le Ministre	»	»	2 h. ¹⁄₂ à 4 h.	»	9 h. ¹⁄₂ à 11 h.	»
Le Chef du Cabinet	»	»	2 h. ¹⁄₂ à 4 h.	»	»	»
Le Directeur du Personnel	10 h. à 11 ¹⁄₂	10 h. à 11 ¹⁄₂	9 h. ¹⁄₂ à 11 h.	10 h. à 11 ¹⁄₂	9 h. ¹⁄₂ à 11	»
Le Directeur des Affaires criminelles et des Grâces	»	»	2 h. ¹⁄₂ à 4 h.	»	3 h. à 5 h.	»
Rue de Bellechasse, 66.						
Le Directeur des Cultes	1 h. à 5 h.	»	»	»	1 h. à 5 h.	1 h. à 5 h.
MARINE — *Rue Royale Saint-Honoré, 2.*						
Le Ministre	»	»	10 h. à 12 h.	»	»	»
Le Contre-Amiral, Chef d'État-Major général du Cabinet		De 2 h. ¹⁄₂ à 5 h. tous les jours.				
Le Directeur du Cabinet		De 2 h. ¹⁄₂ à 5 h. tous les jours.				
Le Contre-Amiral, Directeur du Personnel	De 2 h. ¹⁄₂ à 5 h. tous les jours.					
Le Contre-Amiral, Directeur général des Travaux, etc.	À partir de 5 h. ¹⁄₂, tous les jours.					
Le Directeur du Matériel	De 2 h. à 5 h. tous les jours.					
Le Inspecteur de la Comptabilité générale	2 h. à 5 h.	2 h. à 5 h.	2 h. à 5 h.	2 h. à 5 h.	2 h. à 5 h.	2 h. à 5 h.
Le Administrateur des Invalides de la Marine	2 h. à 5 h.	2 h. à 5 h.	2 h. à 5 h.	2 h. à 5 h.	2 h. à 5 h.	2 h. à 5 h.
(¹) Jour exclusivement réservé à MM. les Membres du Parlement.						
TRAVAUX PUBLICS — *Boulevard Saint-Germain, 246.*						
Le Ministre	10 h. à 12 h.	»	»	»	10 h. à 12 h.	»
Le Chef du Cabinet du Ministre et du Secrétariat	10 h. à 11 h. ¹⁄₂	»	»	»	10 h. à 11 h. ¹⁄₂	»
Boulevard Saint-Germain, 244.						
Le Directeur des Chemins de fer	»	»	9 h. ¹⁄₂ à 11 h.	»	9 h. ¹⁄₂ à 11 h.	»
Le Sous-Directeur des Routes, de la Navigation et des Mines	»	»	9 h. ¹⁄₂ à 11 h.	»	9 h. ¹⁄₂ à 11 h.	»
PRÉFECTURE DE LA SEINE						
Le Préfet	»	»	11 h. à 12 h.	»	11 h. à 12 h.	»
Le Chef du Cabinet du Préfet	11 h. à 12 h.	2 h. à 5 h.	»	»	11 h. à 12 h.	11 h. à 12 h.
Le Secrétaire général de la Préfecture	»	2 h. à 5 h.	2 h. à 5 h.	2 h. à 5 h.	2 h. à 5 h.	2 h. à 5 h.
Le Directeur des Travaux	»	2 h. à 5 h.	»	»	2 h. à 5 h.	2 h. à 5 h.
Le Mercure de l'Enseignement	»	»	»	»	»	»
Le Sous-Directeur de l'Enseignement	2 h. à 5 h.	»	»	»	2 h. à 5 h.	»
Le Directeur des Finances	»	3 h. à 5 h.	»	»	3 h. à 5 h.	»
Le Directeur des Affaires départementales	2 h. à 5 h.	3 h. à 5 h.	»	»	2 h. à 5 h.	2 h. à 5 h.
Le Directeur des Affaires Municipales	»	»	»	»	»	»
Le Receveur Municipal	2 h. à 5 h. tous les jours.					

PRÉSÉANCE DES AUTORITÉS PUBLIQUES

1. Les rangs hiérarchiques des divers fonctionnaires dans les services auxquels ils appartiennent, ont été déterminés par les dispositions organiques de ces services, dit le *Dictionnaire politique*. Nous devons nous borner ici à y renvoyer d'une manière générale.

2. Les rangs respectifs des diverses autorités publiques dans les cérémonies où des fonctionnaires appartenant à des services distincts se trouvent réunis, ont été déterminés par le règlement d'administration publique du 24 messidor an XII, et divers autres actes dont nous analyserons les principales dispositions.

3. Aux termes des dispositions encore en vigueur du décret de messidor an XII (titre Ier, art. 1 et 8) et de quelques dispositions complémentaires ou modifications survenues depuis, notamment le règlement d'administration publique du 28 décembre 1875, les autorités qui, d'après les ordres du président de la République, sont convoquées aux cérémonies publiques, y prennent rang dans l'ordre suivant :

Les cardinaux *(Déc. de mess.)*, les ministres *(D. m.)*, les maréchaux de France, les amiraux *(D. m.)* et le grand-chancelier de la Légion d'honneur *(D. 4 fév. 1806 et 26 mars 1816)*, les conseillers d'État chargés de missions extraordinaires en vertu de décrets du président de la République *(D. m.; O. 5 nov. 1828; D. 28 déc. 1875, art. 1er)*; — dans toute l'étendue de leur commandement, les généraux de division, gouverneur de Paris, gouverneur de Lyon, commandant les corps d'armée et les régions de corps d'armée; — dans l'étendue de l'arrondissement maritime, les vice-amiraux commandant en chef, préfets maritimes *(D. déc. 1875)*; — les grand'croix et grands officiers de la Légion d'honneur convoqués par le grand-chancelier et n'exerçant pas de fonctions publiques qui leur assurent un rang supérieur *(D. mess.;* voir aussi *Décis. minis. guerre 26 sept. 1832 et D. 28 déc. 1875);* — dans toute l'étendue de leur commandement, les généraux de division commandant les régions après le départ des commandants des corps d'armée mobilisés *(D. 28 déc. 1875);* le président de la Cour d'appel *(D. m.),* l'archevêque *(D. m.);* — dans toute l'étendue de leur commandement, mais hors du chef-lieu, dans le cas seulement où leur voyage a été annoncé officiellement par le général commandant en chef le corps d'armée et la région, les généraux de division commandant une division et en même temps un groupe de subdivisions de région, en vertu de décisions prises par le ministre de la guerre *(D. déc. 1875);* — le préfet, accompagné du secrétaire général de la préfecture *(D. m.);* — dans les chefs-lieux d'assises autres que les chefs-lieux de cours d'appel, le président de la Cour d'assises *(D. m. et Avis du C. d'État 28 août 1812, app. 13 oct.)* (¹); — l'évêque *(D. m.);* — dans toute l'étendue de leurs subdivisions, mais hors du chef-lieu dans le cas seulement où leur voyage a été annoncé officiellement par le général commandant le corps d'armée et la région, les généraux de brigade commandant une brigade et en même temps des subdivisions de région en vertu de décisions du ministre de la guerre *(D. 28 déc. 1875);* — dans le chef-lieu de l'arrondissement maritime, le contre-amiral major général de la marine *(D. 28 déc. 1875);* — les généraux de brigade appelés à commander les subdivisions de région après le départ du corps d'armée mobilisé *(D. 28 déc. 1875),* le sous-préfet *(D. m.);* — dans le chef-lieu de l'arrondissement maritime, le major général de la marine lorsqu'il n'est pas contre-amiral *(D. 28 déc. 1875, art. 5);* — le président du tribunal civil de première instance *(D. m.),* le président du tribunal de commerce *(D. m.),* le maire *(D. m.),* le commandant de place ou d'armes *(D. m.),* les présidents des consistoires *(D. m.).*

4. Les personnes désignées ci-dessus marchent dans les cérémonies suivant l'ordre où elles sont classées ; la personne à qui

---

(¹) Au sujet de la place à attribuer aux magistrats qui assistent le président des assises, voyez les Avis du Conseil d'État du 28 mai 1811 et du 28 août 1812, approuvés par l'Empereur les 1er juin 1811 et 13 octobre 1812.

la préséance est due doit toujours avoir à sa droite celle à qui appartient le second rang, à sa gauche celle à qui appartient le troisième. Ainsi se forme la première ligne du cortège; les autres sont formées d'une manière analogue(1). *(D. mess., tit. Ier, art. 8.)*

5. Après les personnes ayant rang individuel viennent les membres de la Cour d'appel *(D. m.)*, l'état-major des gouverneurs de Paris et de Lyon, l'état-major des corps d'armée de la région, l'état-major de la préfecture maritime, l'état-major de la région après le départ du corps d'armée, l'état-major de la division *(D. 28 déc. 1875)*, le conseil de préfecture *(D. m.)*, le tribunal civil de première instance *(D. m.)*, l'état-major de la majorité générale de la marine *(D. 28 déc. 1875)*, l'état-major de la brigade *(D. 28 déc. 1875)*, le corps municipal *(D. m.)*, le corps académique *(D. 15 nov. 1811)*, l'état-major de la place *(D. mess. et 28 déc. 1875)*, le tribunal de commerce *(D. m.)*, la chambre de commerce *(D. 1er sept. 1851)*, les juges de paix *(D. m.)*, les commissaires de police *(D. m.)*.

Les règlements militaires indiquent dans quelles conditions les officiers de la gendarmerie et autres armes spéciales, les officiers de santé militaires et les officiers d'administration ainsi que les officiers en retraite prennent place, pour les cérémonies publiques, dans les états-majors. *(Voy. D. 1er mars 1854, art. 157, 158; 13 oct. 1863, art. 291 et suiv.; Avis du C. d'État, 5 brum. an XIII; Circul. du min. de la guerre, 8 juill. 1826, etc.)*

6. Les commandeurs, officiers et chevaliers de la Légion d'honneur qui sont convoqués aux cérémonies publiques y prennent rang après les autorités constituées. *(D. 11 av. 1809; 26 mars 1816.)*

7. Le Sénat, la Chambre des députés, le Conseil d'État, et dans les villes où le Chef de l'État est présent, les divers corps administratifs et judiciaires sont convoqués sur son ordre aux cérémonies publiques *(Règ. mess., tit. Ier, art. 2)*. Le Sénat et les autres grands corps de l'État sont classés entre eux dans

---

(1) Voyez, au sujet du mode de réunion et de retour des cortèges, un avis du Conseil d'État en date du 8 août 1859 et une circulaire du ministre de l'intérieur du 11 novembre 1858.

l'ordre où nous venons de les énumérer (*D. 19 avril 1852*).
La Cour de cassation prend rang après le Conseil d'État
(*D. mess., tit. 1er, art. 2*); la Cour des comptes (*L. 16 sept.
1807, art. 7*), puis le Conseil supérieur de l'instruction publique (*O. 17 fév. 1815 et 1 nov. 1820*) prennent rang immédiatement après la Cour de cassation.

8. L'usage a déterminé le rang des fonctionnaires ou corps
à l'égard desquels il n'est point intervenu de dispositions
spéciales. On aura, sur ce point, une indication assez étendue
en se reportant au tableau des réceptions du président de la
République pour le 1er janvier. Voici, abstraction faite des
bureaux et membres du Sénat et de la Chambre des députés,
reçus séparément à Versailles, le tableau des réceptions faites
à Paris le 1er janvier 1877 (*Journ. offic. du 1er janv. 1877*).
Autour du Président de la République, les cardinaux, ministres, maréchaux, le grand-chancelier de Légion d'honneur, le
gouverneur de Paris, le gouverneur de l'hôtel des Invalides.
Ordre de la réception : corps diplomatique, ambassadeurs et
ministres plénipotentiaires de France présents à Paris, sous-
secrétaires d'État, Conseil d'État, Ordre et Conseil de l'ordre
de la Légion d'honneur, Cour de cassation, Cour des comptes,
Conseil supérieur de l'instruction publique, Institut de France,
Cour d'appel de Paris (l'archevêque de Paris avait, comme
cardinal, sa place auprès du président), gouverneur et sous-
gouverneur de la Banque de France, secrétaires généraux,
directeurs généraux, directeurs, chefs de division et administrateurs des ministères et de la chancellerie de la Légion
d'honneur, chapitre de Saint-Denis, clergé catholique de Paris,
conseil central des Églises réformées, consistoire de l'Église
réformée de Paris, consistoire de l'Église de la Confession
d'Augsbourg de Paris, consistoire central israélite, préfet de
la Seine et secrétaire général de la préfecture de la Seine,
conseil de préfecture, préfet de police et secrétaire général de
la préfecture de police, conseil municipal de Paris et conseil
général de la Seine, maires et adjoints de Paris, sous-préfets
de Saint-Denis et Sceaux, vice-recteur de l'Académie de
Paris et corps académique, tribunal de première instance
de la Seine, tribunal de commerce de la Seine, chambre

de commerce de Paris, juges de paix de Paris, conseil des prud'hommes de Paris, commissaires de police de Paris, corps des ponts et chaussées et des mines, administrateurs et professeurs des écoles des ponts et chaussées, des mines, du génie maritime, des écoles polytechnique et spéciale militaire, Collège de France, école nationale des langues orientales vivantes, école nationale des chartes, muséum d'histoire naturelle, académie de médecine, conservatoire des arts et métiers, école des beaux-arts, conseil des avocats au Conseil d'État et à la Cour de cassation, conseil des référendaires au sceau de France, chambre des notaires de Paris, chambre des avoués près la Cour d'appel et le tribunal de première instance, chambre syndicale des agents de change, chambre des commissaires-priseurs, chambre syndicale des courtiers d'assurances. — Les députations militaires forment un groupe distinct et terminant la liste de la réception : état-major du ministre de la guerre, directeurs généraux et chefs de service du ministère, présidents des comités et conseils, intendants généraux inspecteurs, état-major du gouverneur de l'hôtel des Invalides, commandants de l'école d'application d'état-major, de l'école polytechnique, directeur de l'école d'application de médecine et de pharmacie militaires, commandants en second ou sous-directeurs de ces écoles avec une députation (officiers supérieurs), état-major du ministre de la marine et des colonies, directeurs et chefs de service du ministère, présidents des comités, état-major général du gouverneur de Paris (officiers généraux et supérieurs), officiers généraux et supérieurs sans troupes et fonctionnaires militaires placés sous les ordres immédiats du gouverneur de Paris, officiers généraux commandant les divisions et brigades stationnées dans le gouvernement militaire de Paris, et chefs des corps (avec une députation des officiers supérieurs), général commandant la place de Paris, chefs de corps (avec une députation des officiers supérieurs), députation des officiers supérieurs sans troupes et des fonctionnaires militaires placés sous les ordres immédiats du commandant de la place de Paris, officiers généraux et supérieurs des armées de terre et de mer présents à Paris et n'y étant pas employés, officiers généraux de l'armée de terre et de mer du cadre de réserve.

A la réception spéciale des autorités du département de Seine-et-Oise, le trésorier-payeur général, les directeurs et inspecteurs des services financiers sont, dans l'ordre de la réception, placés après les juges de paix et avant les membres du corps des ponts et chaussées et des mines, l'inspecteur du service télégraphique vient après ces derniers et avant le commissaire central de police.

9. Dans les cérémonies publiques, les membres des autorités nationales ([1]), c'est-à-dire des autorités qui représentent l'État avec un caractère général (ministres, conseillers d'État, etc.), les personnes assimilées aux membres des autorités nationales (cardinaux, etc.) doivent être placés au centre du local où a lieu la réunion; en leur absence, le centre est réservé; à droite sont placés les trois fonctionnaires ayant rang individuel, qui, en dehors des membres des autorités nationales ou personnes assimilées, viennent les premiers dans l'ordre des préséances; à gauche et en arrière, ceux qui sont classés après *(D. mess., tit. 1er, art. 9)* ([2]).

10. Lorsque, dans les cérémonies religieuses, il y a impossibilité à placer dans le chœur la totalité des membres des corps invités, ces membres sont placés dans la nef et en un ordre analogue à celui des chefs *(D. mess., art. 10)*. Néanmoins, l'autorité religieuse, d'accord avec l'autorité civile et militaire, doit réserver le plus de stalles qu'il sera possible : elles sont destinées de préférence aux présidents et chefs de parquet des cours et tribunaux, aux principaux officiers des états-majors, à l'officier supérieur de gendarmerie, au doyen et aux membres du conseil de préfecture *(art. 11)* ([3]).

[1] Voir, sur le sens à attribuer à cette expression, une décision du ministre des cultes en date du 22 juillet 1837.

[2] D'après un avis du Conseil d'État en date du 11 août 1839, lorsqu'un fonctionnaire ayant rang dans les cérémonies publiques se trouve absent, sa place ne doit pas rester vacante, elle doit être occupée par le fonctionnaire qui vient immédiatement après dans l'ordre hiérarchique.

[3] Par une circulaire du 17 février 1859, le ministre de l'intérieur a recommandé que quand le corps consulaire ou des consuls individuellement témoignent le désir d'assister à une cérémonie publique, on leur donne une place distinguée. Une circulaire un peu postérieure du même ministre *(6 juillet 1859)* contient des indications au sujet des places d'honneur à réserver aux sénateurs, députés, conseillers d'État.

11. Le corps ou le fonctionnaire qui a fait l'invitation conserve sa place habituelle; les autorités invitées gardent entre elles leur rang ordinaire. *(D. mess., art. 4.)*

12. Dans un arsenal ou sur les terrains de la marine, les autorités maritimes ont la droite; dans la place, la droite appartient aux autorités militaires *(D. 13 oct. 1863, art. 293).* Dans les ports qui ne sont pas siège d'une préfecture maritime, le chef du service de la marine et les autres officiers ou fonctionnaires de la marine se réunissent aux états-majors militaires, suivant des distinctions prévues aux règlements. (Voy. *Déc. 13 oct. 1863, art. 294 et 295.)*

13. Dans aucun cas le rang attribué à un corps n'appartient individuellement aux membres qui le composent. *(D. mess., tit. Ier, art. 3.)*

14. Les personnes qui exercent par intérim ou en l'absence des titulaires soit un commandement, soit une fonction, ne jouissent pas généralement du droit de préséance attribué au titulaire. *(D. mess., tit. XXV, art. 6; D. 6 frim. an XIII, art. 65, etc.)*

FRANCHISES POSTALES

Désignation des fonctionnaires et des personnes qui jouissent de la franchise, à raison de leur qualité, et sans condition de contreseing.

Dans toute la France :

Le Président de la République.

Le Président du Sénat.

Le Président de la Chambre des députés.

Le Grand-Chancelier de la Légion d'honneur.

Les Ministres Secrétaires d'État à département.

Les Sous-Secrétaires d'État à département ministériel.

Le Gouverneur général de l'Algérie.

Le Président du Conseil d'État.

Le Vice-Président du Conseil d'État.

Le Président du contentieux au Conseil d'État.

Le Premier Président de la Cour des comptes.

Le Premier Président de la Cour de cassation.

Le Procureur général de la Cour de cassation.

Le Procureur général de la Cour des comptes.

Le Gouverneur militaire de Paris.

Le Commandant de la place de Paris et du département de la Seine.

Le Chef d'État-Major général du Ministre de la Guerre.

Le Préfet de Police.

Le Directeur général des Contributions directes.

Le Directeur général des Contributions indirectes.

Le Directeur général de l'Administration des Cultes.

Le Directeur général des Douanes.

Le Directeur général de l'Enregistrement, des Domaines et du Timbre.

Le Directeur général des Manufactures de l'État.

Le Directeur général des Postes et des Télégraphes.

Le Directeur du Personnel au Ministère de la Guerre.

Le Directeur général de l'Administration de la Caisse d'amortissement et de la Caisse des dépôts et consignations.

Le Président de la Commission chargée d'établir les listes de candidature aux bureaux de tabac.

Le Secrétaire général du Conseil d'État.

Dans le département de la Seine :

Le Préfet de la Seine.

Les Commandants de corps d'armée (¹).

Le Procureur de la République près le tribunal de 1ʳᵉ instance.

Ressort de la Cour :

Les Procureurs généraux.

Cours d'assises ou départements :

Les Procureurs de la République près les Cours d'assises.

Arrondissement de la Sous-Préfecture :

Les Procureurs de la République près les tribunaux de 1ʳᵉ instance.

Département du Rhône et départements limitrophes :

Le Préfet du Rhône.

(¹) Les Commandants de corps d'armée reçoivent en franchise, sans condition de contreseing, les lettres et dépêches qui leur sont adressées des lieux situés dans le ressort de leur commandement : 1° dans toute résidence appartenant à ce ressort ; 2° à Paris ; 3° à Versailles.

RENSEIGNEMENTS MILITAIRES

Tous les Français étant soldats, il nous a paru bon de mettre sous les yeux des lecteurs de cet ouvrage des renseignements dont certains feront leur profit.

Conseil de revision. — Son rôle. — Sa composition.

Chaque année, dans chaque département, le Préfet, un Général, un Conseiller de préfecture, un Conseiller général et un Conseiller d'arrondissement sont chargés de revoir les opérations préliminaires du recrutement, de constater si les tableaux de recensement ont été régulièrement dressés, de recevoir les réclamations auxquelles l'établissement de ces tableaux peut donner lieu, de les admettre ou de les repousser définitivement, et enfin d'examiner les causes d'exemption et de dispense du service, de prononcer ensuite les exemptions, d'accorder les ajournements, les sursis et les substitutions de numéros.

Il se transporte successivement dans tous ou presque tous les cantons.

En dehors des cinq fonctionnaires qui constituent le *Conseil de revision*, un membre de l'Intendance militaire assiste à chaque séance, ainsi qu'un médecin (militaire ou civil) chargé de donner son avis sur les maladies ou infirmités qui peuvent rendre les jeunes gens impropres au service militaire. Le commandant du bureau de recrutement s'y trouve également pour prendre note de l'arme à laquelle l'homme demande à être affecté (c'est-à-dire, par exemple, s'il désire entrer dans l'infanterie, plutôt que dans la cavalerie ou l'artillerie). Il examine l'emploi qui convient le mieux aux aptitudes physiques de ce jeune soldat.

Tous les jeunes gens qui sont inscrits sur les tableaux de recensement arrêtés le jour du tirage sont convoqués par le préfet. L'ordre de convocation doit leur être notifié à domicile, et huit jours au moins à l'avance, par les soins des maires.

Les ajournés des années précédentes sont convoqués de la même manière.

Lorsqu'un jeune homme paraît trop débile ou trop petit pour faire un soldat, la première fois qu'il est examiné par le Conseil, celui-ci ne l'admet pas ; mais il l'ajourne à l'année suivante, parce que, dans l'intervalle, il peut se fortifier ou grandir et devenir bon pour le service. Dans ce cas, on dit qu'il est *ajourné*.

Les jeunes gens que le préfet a autorisés à se présenter au Conseil de revision du département où ils résident doivent se renseigner eux-mêmes directement sur la date à laquelle ils ont à se présenter. Ils devront consulter les affiches blanches qui indiquent l'itinéraire que suivra le Conseil de revision. Il est sage de bien prendre ses informations, car si on néglige de se présenter, et si on a des motifs d'exemption ou de dispense, il est trop tard pour les faire valoir, une fois que le Conseil a prononcé, et il refuse toujours de les admettre, lorsque les intéressés sont absents.

Si pourtant un jeune homme se trouve dans l'impossibilité absolue de se transporter devant le Conseil de revision, par suite de maladie ou d'infirmité, sa famille en prévient le Conseil. Celui-ci lui accorde un délai ou l'envoie visiter à domicile.

Lorsqu'on a un cas de dispense ou d'exemption à faire valoir, il faut pouvoir en faire la preuve séance tenante. Par exemple, la loi accorde une dispense au fils unique d'un père aveugle. Il faut prouver que le père est réellement aveugle et que le jeune homme qui se présente est bien son fils. En conséquence, s'il est possible, le père est amené au Conseil de revision, afin que le médecin puisse l'examiner et s'assurer de son état. Quant au fils, il se munit de l'acte de mariage de ses parents et d'un certificat attestant qu'il est bien leur fils.

Ce certificat doit être signé par trois pères de famille de la commune et approuvé par le maire.

Les *certificats* ou *extraits d'actes de l'état civil*, et généralement toutes les pièces que les jeunes gens ont à produire, soit pour leur inscription sur les tableaux de recensement, soit pour la justification devant les Conseils de revision de leurs droits à la dispense, *sont affranchis du droit de timbre et*, en outre, *délivrés sans frais*. Ils sont, s'il y a lieu, légalisés par les préfets et les sous-préfets.

Ces pièces ne peuvent être refusées, lorsque les familles les demandent. Si un maire ne les délivrait pas ou ne les faisait pas délivrer, il pourrait être rendu responsable du dommage qui en résulterait et condamné par les tribunaux.

On peut s'adresser, pour les obtenir, soit au recrutement, soit à la préfecture; mais l'intervention des fonctionnaires, ainsi réclamée par les familles, est purement officieuse : c'est par complaisance qu'ils s'occupent de ces demandes, et, s'il en résulte des négligences, des erreurs, des irrégularités ou des retards, l'administration militaire n'entend pas en être responsable.

Sont dispensés, les jeunes gens qui ont un frère sous les drapeaux et ceux qui ont eu un frère tué sous les drapeaux ou gravement blessé dans le service. Pour faire valoir ce titre de dispense, on réclame *directement et par lettre affranchie* au régiment où le frère sert ou a servi, son certificat de présence sous les drapeaux ou son état de service.

Les employés des bureaux de recrutement donnent aux familles tous les renseignements dont elles peuvent avoir besoin : ils leur disent quelles sont les formalités à faire remplir, les pièces à produire à l'appui des demandes de dispense ou d'exemption; ils leur indiquent les démarches à faire pour obtenir ces pièces. On doit également les consulter pour le choix de l'arme dans laquelle on désire être classé.

Donc, lorsqu'on est embarrassé, *c'est aux bureaux de recrutement qu'il faut s'adresser*.

Il y a, en moyenne, deux bureaux de recrutement par département. Tout le monde doit savoir de quel bureau dépend la commune à laquelle il appartient.

Si on demande des renseignements par écrit, on joindra un timbre pour la réponse.

Nomenclature des maladies, infirmités ou difformités qui rendent impropre au service actif ou armé.

1º *Maladies générales.* — Faiblesse de constitution (¹), scrofules caractérisées, anémie très prononcée, cachexies diverses, scorbut, diabète sucré, albuminurie, cancer, mélanose, tubercules, syphilis (²), morve et farcin, pellagre ;

2º *Des tissus.* — Eczéma chronique, lichen chronique, psoriasis, ichthyose, pityriasis, impétigo chronique, ecthyma cacheticum, rupia, pemphigus, acné donnant à la physionomie un aspect repoussant, lupus, affections parasitaires, herpès, pityriasis versicolor, syocis, favus, éléphantiasis, nœvi materni, productions cornées, ulcères, cicatrices étendues, difformes ; obésité, anasarque, œdème, abcès froids, ossifluents ou par congestion, lipome, kystes occasionnant de la gêne ou causant une difformité ; — épanchements chroniques ; — tumeurs érectiles, anévrismes ; — adénites chroniques ; — paralysies, contractures, spasmes entravant des fonctions indispensables à la vie militaire, tremblements, névromes ; — rétractions, atrophie ; — arthrite chronique, hydarthrose, tumeurs blanches, corps mobiles, ankylose, déformation, distension, relâchement ; — périostite accompagnée de suppuration et de décollements étendus, ostéite, nécrose et carie, tumeurs et déformations ;

3º *Des régions.* — Favus, herpès tonsurant étendu, porrigo decalvans étendu, alopécie, tumeurs de la tête, ossification imparfaite, cicatrices, lésions étendues ;

4º *De l'encéphale et de la moelle.* — Idiotie et crétinisme, aliénation mentale, paralysie générale progressive, delirium

---

(¹) On entend par *faiblesse de constitution*, l'insuffisance, indépendante de toute lésion organique, de la force jugée nécessaire pour résister aux exigences du service militaire. C'est une expression vague dont on abuse souvent dans les Conseils de revision, mais dont il serait difficile de ne pas faire usage. La faiblesse de constitution sans lésions organiques est un état assez rare, excepté chez les hommes de petite taille, qui ont besoin d'une constitution relativement plus forte que ceux d'une taille élevée, pour résister aux fatigues ordinaires du soldat, et chez les hommes de taille élevée dont la croissance a été rapide.

(²) La *syphilis primitive* ne doit jamais motiver l'inaptitude. L'ajournement devra être proposé pour les accidents successifs d'une certaine gravité.

tremens, épilepsie, vertige épileptiforme, catalepsie, chorée, somnambulisme, aphasie, ataxie locomotrice, atrophie musculaire progressive, sclérose musculaire;

5° *Des oreilles.* — Perte du pavillon, hypertrophie, tumeurs, atrésie du conduit auditif, polypes, affection de l'oreille; otite externe et otite moyenne, inflammation des cellules mastoïdiennes, surdité, surdi-mutité;

6° *De la face.* — Laideur extrême, difformité du front, mutilations, tumeurs diverses, ulcères, fistules, névralgie (tic douloureux); — hémiplégie ancienne; déformation des sinus; — difformités, division ou perforation du palais, lésions graves;

7° *Des yeux.* — Destruction ou division des paupières, cicatrices vicieuses, entropion, ectropion, tumeurs, blépharite ciliaire, trichiasis, chute de la paupière, blépharospame; — tumeurs de la glande lacrymale, épiphora dacryocystite, tumeur et fistule lacrymales, conjonctivites, ptérygion, xérophtalmie, tumeurs de la conjonctive; — hypertrophie et dégénérescence de la caroncule lacrymale; plaies, kératites, opacités, staphylome pellucide; — staphylome antérieur, vices de conformation de l'iris, adhérences, myosis, mydriase, tremblement de l'iris, iritis chronique; — luxation du cristallin; — corps étrangers dans le corps vitré, son ramollissement; anomalies dans la choroïde, choroïdites, tumeurs; — rétinites, décollement de la rétine, névrorétinite, amblyopie, myopie irrégulière, myopie régulière supérieure à un sixième, hypermétropie et astigmatisme quand l'acuité visuelle est inférieure à un quart à droite ou à un douzième à gauche; — perte, désorganisation, atrophie du globe oculaire, buphtalmie, exophtalmie; — paralysie, rétraction des muscles de l'œil, strabisme, diplopie; nystagmus; affections intra-orbitaires déterminant une altération de la vue, l'ostéite, la carie, la nécrose, l'exostose de la paroi orbitaire, l'ostéosarcome;

8° *Du nez.* — Difformité gênant manifestement la respiration ou la parole, couperose, lupus, polypes, ozène;

9° *De la bouche.* — Bec-de-lièvre, cicatrices vicieuses, hypertrophie, tumeurs, paralysie de l'orbiculaire; — stomatites, épulis ayant envahi de grandes surfaces, dents mauvaises, fistules salivaires ayant leur siège à la face, fétidité de l'haleine; — difformités de la langue, bégaiement, quand il est assez prononcé pour empêcher de crier *Qui vive!* ou de transmettre intelligiblement une consigne; mutisme; — grenouillette, hypertrophie des amygdales gênant la respiration et la déglutition; — vices de conformation de la voûte et du voile du palais, adhérences pharyngiennes, paralysie du voile du palais, hypertrophie de la luette;

10° *Du cou.* — Développement exagéré, plaies, abcès ganglionnaires, cicatrices difformes, adénites, tumeurs de la parotide et autres gênant les fonctions, torticolis ancien, plaies et fractures du larynx, laryngites, déformation ou destruction de l'épiglotte, rétrécissement, déformation du larynx, polypes, nécrose, aphonie, anomalies et rétrécissement du pharynx, lésions traumatiques, pharyngites, ulcères; — rétrécissement ou dilatation de l'œsophage, corps étrangers, ulcérations, cancer, paralysie de l'œsophage;

11° *De la poitrine.* — Difformités, lésions traumatiques, carie, nécrose, etc., ostéite, abcès ossifluents; — hypertrophie développée de la glande mammaire; — hernie du poumon, phtisie pulmonaire, surtout s'il y a imminence de tuberculisation, hémoptysie, bronchite et pneumonie chroniques, emphysème pulmonaire, asthme, épanchements pleuraux; — cyanose, transposition des organes pectoraux avec troubles fonctionnels, péricardite et endocardite, hypertrophie du cœur, dilatation du cœur, insuffisance et rétrécissement des ouvertures cardiaques, anévrisme de l'aorte thoracique;

12° *De l'abdomen.* — Affections des parois, hernies, affections du péritoine, ascite, tympanite, tumeurs, affections chroniques de l'estomac et des intestins, lésions organiques, hématémèse, affections du foie et de la rate.

13° *Du rachis.* — Spina-bifida, déviations, fractures, luxations, carie, arthropathies rachidiennes, mal de Pott, hernies lombaires;

14° *Du Bassin.* — Vices de conformation, relâchement des symphyses, arthropathies, psoïtis, phlegmons et abcès;

15° *De la région ano-périnéale.* — Plaies, contusions du périnée, plaies de l'anus, phlegmons et abcès, fissures à l'anus, fistules, affections du rectum, rétrécissement du rectum, hémorrhoïdes volumineuses, chute du rectum, incontinence des matières fécales;

16° *Des voies urinaires.* — Néphrites, calculs rénaux, abcès, kystes, dégénérescence des reins;

17° *De la vessie.* — Vices de conformation, lésions traumatiques laissant des traces, cystite, corps étrangers, calculs vésicaux, lésions organiques, incontinence d'urine nocturne qui est la conséquence de faiblesse générale ou d'une affection des centres nerveux; — incontinence permanente, rétention d'urine provenant d'affections organiques, hématurie liée à d'autres affections graves des reins et de la vessie;

18° *De l'urèthre.* — Vices de conformation, épispadias, hypospadias, fistules uréthrales; — corps étrangers ne pouvant être extraits sans une opération grave, rétrécissements, maladies de la prostate;

19° *Des organes génitaux.* — Hermaphrodisme, perte totale ou partielle ou absence du pénis, affections cutanées des bourses, éléphantiasis du scrotum;

20° *Du cordon spermatique et du testicule.* — Varicocèle douloureux ou considérable, hydrocèle, hématocèle, perte de l'un ou des deux testicules; — atrophie des deux testicules, anorchidie douloureuse ou prédisposant aux hernies, tumeurs;

21° *Des membres.* — Anomalie, inégalité, déviation, atrophie congénitale, amputation, résection, courbure défectueuse, dépression profonde, raccourcissement, fausse articulation, entorse violente, luxation ancienne; — relâchement des capsules et des ligaments articulaires avec mobilité anormale, ankylose, lésions pathologiques, cancer, éléphantiasis; — varices se détachant en paquets noueux ou s'élevant jusqu'à la cuisse ou jusqu'à l'aine, ou compliquées d'ulcères, hygroma, tumeurs synoviales et kystes volumineux, névralgie produisant l'affaiblissement notable, goutte, rhumatisme noueux, lésion des doigts et mutilation des doigts, savoir :

Perte d'un pouce ou d'une de ses phalanges.

Perte de l'indicateur ou d'une phalange (main droite), ou de deux phalanges (main gauche) de ce doigt.

Perte de deux doigts ou de deux phalanges de deux doigts.

Perte simultanée d'une phalange des trois derniers doigts.

Incurvation, flexion ou extension permanente d'un ou de plusieurs doigts, à moins qu'elles ne soient très limitées, doigts surnuméraires, doigts palmés; — pied bot, pied plat caractérisé par la déviation, pied creux; — orteils surnuméraires, chevauchement à un degré intense, orteils en marteau occasionnant une douleur vive dans la chaussure, marche sur l'ongle, orteils accolés jusqu'à la phalange unguéale; — perte totale du gros orteil ou d'une phalange du gros orteil, perte simultanée des deux orteils voisins, perte totale d'une phalange aux quatre derniers orteils; — exostose sous-unguéale du gros orteil, cors et oignons dans certaines circonstances, mal perforant, transpiration fétide des pieds attestée par des témoignages authentiques, claudication.

Nomenclature des maladies, infirmités ou difformités qui sont incompatibles avec le service actif ou armé, mais qui ne rendent pas impropre au service auxiliaire (¹).

1° L'*obésité*, quand elle n'est pas trop prononcée;

2° Une légère *incurvation du rachis*, ou une gibbosité peu accusée;

3° Une légère *claudication;*

4° L'*alopécie*, les tumeurs bénignes du crâne;

5° Le *strabisme* léger de l'œil droit, ou plus prononcé de l'œil gauche, sans diminution notable de la vision;

6° Le *symblépharon* qui n'est pas un obstacle à la fonction visuelle;

7° Les *opacités de la cornée*, les exsudats de la pupille qui ont abaissé d'un côté l'acuité visuelle au-dessous d'un quart, l'autre œil ayant conservé une vision normale ou égale à un quart;

8° L'*hypermétropie* abaissant l'acuité visuelle au-dessous d'un quart et susceptible d'être corrigée par des verres;

9° La myopie (celle de 1/6 à 1/4);

10° La *blépharite* simple, quoique ancienne;

11° La *perte, l'atrophie du pavillon de l'oreille*, ou son adhérence aux parois du crâne;

(¹) Les hommes sous les drapeaux ne sont jamais classés dans le service auxiliaire, ils sont réformés s'il y a lieu.

12° Un *léger affaiblissement de l'ouïe*, avec ou sans perforation de la membrane du tympan ;

13° Le *bec-de-lièvre* peu étendu ;

14° La *perte* ou le *mauvais état* d'un grand nombre de dents ;

15° Le *bégaiement*, quand il n'est pas excessif ;

16° Les *tumeurs du cou* peu développées et n'empêchant pas le port de l'uniforme ;

17° La *hernie* inguinale ou crurale peu développée et facile à maintenir réduite avec un bandage ([1]) ;

18° L'*hydrocèle* de la tunique vaginale ou du cordon spermatique peu volumineuse ;

19° L'*hygroma chronique,* les *kystes synoviaux* assez prononcés pour exclure du service armé, ne compromettant pas néanmoins le jeu des articulations ;

20° Le *varicocèle*, les *varices*, à moins qu'elles ne soient très développées et ne nuisent au travail ;

21° La *faiblesse d'une articulation* consécutive à une entorse ou à une luxation ;

22° L'*inégalité* ou *raccourcissement* peu prononcé du membre supérieur ou l'incurvation dans l'articulation du coude sans gêne dans les mouvements ;

23° L'*incurvation* d'un ou de plusieurs doigts, la *flexion permanente,* l'*ankylose d'un doigt* qui ne s'oppose pas au travail du service spécial auquel le sujet sera employé ;

24° L'*incurvation* des jambes, à moins qu'elle ne soit très prononcée ;

25° Les *mutilations de doigts* ou d'*orteils*, les doigts et les orteils surnuméraires qui ne gênent pas notablement les fonctions ;

26° Les *pieds plats* et peu déviés ;

27° Les *difformités* gênant le port du casque ou du shako et de l'équipement.

Sursis et devancement d'appel.

On peut désirer entrer au régiment un an plus tard que la classe à laquelle on appartient. Ce cas se présente, par exemple,

([1]) A moins qu'elle ne soit très difficile à réduire ou à maintenir réduite, elle n'est pas un empêchement à un rengagement.

si on a à terminer son apprentissage, à finir ses études, ou si, en partant, on laisse en souffrance une exploitation agricole, industrielle ou commerciale à laquelle on se livrait pour son propre compte ou pour celui de sa famille.

En pareil cas, on s'adresse au maire, qui fait une enquête. Il examine si la demande est fondée, et prend, à ce sujet, l'avis du Conseil municipal. Il fait, s'il y a lieu, les formalités nécessaires pour obtenir cette faveur, dont la loi nouvelle ne parle pas et qui peut-être sera dorénavant supprimée.

Même si on n'a pas été inscrit, par oubli ou erreur, sur le tableau de recensement, on doit se présenter au Conseil, attendu que ceux qui ne se présentent pas sont considérés comme étant bons pour le service, quand même ils auraient des motifs d'exemption ou de dispense à faire valoir. Après que le Conseil de revision a prononcé, il est trop tard pour faire valoir ses droits. D'une façon générale.

Pourtant, dans certains cas, le ministre peut faire annuler une exemption ou une dispense accordée à tort. De même, si on se croit lésé par la décision du Conseil de revision, on peut adresser au préfet une réclamation qui va, s'il y a lieu, devant le Conseil d'État. Il faut prendre le plus tôt possible les mesures nécessaires.

Lorsque, à la suite des réclamations formulées, un délai devient nécessaire (par exemple, pour la production de pièces justificatives), le Conseil de revision accorde ce délai; mais il ne doit pas dépasser de plus de dix jours la date fixée pour la fin de la tournée. Il n'y a donc pas de temps à perdre. D'ailleurs chaque fois qu'on a un droit à faire valoir, il faut se hâter.

Le devancement d'appel a l'avantage de permettre au jeune soldat de choisir l'arme à laquelle il sera affecté et, jusqu'à un certain point, le corps auquel il désire appartenir. De plus, arrivant avant les autres, il aura des titres à l'avancement qu'ils n'auront point : il sera déjà au courant du service et de la vie militaire quand ils arriveront. Il sera donc dans de meilleures conditions qu'eux pour se distinguer.

On peut aussi demander à devancer l'appel parce qu'on est sans occupation et qu'on n'en trouverait pas pour les quelques mois qui restent à passer avant le départ pour le régiment.

D'ailleurs cette demande (qui doit être adressée au recrutement), peut très bien n'être pas admise, d'autant plus que la nouvelle loi ne parle de devancement d'appel que pour entrer dans la marine ou dans les troupes coloniales.

Engagements volontaires.

Le jeune homme qui s'engage volontairement a l'avantage de pouvoir, dans une certaine mesure, choisir le corps dans lequel il servira. Il y a certaines exceptions : ainsi on ne peut, en principe, entrer dans un corps stationné à proximité de l'endroit où on est domicilié. Pourtant les musiciens, les maréchaux ferrants peuvent être acceptés par faveur, dans ces conditions.

Lorsqu'on désire s'engager, on s'adresse soit au commandant du bureau de recrutement, soit au chef du corps auquel on se présente (c'est-à-dire au Colonel du régiment). Dans ce dernier cas, on va à la porte de la caserne et on demande à être conduit au bureau du Major.

Au recrutement ou chez le Major, suivant le cas, on donne au jeune homme tous les renseignements dont il peut avoir besoin, et on lui indique les formalités à remplir.

D'une façon générale, il doit satisfaire aux conditions suivantes :

Être Français ;

Avoir au moins dix-huit ans accomplis.

Être suffisamment vigoureux et bien constitué (au moins 1^{m}54 de taille) ;

N'être ni marié, ni veuf avec enfants ;

Avoir de bonnes mœurs et une conduite honnête ;

Être autorisé par son père, sa mère ou son conseil de famille, s'il est mineur.

Il y a certaines troupes, telles que les compagnies d'ouvriers, où on ne peut entrer que si on justifie d'une aptitude suffisante aux travaux qui s'y font. En ce cas, il faut présenter un certificat d'aptitude délivré par une autorité compétente.

Le Commandant de recrutement (ou le chef de corps) auquel le jeune homme s'est adressé, lui délivre, s'il y a lieu, un certificat d'acceptation, en lui expliquant qu'il peut, avec cette pièce et les autres qu'il lui indique, aller signer sa déclaration d'engagement à la mairie, en présence de deux témoins.

Le maire lui délivre aussitôt une copie de l'acte d'engagement : le jeune homme la rapporte au bureau de recrutement qui fait les démarches nécessaires pour qu'il puisse se mettre en route immédiatement.

Si le lieu où l'acte a été passé n'est pas une résidence de sous-intendant, l'engagé reçoit un sauf-conduit portant injonction de se présenter devant le sous-intendant de la résidence la plus rapprochée sur la ligne à suivre. Celui-ci fait le nécessaire pour le diriger immédiatement sur son corps, en lui faisant payer les frais de route depuis le point de départ.

En tout cas, il lui délivre une feuille de route.

Classes de recrutement et de mobilisation.

La *classe de recrutement* se compose de tous les jeunes gens qui ont eu vingt ans entre le 1er janvier et le 31 décembre de l'année. La classe 1890 s'est composée de jeunes gens nés entre le 1er janvier 1870 et le 31 décembre suivant. Ils ont tiré au sort, passé la revision et ont été appelés en 1891.

La *classe de mobilisation* se compose de tous les jeunes gens qui, pour une raison quelconque, doivent marcher ensemble en cas de réunion, revue ou appel sous les drapeaux. Elle comprend, d'une façon générale, tous les hommes dont le service militaire a commencé entre le 1er janvier et le 31 décembre de l'année. Un jeune homme né en 1870 et qui s'engage en 1889, est de la classe de recrutement de 1890, mais de la classe de mobilisation de 1889 : c'est avec cette dernière qu'il marche ; c'est avec elle qu'il fait ses vingt-huit jours. Donc, sauf exceptions, il devra chercher dans les affiches les passages qui concernent la classe de 1889.

Quand celle-ci sera convoquée pour une période d'instruction, il devra se rendre à la date fixée, et sans autre convocation, au point indiqué par son livret.

Convocations.

Lorsqu'on est convoqué en temps de paix pour des revues, des périodes d'instruction ou des manœuvres, on doit se rendre au point indiqué sur le livret, à moins d'empêchement légitime ou de dispense régulière. En manquant à l'appel, on s'expose à passer en conseil de guerre. Suivant qu'on est plus ou moins en retard, la punition peut varier entre quelques jours et un an de prison. De plus, on est astreint à accomplir intégralement la période d'instruction (le temps passé en prison n'y étant pas compté).

Si, au moment de rejoindre son poste, on tombe *malade*, il faut, sans attendre, prévenir la gendarmerie la plus proche. On se fait délivrer un certificat par un médecin militaire ou, en cas d'impossibilité, par un médecin civil. Dans ce dernier cas, le maire doit viser le certificat et attester que l'homme n'a pu se faire soigner par un médecin militaire.

On peut aussi obtenir des *dispenses*. Les hommes fixés ou voyageant à l'étranger, ont un sursis de droit quand ils ont accompli les formalités prescrites. Les non-disponibles également. Enfin il est accordé des dispenses à titre de *soutien temporaire de famille,* aux réservistes ou aux territoriaux qui appartiennent à des familles nécessiteuses dont leur absence compromettrait les moyens d'existence. Ces faveurs ne peuvent pas dépasser une certaine proportion. Elles doivent être demandées au maire qui fait les démarches nécessaires ou qui, tout au moins, indique la marche à suivre pour les obtenir.

Exceptionnellement, l'autorité militaire peut accorder à quelques hommes, sur leur demande, un *sursis d'appel* ou un *ajournement* reportant l'époque de leur convocation à la période d'instruction ou à l'année suivante.

Ces hommes reçoivent un titre de sursis qui leur fait connaître l'époque à laquelle ils seront convoqués.

Il doit bien être entendu que l'ajournement n'est pas une dispense. Mais l'autorité militaire accueille volontiers, malgré la gêne qui peut en résulter, les demandes de *devancement d'appel* qui lui sont présentées avec des raisons valables. C'est-à-dire qu'elle autorise certains hommes qui y ont intérêt à faire leur période avant l'époque fixée par leur convocation. Par exemple, s'ils devaient être appelés en automne, elle leur permet de faire leurs vingt-huit jours au printemps.

Elle permet aussi aux hommes qui sont en résidence loin de

leur domicile, de faire leurs vingt-huit jours dans un corps de leur arme, stationné dans la région où ils sont en résidence régulière. Toutefois, cette faveur ne leur est pas accordée si le corps de troupe auquel ils sont affectés est désigné pour faire les manœuvres d'automne.

Les demandes tendant à obtenir des dispenses, sursis, devancements d'appel, etc., doivent être adressés au général de brigade commandant la subdivision. Elles lui sont transmises par les soins de la gendarmerie du domicile ou de la résidence déclarée. Elles doivent être remises au plus tard avant la dernière quinzaine qui précède la convocation.

Si l'on est en *résidence déclarée* en dehors de la subdivision de son domicile, c'est toujours au général commandant la subdivision du domicile qu'on s'adresse pour certaines questions ; mais pour d'autres, c'est au général commandant la subdivision où se trouve le lieu de résidence. D'ailleurs, c'est toujours par la gendarmerie de cette dernière localité que se fait la transmission des demandes, et c'est à elle qu'on devra s'adresser pour tous les renseignements dont on pourra avoir besoin.

Les demandes que les réservistes doivent adresser au général de brigade commandant la subdivision de leur *domicile* sont celles qui ont trait à leur situation militaire, qui ont pour but de présenter des réclamations ou d'obtenir des dispenses à titre de soutien temporaire de famille. Celles qui doivent être adressées au général de brigade commandant la subdivision de leur *résidence* sont celles qui ont pour objet la réforme du réserviste pour cause de maladie, les sursis ou devancements d'appel, l'autorisation d'accomplir la période d'instruction dans le corps d'armée où l'on réside.

Les hommes domiciliés ou en résidence dans le département de la Seine adressent leurs demandes directement au gouverneur militaire de Paris. La suscription de l'enveloppe sera ainsi rédigée :

Monsieur le Gouverneur militaire de Paris,
22, rue Cambon,
Paris.

Les hommes en résidence régulière à l'étranger adressent au

consulat français dont ils dépendent leurs demandes de dispense ou de sursis pour les manœuvres.

En aucun cas on ne doit s'adresser directement au Ministre de la guerre.

En général, on fera bien de libeller ses lettres conformément aux prescriptions du règlement sur le service intérieur, c'est-à-dire de la manière suivante :

Hénin-Liétard (Pas-de-Calais), 4 juillet 1889.

Le soldat réserviste GIBÈRE, du 117ᵉ régiment d'infanterie (numéro matricule 03149) au général commandant la subdivision d'Arras.

MON GÉNÉRAL,

J'ai l'honneur de solliciter de votre bienveillance l'autorisation d'accomplir ma prochaine période d'instruction dans un régiment d'infanterie du premier corps d'armée, et, si c'est possible, dans le plus rapproché.

J'appartiens à la classe 1880 qui est convoquée pour l'automne prochain. Mon régiment n'est pas désigné pour prendre part aux manœuvres.

Mon domicile est à Toulouse (111, Grande-Rue).

Je suis en résidence à Hénin-Liétard (4, rue de la Cloche), depuis un an ; j'ai fait ma déclaration à la gendarmerie de cette ville à la date du 4 mai 1888. J'ai été appelé à venir dans ce pays pour m'occuper des affaires de ma mère qui tient un petit commerce de mercerie et qui est paralysée depuis plus de dix-huit mois, ainsi qu'en fait foi le certificat ci-joint. Dans l'intérêt de ses affaires, il est désirable que je m'éloigne le moins possible ; d'ailleurs l'état de la santé de ma mère est si grave qu'elle a grand besoin de m'avoir près d'elle.

J'ose donc espérer que vous voudrez bien prendre ma situation malheureuse en considération et que vous m'accorderez la faveur que j'ai l'honneur de vous demander.

GIBÈRE.

Il faut n'employer, dans ce cas, aucune des formules de politesse en usage dans la correspondance privée.

La lettre doit être écrite lisiblement, sur grand format (papier écolier, par exemple). Elle doit avoir une marge du quart ou du tiers de la largeur de la feuille. Les mots « J'ai l'honneur... »

par lesquels elle commence habituellement, doivent se trouver à peu près à la hauteur de la moitié de la feuille. Les mots « Mon général » s'écrivent trois ou quatre lignes plus haut.

La signature est, autant que possible, de la main de la personne qui adresse la demande, quand même la lettre aurait été écrite par une autre. On fait habituellement légaliser cette signature par le commissaire de police ou par le maire qui, en même temps, y joint son avis et certifie l'exactitude des allégations produites.

L'objet de cette lettre doit être exposé clairement : on ne doit pas craindre d'entrer dans trop de détails sur la situation qu'on occupe. Pour éviter à l'autorité militaire des recherches souvent fort longues ou pour les lui faciliter, on indique avec soin son adresse exacte, la position militaire où l'on se trouve, c'est-à-dire si on est réserviste ou non-disponible, ou dans la disponibilité, et enfin à quel régiment on appartient (au besoin même, à quel bataillon et à quelle compagnie), quel numéro matricule on a, de quelle classe de recrutement ou, s'il y a lieu, de quelle classe de mobilisation on fait partie.

Les pièces mises à l'appui de la demande sont jointes et épinglées à celle-ci. Il est bon d'en indiquer la présence dans le corps de la lettre par une mention du genre de celle-ci : « *Ci-joint un certificat de visite médicale délivré par le Dr X..., médecin en chef de l'hospice.* »

Le dossier est remis entre les mains du brigadier de gendarmerie, ou on le lui envoie par la poste en l'affranchissant. On peut même le recommander, ce qui coûte 25 centimes et ce qui a l'avantage de fournir une preuve de l'envoi de la lettre. Si celle-ci contient des pièces qui ont de l'importance et qui n'existent pas en double, on ne saurait trop conseiller de prendre cette précaution.

Il n'y a pas lieu de mettre dans sa lettre des timbres pour l'affranchissement de la réponse.

Les indemnités allouées aux réservistes.

Quand la mobilisation a lieu et qu'on va rejoindre son corps, on est transporté gratuitement en produisant l'ordre de route contenu dans le livret.

Si les hommes convoqués individuellement pour remplir une mission spéciale doivent prendre le chemin de fer, leur ordre d'appel individuel porte un *bon de chemin de fer* sur la présentation duquel on leur donne passage gratuit : autrement dit, ils n'ont pas à payer leur place. Mais comme ils ont à se nourrir (leur couchage est, en général, assuré, et ils n'ont pas à s'en inquiéter), ils perçoivent l'indemnité journalière de 1 fr. 25 pendant la durée de leur mission. Celle-ci est-elle de 4 jours, ils touchent 5 francs.

En général, tout réserviste rappelé touche l'indemnité journalière de 1 fr. 25. S'il a à mettre deux jours pour faire la route, ce qui est un cas exceptionnel, il touche le double, c'est-à-dire 2 fr. 50. S'il n'a que peu de chemin à parcourir (moins de 24 kilomètres) (cette distance se compte à partir du chef-lieu de canton et non à partir de la maison que l'homme habite), il n'a droit qu'à la moitié de l'indemnité journalière : on la lui paie tout entière à l'arrivée, de sorte qu'il ne touche rien au départ.

Quant au remboursement des frais de route, dans le cas où l'homme a dû payer sa place, il est décompté à raison de 17 centimes par 10 kilomètres parcourus, soit 1 cent. 7 par kilomètre. C'est ce qu'on appelle l'indemnité kilométrique. Elle est plus élevée que le prix du billet à quart de place ; par conséquent, l'homme rentre dans ses débours, s'il a voyagé à prix réduit.

Mais s'il a voyagé à plein tarif, il supporte la différence : il est obligé de mettre de sa poche, comme on dit. Ce cas se présente lorsqu'il a perdu son livret et qu'alors il ne peut présenter au guichet ni sa feuille spéciale ni son ordre de route, ou encore lorsqu'il veut prendre le train à une station différente de celle qui est spécifiée sur le livret.

Les frais de route sont payés par le commandant de recrutement, si l'homme rejoint un bureau de recrutement comme première destination. S'il part en détachement, c'est son chef de détachement, et, s'il arrive isolément, c'est son capitaine qui lui donne le montant de ce qui lui revient. Si le jour de son arrivée il est nourri à la gamelle, le capitaine retient le prix de sa nourriture sur les frais de route auxquels il a droit.

Dans le cas où un homme n'aurait pas de quoi avancer l'argent de son voyage, s'il se trouve en dehors de la subdivision de région de son domicile, il peut, par exception, toucher en avance ses frais de route. A cet effet, il a à se présenter devant le commandant du bureau de recrutement ou devant le sous-intendant militaire, auquel il déclare n'avoir pas les ressources nécessaires pour rejoindre.

Des Dispensés.

Voici enfin, pour terminer, quelques renseignements relatifs aux dispensés :

Après l'accomplissement de leur année de service, les dispensés sont soumis, conformément à la loi, à une surveillance particulière.

Chaque année, les maires doivent produire au conseil de révision une délibération du conseil municipal faisant connaître la situation des jeunes gens en congé dans leurs foyers comme soutiens de famille (article 22), et, d'autre part, les plaintes qui seraient formulées par les personnes dans l'intérêt desquelles ont été dispensés les hommes de l'article 21. Ils doivent également signaler au bureau de recrutement ceux des dispensés qui, par suite d'un fait matériel, cessent de se trouver dans la situation de famille qui avait motivé la dispense.

Suivant le cas, le commandant du bureau de recrutement fera maintenir dans les rangs de l'armée, jusqu'au jour de leur passage dans la réserve, les dispensés ainsi signalés, ou les rappellera à l'activité pour le temps qui reste à faire à leur classe. Toutefois, ces derniers ne devront être rappelés qu'autant que leur classe aurait encore au moins trois mois à faire avant son inscription sur les contrôles de la réserve (31 octobre).

Quant aux jeunes gens dispensés en vertu de l'article 23, nous leur rappelons l'obligation pour eux de produire annuellement, du 15 septembre au 15 octobre, les certificats constatant qu'ils ont conservé la situation qui leur a procuré la dispense. Ceux d'entre eux qui ne produiraient pas ces certificats devront être mis en demeure de régulariser leur position avant le 1er novembre, faute de quoi ils seraient mis en route avec la classe appelée en novembre et tenus d'accomplir les deux années de service dont ils avaient été dispensés.

Cependant les dispensés liés en vertu d'un engagement décennal au titre des ministères de l'instruction publique, de l'intérieur ou des affaires étrangères, ne pourront être rappelés sous les drapeaux dans le cas où ils produiront, au lieu du certificat, une attestation du département ministériel dont ils relèvent, établissant qu'ils sont en *congé d'inactivité*. Mais les congés de cette nature ne peuvent être d'une durée totale de plus de 36 mois et ne comptent pas pour la réalisation de l'engagement, à moins qu'ils ne soient accordés pour cause de maladie.

Enfin, les dispensés liés par des engagements décennaux ne doivent pas perdre de vue qu'ils sont considérés comme en état d'interruption de l'engagement décennal, ne comptant pas dans la durée dudit engagement, pendant le temps qui s'écoule entre l'envoi en congé et l'époque où ils sont pourvus d'un emploi.

Nous ne saurions trop appeler l'attention des nombreux intéressés sur ce qui précède; ils éviteront mille désagréments en tenant compte de ces renseignements.

DEUXIÈME PARTIE

———

LES LOIS USUELLES

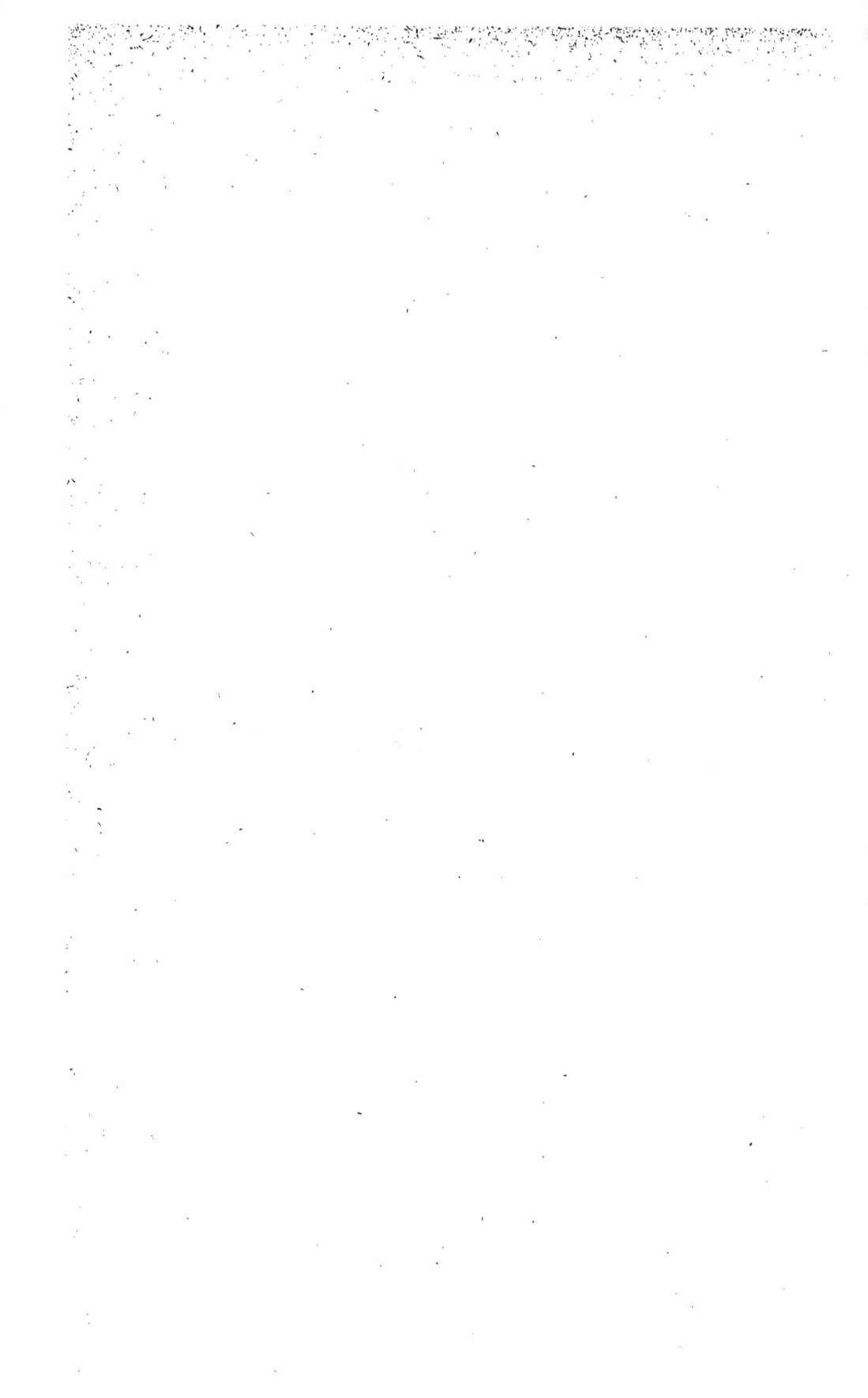

LE
LIVRE UTILE

AUTOUR DES CODES

Peines principales en matière criminelle et correctionnelle.

Les crimes sont punis de peines *afflictives et infamantes*, ou de peines *infamantes* seulement.

Les peines afflictives et infamantes sont : 1° la *mort* ; 2° les *travaux forcés à perpétuité* ; 3° les *travaux forcés à temps* ; 4° la *réclusion* ; 5° enfin, la *déportation* et la *détention*, réservées aux crimes politiques.

Les peines infamantes seulement sont : le *bannissement*, réservé également aux crimes politiques, et la *dégradation civique*.

Quant aux délits, ils sont punis : 1° par l'*emprisonnement* ; 2° par l'*interdiction à temps de certains droits civiques, civils et de famille* ; 3° par l'*amende*.

Peine de mort. — La *peine de mort*, — nous n'apprendrons rien à personne, — consiste dans la décapitation du condamné au moyen de la guillotine. Ce procédé, que l'on croit inventé à la fin du siècle dernier et dont la Révolution fit un si grand usage, ne se recommande que par sa rapidité ; il est essentiellement hideux et répugnant. Le spectacle des exécutions capitales n'a, au reste, rien que de démoralisant, et on

sait à quelle curiosité malsaine obéit le public bruyant qui y
assiste. Aucune impression de terreur salutaire pour les crimi-
nels en herbe n'est produite par une pareille vue : bien au
contraire, il y a dans cette exhibition du supplicié quelque
chose de théâtral qui séduit certains esprits détraqués et,
maintes fois, on a entendu des assassins, avant de commettre
leur crime, annoncer avec un certain orgueil qu'on parlerait
d'eux un jour sur la place publique.

Travaux forcés à perpétuité et à temps. — *Les travaux
forcés à perpétuité* et les *travaux forcés à temps*, dont la
durée varie entre cinq et vingt ans — même quarante ans, en
cas de récidive — étaient autrefois subis sur les galères du roi ;
puis, à partir de 1749, dans les ports militaires : Brest, Lorient,
Rochefort et Toulon. Les forçats étaient attachés deux à deux
par une chaîne rivée au pied ; à cette chaîne était jointe un
boulet, lorsque le condamné manifestait des velléités de révolte.
Tous étaient employés par escouades et sous la surveillance de
gardes-chiourmes à des travaux généralement assez pénibles.
La nuit, ils couchaient, toujours attachés, sous la gueule mena-
çante de pièces braquées dans leur direction ; si par hasard
l'un d'eux s'évadait, un coup de canon annonçait l'événement
aux populations et une prime était réservée à celui qui le cap-
turait. Inutile d'ajouter que les corrections corporelles jouaient
un grand rôle dans ce système terrorisant et que les coups de
fouet étaient distribués sans aucune espèce de parcimonie.
Lorsque le condamné avait payé sa dette à la société, il restait
placé sous la surveillance de la haute police, c'est-à-dire qu'il
ne pouvait aller habiter que telle ou telle ville à lui désignée
par le gouvernement ; enfin, le passeport jaune dont il était
porteur le signalait à la défiance et au mépris des citoyens.

On voit que le régime adopté n'était pas précisément des
plus tendres, aussi des protestations s'élevèrent-elles souvent
contre cette sévérité parfois cruelle, et surtout contre l'impossibilité créée pour le forçat libéré de se réhabiliter.

Le remède préconisé consistait dans la transportation.

Déjà, sous Louis XV, un convoi de condamnés avait été,
dans un but de colonisation, expédié sur la Louisiane. Napo-

léon Ier, de son côté, pensait que le meilleur système péni-
tentiaire serait celui qui purgerait l'ancien monde en en peu-
plant un nouveau. Cette opinion, cependant, ne prévalut qu'en
1854. Depuis lors, les condamnés aux travaux forcés sont
envoyés à la Nouvelle-Calédonie, — la Guyane française et
Cayenne, où vont nos soldats, n'ayant pas paru avoir un climat
assez sain pour les assassins et les voleurs.

A son arrivée, le forçat est placé dans une colonie péniten-
tiaire de l'État, à Nouméa, ou bien il est incorporé dans une
des escouades qui s'occupent des travaux publics, percement
de routes ou de canaux. Si sa conduite est bonne, il obtient, au
bout de quelque temps, l'autorisation de servir chez un particulier et de toucher $\frac{3}{10}$ de son salaire. Enfin, après cette seconde
épreuve, et si elle a réussi, le forçat peut acquérir des concessions de terre, révocables tant qu'il n'est pas libéré.

Sur 6,000 condamnés, à peu près, qui se trouvent en Nouvelle-Calédonie, il n'y en a guère que 300 qui soient conces-
sionnaires de terres ou qui aient su installer une industrie,
6 à 700 sont engagés chez l'habitant.

Ajoutons que ceux dont la peine atteint ou dépasse huit
années doivent habiter la colonie le reste de leurs jours; ceux
dont la peine est moins élevée doivent y résider, après leur libération, un temps égal à celui de cette peine. Notons enfin que
les individus âgés de soixante ans accomplis ne peuvent être
condamnés aux travaux forcés et doivent l'être seulement à la
réclusion; mais, si la condamnation a été prononcée avant les
soixante ans, l'arrivée de cet âge ne change pas le mode d'exécution de la peine.

La condamnation aux travaux forcés à temps entraîne avec
elle la dégradation civique, l'interdiction légale et l'interdiction
de séjour dont nous parlerons plus loin; la condamnation aux
travaux forcés à perpétuité entraîne, en outre, l'incapacité de
disposer ou de recevoir à titre gratuit.

Réclusion. — La *réclusion*, dont la durée est de cinq ans
au moins et dix ans au plus, se subit dans les maisons centrales. Ces maisons centrales, qui appartiennent à l'État et à la
tête desquelles se trouvent des directeurs nommés par le

ministre de l'intérieur, sont au nombre de 23 : 16 sont réservées aux hommes et 7 aux femmes; elles contiennent environ 18,000 pensionnaires, mais dans ce chiffre figurent un certain nombre d'individus condamnés à d'autres peines que la réclusion (¹).

Le régime adopté est celui du travail collectif : les hommes sont répartis dans des ateliers, selon leurs aptitudes : la séparation cellulaire n'est pas appliquée et les récréations ont lieu dans un préau commun. Il existe, néanmoins, dans la plupart de ces maisons, des quartiers spéciaux pour les jeunes gens de seize à vingt et un ans, et des quartiers dits de préservation et d'amendement, pour ceux qui semblent manifester quelques bonnes dispositions. Le travail est dirigé par une entreprise générale et l'entrepreneur doit abandonner aux condamnés quatre dixièmes de leur salaire, ce qui est évalué à 0 fr. 32 pour une journée de travail. Sur ces 32 centimes 20 sont remis au détenu et 12 sont placés en réserve et capitalisés. L'État ne dépense guère, pour chaque individu, plus de 0 fr. 60 par jour (²).

Un arrêté de 1842 a institué des prétoires de justice pour l'application des peines disciplinaires : le directeur et l'inspecteur entendent, avant de prononcer, la déposition des gardiens et les explications du détenu.

Déportation. — Comme nous n'avons pas l'intention de parler des crimes politiques, nous pourrions passer sous silence ce qui a trait à leur répression; il est, cependant, intéressant d'en dire quelques mots, au moins au point de vue historique.

La déportation est une peine perpétuelle, elle se divise en

(¹) Les principales maisons centrales sont : Beaulieu (Calvados), Clairvaux (Aube), Clermont (Oise), Fontevrault (Maine-et-Loire), Gaillon (Eure), Loos (Nord), Melun (Seine-et-Marne), Poissy (Seine-et-Oise).

(²) Chaque année, les maisons centrales laissent sortir, en moyenne, 7,000 personnes : 2,500 ont un pécule suffisant pour s'habiller et payer leurs frais de route; le même nombre, à peu près, se trouve, en outre, à la tête d'un capital d'une centaine de francs; 1,500, enfin, possèdent une somme supérieure. Le condamné a droit, par jour, à 750 grammes de pain et à deux rations de soupe, le soir il mange des légumes secs et, deux fois par semaine, 75 grammes de viande. Il ne peut, même à la cantine, boire de vin ni fumer.

déportation simple et *déportation dans une enceinte forti-fiée* : elle a pour but de maintenir le condamné dans un lieu déterminé, hors du territoire continental. Jusqu'en 1850, les déportés restaient à la disposition du gouvernement qui les enfermait, en attendant mieux, au mont Saint-Michel ; à cette époque, la déportation remplaça, en matière politique, la peine de mort, et l'île de Noukahiva, l'une des Marquises, fut alors désignée comme lieu de déportation simple : la loi de 1882 y a substitué l'île des Pins et, en cas d'insuffisance, l'île Maré dans la Nouvelle-Calédonie. Quant à la déportation dans une enceinte for-tifiée, le lieu désigné fut d'abord la vallée de Waïthau, aux îles Marquises, puis la presqu'île Ducos dans la Nouvelle-Calédonie.

Le déporté se trouve dans une situation de liberté relative ; non seulement il peut se faire rejoindre par sa famille, s'il est en mesure de subvenir à ses besoins, mais, de plus, il peut acquérir des concessions de terrain, d'abord à titre provisoire, ensuite à titre définitif.

Souvent les déportations en masse qui suivirent les luttes politiques ressemblèrent plutôt à de véritables proscriptions qu'à des condamnations judiciaires. Tout le monde a encore présent à la mémoire le décret-loi du 8 décembre 1851 qui, se fondant sur le précédent d'un décret rendu en 1848, décida le transport, de deux à cinq ans, à Cayenne ou à Lambessa, des individus en rupture de ban et de tous les affiliés à des sociétés secrètes. Sous le prétexte élastique de sûreté générale, bien des actes, sévèrement jugés par l'histoire, furent commis. C'était l'époque où florissaient ce qu'on a appelé les *commis-sions mixtes*, créées pour chaque département et qui compre-naient le préfet, le général et plusieurs membres du parquet. Ces sortes de tribunaux d'inquisition statuaient sur des dénon-ciations, sur des notes de police, sans entendre les *suspects* et sans leur permettre de se défendre. Les Chambres déclarèrent, il est vrai, quand la besogne fut faite, qu'elles légalisaient les actes du prince-président pendant la période dictatoriale, mais la légalité de telles mesures ne parvient pas toujours à en faire disparaître l'odieux.

Le gouvernement de la Défense nationale abrogea ce décret, ainsi qu'une loi de 1858 qui avait suivi l'attentat d'Orsini.

Après les événements de 1871, et comme conséquence de l'état de siège, ce furent les tribunaux militaires qui prononcèrent les peines que le droit commun réservait aux cours d'assises.

Détention. — La *détention* est une peine temporaire qui peut durer de cinq à vingt ans ; elle consiste dans l'internement dans une forteresse située sur le territoire continental de la France. Le travail n'est pas obligatoire, mais si le condamné veut s'y livrer, il a droit à la moitié de son salaire. Les citadelles de Doullens, de Belle-Isle-en-Mer, de Corte furent d'abord successivement affectées à l'exécution de cette peine : un décret de 1874 a désigné, en dernier lieu, le fort de l'île Sainte-Marguerite situé dans le département des Alpes-Maritimes.

Bannissement. — Le *bannissement*, qui a toujours été une peine fort rarement appliquée, n'est autre qu'un exil de cinq à dix ans hors du territoire français.

Dégradation civique. — La *dégradation civique* consiste dans la déchéance perpétuelle des droits politiques et de famille. Le condamné n'est plus ni électeur ni éligible, il ne peut plus porter de décorations, ni entrer dans l'armée, ni remplir aucune fonction publique, ni même être expert ou témoin sous la foi du serment : si la justice a besoin de sa déposition, elle ne l'entend qu'à titre de renseignement. Dans un autre ordre d'idées, le condamné à la dégradation civique ne peut être ni tuteur, ni curateur, ni-subrogé tuteur, ni conseil judiciaire, ni membre d'un conseil de famille, à moins qu'il ne s'agisse d'un de ses enfants, mais encore faut-il l'avis conforme des parents.

La dégradation civique est actuellement le faisceau le plus complet des incapacités qui peuvent frapper un citoyen. Avant 1854, la *mort civile* passait avant elle, puisque celui qui la subissait était réputé mort quant à ses droits, au point que sa femme pouvait se remarier ; mais, depuis cette époque, cette fiction barbare qui sentait un peu trop le droit romain a été abolie.

La dégradation civique dont nous parlons ici comme peine infamante et *principale* est aussi, dans certains cas, une peine *accessoire.* Lorsqu'elle est prononcée comme peine principale, les magistrats ont le pouvoir, s'ils le jugent à propos, d'y ajouter un emprisonnement n'excédant pas cinq ans.

Emprisonnement. — La durée de l'*emprisonnement* est de six jours au moins et de cinq ans au plus; elle peut monter jusqu'à dix ans, en cas de récidive, et descendre jusqu'à *un* jour, grâce aux circonstances atténuantes.

Cette peine devrait être subie dans les maisons dites *de correction*, mais, en fait, elle se subit dans les *maisons départementales*, lorsqu'elle n'excède pas un an et un jour, et dans les *maisons centrales*, lorsqu'elle dépasse cette quotité. Il y a en France à peu près 400 prisons départementales; dans 180 environ, les prisonniers vivent en commun; dans 150 autres, ils sont séparés par quartiers; dans 70, enfin, le régime cellulaire est appliqué, avec réduction d'un quart pour les peines supérieures à trois mois. A Paris, notamment, les trois prisons pour les peines correctionnelles sont : la *Santé*, qui contient 1,000 cellules; *Sainte-Pélagie*, qui peut renfermer 700 détenus, divisés par quartiers; la *Grande Roquette*, qui peut en renfermer 500; cette dernière reçoit, en outre, provisoirement, les condamnés à la réclusion, aux travaux forcés et à mort.

Interdiction à temps de certains droits civiques, civils et de famille. — L'*interdiction* dont il est question ici est un diminutif de la dégradation civique; elle est, en outre, presque toujours temporaire et les juges peuvent la diviser et prononcer quelques-unes seulement des déchéances qu'elle comporte. Ces déchéances concernent les droits suivants : 1º droit d'être électeur ou éligible; 2º d'être appelé ou nommé aux fonctions de juré et autres fonctions publiques, ou aux emplois de l'administration, ou d'exercer ces fonctions ou emplois; 3º de porter des armes; 4º de voter ou délibérer dans les délibérations de famille; 5º d'être tuteur ou curateur, si ce n'est de ses enfants, et sur l'avis des parents; 6º d'être expert ou employé comme témoin dans les actes; 7º de témoigner en justice sous la foi du serment.

Amende. — La peine la moins sévère en matière correctionnelle est l'*amende*, somme que le condamné est obligé de verser

3

au fisc. Nous disons : la moins sévère, d'abord, parce que dans l'énumération faite par le législateur elle constitue le dernier degré de l'échelle et, ensuite, parce qu'aux yeux des hommes qui ont le sentiment de la dignité, les sacrifices pécuniaires sont peu de chose à côté de l'emprisonnement.

Il faut cependant bien se garder de juger à un point de vue trop absolu et de croire que tous les *justiciables* partagent cette manière de voir. Soyons convaincus que, pour beaucoup, les atteintes portées à la bourse sont plus cruelles que les atteintes portées à la liberté ou à l'honneur. Cette déviation morale se manifeste, surtout, chez certains habitants de la campagne pour qui l'argent est le souverain bien ; aussi, en rencontre-t-on assez souvent qui, après avoir vu leur peine d'emprisonnement commuée en une peine d'amende, préfèrent, *toute réflexion faite*, ne pas payer celle-ci et faire celle-là. Il serait vraiment à souhaiter que, connaissant cette tendance de leur esprit, les magistrats, chaque fois qu'ils se trouvent en présence d'un prévenu ayant les moyens de payer, fussent plus discrets dans la distribution des jours de prison et moins avares dans celle de l'amende ; l'État y gagnerait, le coupable recevrait un avertissement plus salutaire que tout autre, puisqu'il serait touché dans ses œuvres vives, et il ne subirait pas, enfin, cette tache infamante qui, malgré toute la philosophie dont il peut être doué, le dégrade et l'habitue peu à peu à la flétrissure.

C'est principalement en pensant à certains délits tels que les coups et blessures, les homicides par imprudence, les insultes à des agents du pouvoir et plusieurs autres, que ces réflexions nous viennent, et il nous paraît toujours regrettable de voir des gens, souvent honnêtes malgré tout, condamnés à vivre plus ou moins longtemps avec des voleurs, alors qu'une bonne amende leur aurait produit tout autant d'effet.

Le minimum de l'amende est de 1 franc, le maximum est variable.

Ajoutons, en terminant ce chapitre, que les peines ne se *cumulent* jamais ; en d'autres termes, si un individu est poursuivi pour plusieurs faits, le fait le plus grave, c'est-à-dire celui qui entraîne la peine la plus sévère, *absorbe* le plus faible et il suffit d'appliquer la peine réservée au premier.

Peines accessoires en matière criminelle et correctionnelle.

A côté des peines *principales* que nous venons de passer en revue, il convient de parler des peines dites *accessoires*, qui sont forcément, ou peuvent être, au gré du juge, la conséquence des condamnations principales et qui frappent le condamné notamment dans son état et sa capacité.

Ces peines accessoires sont : 1° la *dégradation civique;* 2° l'*interdiction légale;* 3° l'*incapacité de disposer et de recevoir à titre gratuit;* 4° l'*interdiction de séjour;* 5° l'*amende;* 6° les *frais;* 7° les *dommages-intérêts;* 8° la *confiscation spéciale,* soit du corps du délit, quand la propriété en appartient au condamné, soit des choses produites par le délit, soit de celles qui ont servi ou qui ont été destinées à le commettre; 9° l'*affichage de l'arrêt ou du jugement;* 10° enfin, la *relégation.*

Dégradation civique. — De la dégradation civique nous avons déjà parlé, puisque, dans certains cas, elle constitue une peine principale. Elle est accessoire aux condamnations aux travaux forcés à perpétuité ou à temps, à la déportation et à la réclusion. Elle est encourue, pour les condamnations par contumace, du jour où l'extrait d'arrêt est affiché. Elle persiste, même lorsque la peine principale est prescrite.

Interdiction légale. — L'interdiction légale, à la différence de la dégradation civique, ne frappe le condamné que pendant la durée de sa peine; elle aussi est accessoire d'une condamnation aux travaux forcés ou à la réclusion. Elle consiste à enlever au condamné l'administration de ses biens et à la confier à un tuteur qui doit rendre compte de sa gestion à l'expiration de la peine; les revenus de l'interdit sont capitalisés et il ne peut lui en être remis aucune portion.

Incapacité de donner ou de recevoir. — L'incapacité de donner ou de recevoir à titre gratuit est une peine accessoire des peines perpétuelles seulement : travaux forcés à perpétuité ou déportation; elle consiste à priver le condamné du droit de faire ou de recevoir aucun legs ni donation entre vifs; il ne peut ni constituer de dot à un enfant, ni faire un partage d'ascendant, ni une donation à son conjoint, ni une institution contractuelle, ni un testament. Le gouvernement a le pouvoir de relever un condamné de tout ou partie de ces incapacités ; les déportés, notamment, obtiennent quelquefois la remise de leurs biens et le droit d'en disposer, dans les limites autorisées par le Code civil, au profit de leur conjoint habitant avec eux.

Interdiction de séjour. — Cette peine a remplacé récemment ce qu'on appelait la surveillance de la haute police, qui obligeait le condamné à résider, après sa libération, dans un lieu déterminé choisi par lui. Le surveillé était tenu de faire constater sa présence au dit lieu, en se présentant, à époques fixes, à la mairie ou au bureau de police ; il ne pouvait quitter sa résidence qu'après un séjour de six mois et en prévenant le maire huit jours à l'avance ; une feuille de route lui était alors délivrée, mais elle ne portait plus les lettres fatidiques qu'on y marquait autrefois et qui notaient partout le porteur d'infamie et l'empêchaient souvent de trouver du travail.

Aujourd'hui, l'interdiction de séjour consiste dans la défense faite au libéré, pour un temps qui ne peut excéder vingt ans, de résider dans certaines grandes villes, et notamment, dans les lieux voisins de son crime. Elle *peut* toujours être prononcée en même temps qu'une condamnation aux travaux forcés à temps, à la détention, à la réclusion ; elle peut, quelquefois, être aussi prononcée en même temps qu'une simple condamnation correctionnelle ; nous disons *elle peut,* car, ici, les magistrats sont maîtres, s'ils le veulent, d'en dispenser le condamné ; l'administration, de son côté, a le droit d'en suspendre l'effet.

Lorsque le prisonnier soumis à l'interdiction de séjour est mis en liberté, le gardien lui signale les villes dans lesquelles il n'a pas le droit de se rendre et, s'il enfreint cette défense, il encourt un emprisonnement de six jours à cinq ans (¹).

Amende. — L'amende est une peine pécuniaire accessoire de beaucoup de condamnations, soit criminelles, soit correctionnelles ; quelquefois, elle n'est considérée que comme une

_____

(¹) Au temps de la surveillance, cette infraction s'appelait *rupture de ban.*

simple réparation du préjudice causé à l'État, en matière de douanes, par exemple, de contributions indirectes, etc.

Tantôt la loi fixe d'une manière invariable le chiffre de l'amende qui doit être prononcée, tantôt elle détermine un maximum et un minimum, tantôt elle n'indique que le minimum, tantôt, enfin, elle subordonne le maximum et le minimum à la quotité du dommage causé par le coupable ou au bénéfice illicite espéré par lui.

Frais. — La condamnation aux frais est une peine pécuniaire accessoire à toutes les condamnations. Les poursuites entraînent, en effet, des dépenses de natures bien diverses : translation des inculpés, transport des procédures et pièces à conviction, honoraires et vacations des médecins et experts, indemnités accordées aux témoins, salaires des huissiers, frais de voyage et de séjour nécessités par l'instruction, ports de lettres et paquets, frais d'impression des arrêts, jugements et ordonnances de justice, etc., etc.

Lorsque la poursuite a lieu à la requête du ministère public, les frais sont faits par l'État qui, en cas de condamnation, a recours contre le condamné ; lorsqu'elle a lieu à la requête de la partie civile, ils ne le sont par cette partie que si l'inculpé vient à être acquitté, sauf en matière correctionnelle où elle est toujours obligée de solder la note, avec recours, bien entendu, contre le condamné ; quant à l'inculpé qui a fait des frais pour se défendre et qui est renvoyé des fins de la plainte, il ne paye rien, mais il ne peut rentrer dans ses déboursés qu'en intentant une action en dommages-intérêts à la partie civile ou en prenant le ministère public *à partie ;* bien plus, si, ayant été condamné en première instance, il fait appel et voit sa peine diminuée par la cour, il n'en paye pas moins les frais de cet appel.

Dommages-intérêts. — Les dommages-intérêts sont encore une peine pécuniaire accessoire aux condamnations criminelles ou correctionnelles ; ils ne peuvent être alloués que sur la demande expresse de la victime qui est alors obligée de se constituer partie civile. Les magistrats sont libres, au reste, de les accorder en tout ou en partie, ou de les refuser.

Il peut arriver, exceptionnellement, que des dommages-intérêts soient alloués à une victime ou à sa famille, alors que l'inculpé n'est pas condamné. Le fait se présente dans le cas où, à côté de la faute pénale, se place une faute civile indiscutable. Voilà, par exemple, un individu poursuivi pour meurtre, il avoue son crime, le jury, néanmoins, pour une raison ou pour une autre, — ou même sans raison, — l'acquitte, les magistrats qui composent la cour ont le droit d'accorder, malgré cet acquittement, les dommages-intérêts demandés, car, dans l'espèce, si le verdict du jury signifie qu'il n'y a pas eu acte punissable, il ne signifie pas que cet acte n'a point été commis. Il en serait autrement, cela va de soi, si l'accusé niait que la mort fût son œuvre ; le verdict négatif du jury, quelle que soit sa pensée, ne distinguant pas, en effet, entre la question complexe de matérialité et d'intention criminelle, il faudrait l'admettre avec toutes ses conséquences. Le recouvrement des dommages-intérêts est poursuivi à la requête de la partie qui les a obtenus ; il passe après le recouvrement des frais, l'État ayant un privilège sur les biens meubles et immeubles du condamné.

Pour assurer, autant que possible, le recouvrement des condamnations pécuniaires dont nous venons de parler : amendes, frais, dommages-intérêts, la loi a établi la *contrainte par corps*.

Confiscation. — La confiscation ne doit être prononcée que dans les cas où la loi l'ordonne ; elle consiste surtout à enlever au coupable les objets ayant servi à commettre son infraction, comme le fusil avec lequel il a tué, la pince avec laquelle il a pratiqué l'effraction, etc.

La *restitution* des objets ou valeurs dont la partie lésée a été dépouillée ne peut pas être considérée comme une peine. Si les choses provenant du crime ou du délit sont retrouvées en nature, elles doivent être rendues, même d'office, au propriétaire qui a conservé sur elles un droit privilégié de revendication. Si elles ont été dénaturées, le produit est tombé dans le patrimoine du condamné, il est devenu le gage commun de ses créanciers ; il ne peut alors être attribué à la partie lésée que s ur sa demande et à titre de dommages-intérêts ; la victime n'en obtient l'attribution exclusive que si les autres créanciers n'ont pas formé opposition, sinon, il y a lieu de les distribuer par contribution.

Affichage. — En matière criminelle, l'affichage de l'arrêt de condamnation remplace le poteau appelé *carcan*, dressé autrefois sur la place publique et auquel le condamné était attaché, pendant une heure, avec son nom et la cause de sa condamnation écrits au-dessus de sa tête. Maintenant, tous les arrêts condamnant à la peine de mort, aux travaux forcés à perpétuité ou à temps, à la déportation, à la détention, à la réclusion, à la dégradation civique ou au bannissement, sont imprimés par extraits et affichés dans la ville centrale du département, dans celle où l'arrêt a été rendu, dans la commune du lieu où le crime a été commis, dans celle où doit se faire l'exécution et, enfin, dans celle du domicile du condamné.

En matière correctionnelle, les magistrats peuvent ordonner l'impression et l'affichage de tous leurs jugements, non seulement dans les cas que le législateur a cru devoir viser spécialement, mais même dans tous ceux où ils estiment cette mesure bonne à réparer un scandale public. Dans la pratique, ils n'abusent pas de cette faculté et réservent cette aggravation de peine pour certains délinquants qu'elle frappe plus efficacement que tous les autres ; on a déjà deviné qu'il s'agit des marchands, si nombreux aujourd'hui, qui trompent sur la qualité ou la quantité de la chose vendue. Il arrive aussi fort souvent que les victimes d'un délit, se portant partie civile, demandent aux tribunaux de prescrire cette mesure, comme une réparation du préjudice moral à elles causé.

Relégation. — La relégation est une peine nouvelle, qui consiste dans l'internement perpétuel sur le territoire de colonies ou possessions françaises. Elle doit être prononcée par les tribunaux correctionnels ou les cours d'assises contre les individus qui, dans un espace de dix années, *non compris le temps passé par eux en prison,* ont subi un certain nombre de condamnations d'une certaine nature et viennent à être frappés d'une nouvelle peine devant, de par la loi de 1885, entrer en ligne de compte.

NOTIONS DE DROIT

Classification des infractions. — On appelle *crimes* les infractions punies par la loi de peines afflictives et infamantes; *délits*, les infractions punies de peines correctionnelles; enfin, *contraventions*, les infractions punies de peines de simple police.

Le législateur s'est borné à indiquer par la nature de la peine le caractère particulier de chacun des actes contraires aux commandements par lui posés, et à marquer ainsi quelle en est à ses yeux la gravité morale et sociale.

Les crimes — et, par exception, quelques délits spéciaux comme certains délits de presse — sont jugés par les *cours d'assises;* les délits sont jugés par les *tribunaux correctionnels;* les contraventions sont jugés par les *juges de paix.*

Tentative. — Toute tentative manifestée par un commencement d'exécution — capable de produire un résultat — et qui vient à être suspendue ou à manquer son effet par des circonstances indépendantes de la volonté de son auteur est toujours, s'il s'agit d'un crime, punissable comme le crime lui-même. S'il s'agit d'un délit, la règle cesse d'être générale et il faut une disposition de loi spéciale.

Complicité. — Par complices, on désigne ceux qui par dons, promesses, menaces, abus d'autorité, machinations, provoquent à un crime ou à un délit, ou donnent des instructions pour le commettre; qui procurent des armes, des instruments ou tout autre moyen de servir à l'action, sachant qu'ils doivent y servir; qui, avec connaissance, aident ou assistent l'auteur de l'action dans les faits qui la préparent, la facilitent ou la consomment; enfin, qui recèlent sciemment, c'est-à-dire reçoivent à un titre quelconque tout ou partie de choses enlevées, détournées ou obtenues à l'aide d'un crime ou d'un délit.

Les complices sont passibles de la même peine que l'auteur de l'infraction et ils subissent les conséquences des circonstances aggravantes dont le fait principal a été entouré : le complice d'un parricide, par exemple, d'un vol domestique est punissable plus sévèrement, quoique la victime ne soit ni son père ni son maître. Exception, cependant, est faite en faveur des complices par *recel*. Pour eux, la peine des travaux forcés à perpétuité remplace la peine de mort que les auteurs principaux ont pu encourir et on ne leur applique même que la peine des travaux forcés à temps, lorsqu'ils prouvent leur ignorance, au moment du recel, des circonstances aggravantes qui ont entouré le vol et l'ont rendu passible des peines de mort ou des travaux forcés à perpétuité.

Causes d'aggravation, d'exemption et de diminution des peines. — La sévérité des peines dépend non seulement de la gravité des infractions et des circonstances qui les accompagent, mais aussi de la situation particulière que peut avoir le coupable. Les *fonctionnaires publics*, par exemple, qui viennent à commettre un crime ou un délit sont punis plus rigoureusement que les autres citoyens ; les *récidivistes*, c'est-à-dire ceux qui, ayant déjà été condamnés pour un crime ou un délit à certaines peines graves, viennent à en commettre un nouveau, voient leur peine tantôt augmenter de durée, tantôt même s'élever d'un degré [1].

En revanche, il existe des circonstances qui, lorsqu'elles sont déclarées se rencontrer dans une cause, obligent à diminuer la peine et même quelquefois à n'en pas prononcer du tout, malgré la matérialité du fait.

Les causes d'exemption complète de peines s'appellent *excuses légales absolutoires* et sont spécialement déterminées par la loi.

La principale excuse absolutoire est la *légitime défense* qui

---

[1] Il y a récidive de *crime à crime* et de *crime à délit* ; il n'y a pas récidive de *délit à crime*, et il n'y a récidive de *délit à délit* que dans le cas où la première condamnation a été de plus d'un an d'emprisonnement.

ne peut, bien entendu, s'alléguer qu'en matière de meurtre ou de coups. C'est elle qui justifie tout acte de violence de la part d'un propriétaire qui, *pendant la nuit*, surprendrait un individu escaladant son mur, ou qui aurait à repousser, même le jour, des pillards.

Les autres excuses absolutoires résultent de faits postérieurs à l'infraction ou encore de la situation de famille du coupable à l'égard de la victime, et elles se rencontrent dans des espèces toutes particulières (¹).

Les causes d'atténuation de peines, appelées *excuses légales atténuantes,* sont : 1º la *jeunesse* du délinquant, 2º la *provocation.*

Le mineur de seize ans qui est déclaré avoir agi *sans discernement* voit réduire la peine réservée à son infraction dans des proportions considérables : la peine de mort et des travaux forcés à perpétuité, par exemple, se change en une détention de dix à vingt ans; la peine de l'emprisonnement ne dépasse jamais la moitié de la durée ordinaire, etc.

Quant à la provocation, elle peut s'alléguer :

1º Lorsque l'auteur d'un meurtre ou de blessures a été l'objet de violences sérieuses de la part de sa victime (²);

2º Lorsqu'il a frappé celle-ci au moment où, *pendant le jour*, elle commettait une effraction ou accomplissait une escalade dans sa propriété.

L'excuse de la provocation, lorsque les jurés ou les magistrats l'admettent, a pour effet de transformer les peines afflictives perpétuelles en un emprisonnement d'un à cinq ans, et toutes les autres peines criminelles en un emprisonnement de six

(¹) Enfin, il est des cas exclusifs de toute imputabilité pénale. Ces cas sont ceux où l'agent était, au moment de son action, en état de *démence* ou encore âgé de *moins de seize ans,* pourvu, toutefois, qu'il soit déclaré avoir agi *sans discernement.* Dans la première hypothèse, il n'est même point poursuivi; dans la seconde, il est *acquitté* et rendu à sa famille, à moins que les juges ne croient devoir — pour l'arracher à un milieu pernicieux — l'envoyer dans une maison de correction pendant un temps variable, mais qui ne peut pas dépasser l'époque à laquelle il atteindra sa vingtième année.

(²) Le parricide, seul, n'est jamais excusable. D'un autre côté, le meurtre commis par un époux sur son conjoint n'est excusable que si la vie de celui qui l'a commis a été mise en péril dans le moment même où ce meurtre a eu lieu.

mois à deux ans; de leur côté, les peines correctionnelles sont réduites à un emprisonnement de six jours à six mois.

' Indépendamment de ces cas spéciaux, et dans toutes les affaires criminelles et correctionnelles — sauf quelques rares exceptions — le jury ou les magistrats ont le droit d'accorder des *circonstances atténuantes* à l'individu qu'ils reconnaissent coupable [1].

En matière *criminelle*, l'admission des circonstances atténuantes oblige la Cour à abaisser la peine d'un degré, et elle lui permet de l'abaisser de deux : un individu, par exemple, reconnu coupable d'un crime entraînant la peine de mort, obtient-il des circonstances atténuantes, il doit être condamné aux travaux forcés à perpétuité, et il peut même ne l'être qu'aux travaux forcés à temps de cinq à vingt ans. Lorsque la peine édictée par la loi est celle des travaux forcés à temps ou de la réclusion, l'abaissement de degré amène à ne prononcer que des peines correctionnelles dont le minimum est fort bas; mais, ce minimum ne peut pas, dans la première

---

[1] A la manière dont les circonstances atténuantes s'accordent généralement, on pourrait croire qu'elles sont le résultat d'un parti pris d'indulgence excessive de la part du jury; mais il faut bien reconnaître, cependant, que, dans beaucoup de cas, la sévérité trop grande de la loi rend leur déclaration nécessaire. Il semble que tous les législateurs fassent leur code pénal dans un jour de colère et subissent, malgré eux, l'influence de ces anciens temps où la cruauté était un des apanages de la justice, alors que les crimes étant moins souvent découverts, on punissait ceux qui se laissaient prendre avec un plus grand étalage de férocité.

Quelle que soit la latitude laissée aux juges de se mouvoir entre le maximum et le minimum des peines, cela ne suffit pas; la pénalité reste encore souvent trop forte, et ils sont alors obligés d'accorder des circonstances atténuantes à ceux qui, logiquement, en méritent le moins.

Et cependant, l'abaissement produit par les circonstances atténuantes n'est même pas toujours assez considérable, et, au criminel, les jurés, qui se préoccupent et se préoccuperont de plus en plus, quoique veuille la loi, des conséquences de leur verdict, en arrivent, dans leur impuissance, à faire prononcer une peine conforme à leurs désirs, à des acquittements qui paraissent scandaleux et qui blessent le bon sens et la justice.

Cet inconvénient a été maintes fois signalé, et, naguère encore, on proposait la création de *circonstances très atténuantes*, permettant d'abaisser la peine dans des limites de plus en plus grandes. Le plus simple serait peut-être — si les querelles politiques en laissaient le temps, — de modifier dans le Code pénal toutes les dispositions dont la sévérité est presque unanimement critiquée, et d'arriver à créer une échelle de peines proportionnée à la gravité des infractions et qui pourraient plus facilement varier selon la criminalité des coupables.

hypóthèse — travaux forcés — aller *au-dessous de deux ans*, ni, dans la seconde — réclusion — *au-dessous d'un an*.

Si on se trouve dans un des cas où le code prononce contre un coupable le maximum d'une peine criminelle, la Cour a le devoir, en présence des circonstances atténuantes, de n'appliquer que le minimum, et elle a le droit de descendre d'un degré.

Quant aux amendes, elles doivent toujours être infligées, et les circonstances atténuantes ne peuvent que les diminuer.

En matière *correctionnelle*, les juges peuvent, si les circonstances leur paraissent atténuantes, réduire, même en cas de récidive, l'emprisonnement au-dessous de six jours et l'amende au-dessous de 16 francs ; ils ont même la faculté de substituer l'amende à l'emprisonnement, sans pouvoir descendre, toutefois, au-dessous de 1 franc.

Responsabilité civile. — A côté de la responsabilité pénale, il y a aussi une autre responsabilité que l'on appelle *civile*, et qui pèse sur des personnes complètement étrangères à l'acte matériel constituant l'infraction.

Cette responsabilité n'est que pécuniaire et oblige seulement au paiement des frais et des dommages-intérêts accordés à la victime.

Les personnes que la loi désigne comme civilement responsables sont les *père, mère, tuteur, instituteur, artisan, maître et commettant*, relativement aux crimes ou délits commis par leurs enfants mineurs, pupilles habitant avec eux, élèves, apprentis, domestiques et préposés. Le législateur rend également les *voituriers* et les *bateliers* responsables des choses confiées à leur garde qui viendraient à être soustraites ou détruites.

Causes qui préviennent ou font cesser l'effet des peines. — Lorsqu'un coupable vient à être condamné à une peine quelconque, quatre causes peuvent arrêter, totalement ou en partie, les effets de la décision judiciaire qui le frappe. Ces causes sont : la *prescription*, la *grâce*, l'*amnistie*, la *réhabilitation*.

Il y a *prescription* d'une peine, lorsque le condamné a pris la fuite, soit avant, soit après le jugement et a dérouté pendant un certain temps les recherches de la justice. Ce temps est de *vingt années*, si la condamnation a été criminelle, et de *cinq années*, si elle a été correctionnelle. Passé ce délai, après lequel la société a moins d'intérêt à faire expier une infraction à peu près oubliée, le condamné est affranchi de toute peine corporelle ou pécuniaire. Les incapacités résultant de sa condamnation subsistent seules.

La *grâce* est une remise, totale ou partielle, à titre gracieux, faite par le chef de l'État, d'une peine prononcée à la suite de débats contradictoires. Elle affranchit de l'exécution de la peine, mais elle n'efface pas la condamnation, qui subsiste avec ses effets légaux et les déchéances qu'elle entraîne.

L'*amnistie* est une mesure collective, prise par le Parlement, généralement à la suite de crimes ou de délits produits plus ou moins par une exaltation que l'on croit politique. Non seulement elle fait disparaître les condamnations avec toutes leurs conséquences, mais encore elle prononce l'oubli absolu pour les actes qui les ont motivées, à ce point que le condamné amnistié ne voit pas sa peine portée sur son casier judiciaire et n'a point à craindre, s'il recommence, l'aggravation due aux récidivistes.

La *réhabilitation*, elle aussi, a pour résultat de relever un condamné des incapacités qu'il a encourues et de le faire rentrer dans tous ses droits. Elle intervient à la demande du condamné, lorsque celui-ci a subi *entièrement* sa peine, — à moins qu'il n'ait été gracié, bien entendu, — payé les frais et les dommages-intérêts accordés à sa victime et montré par sa bonne conduite, pendant un certain temps, qu'il est digne de la faveur qu'il sollicite.

Le temps d'épreuve varie selon la nature de la condamnation prononcée; si celle-ci a été criminelle, le stage est de cinq ans; si elle a été correctionnelle, il est de trois ans. Les condamnés en état de récidive légale ou qui ont déjà été réhabilités sont astreints à un stage plus long.

Les demandes en réhabilitation sont examinées par cinq magistrats de la Cour d'appel qui, après avoir recueilli tous les renseignements nécessaires, l'accordent ou la rejettent.

Exercice de l'action publique. — Lorsqu'un fait pouvant tomber sous le coup de la loi pénale vient à être commis, l'action publique doit aussitôt se mettre en mouvement pour arriver à sa répression. Trois phases sont alors traversées par elle : la *poursuite*, l'*instruction*, le *jugement*.

Le droit de poursuite appartient, en principe, au ministère public représenté par les procureurs de la République et leurs substituts qui résident, comme les tribunaux correctionnels, dans tous les chefs-lieux d'arrondissement et ont comme auxiliaires les commissaires de police, les officiers de gendarmerie, les maires et les juges de paix.

Les infractions sont portées à la connaissance du procureur de la République par les rapports des fonctionnaires de tout ordre et de tout degré, et aussi par les dénonciations et les plaintes des citoyens.

Le ministère public est toujours maître de son action ; celle-ci est cependant, quelquefois, subordonnée à des circonstances spéciales, entravée et même suspendue, soit momentanément, soit définitivement. Personne n'ignore, par exemple, que les sénateurs et les députés ne peuvent être poursuivis pendant la durée d'une session sans l'autorisation préalable du Sénat ou de la Chambre ; en outre, les délits commis à l'étranger par un Français, les diffamations, les injures, etc., ne peuvent être poursuivis que sur une *plainte de la partie lésée*. D'un autre côté, si l'inculpé est passé à l'étranger, il faut, pour le ramener en France, obtenir son *extradition*. Enfin, lorsqu'un certain temps est écoulé — dix ans pour les crimes ; trois ans pour les délits — entre l'infraction et les poursuites, il y a *prescription* et la justice reste désarmée, etc., etc.

Si le fait signalé au procureur de la République n'est pas sérieux, il n'y est pas donné suite. S'il constitue un délit peu grave et très nettement établi, le prévenu est cité *directement* devant le tribunal correctionnel, sans plus attendre. S'il constitue une infraction grave, le procès-verbal qui le constate est transmis avec un *réquisitoire* au juge d'instruction, pour que ce magistrat interroge les témoins, recueille tous les renseignements et fasse toutes les perquisitions nécessaires à la manifestation de la vérité.

Au juge d'instruction, seul, appartient le droit de faire détenir préventivement, pendant un temps plus ou moins long, les inculpés au moyen des mandats de *dépôt* et des mandats d'*amener*.

Quand l'enquête est terminée ([1]) et communiquée au procureur, celui-ci prend alors des réquisitions définitives et le juge d'instruction rend soit une ordonnance de *non-lieu* si les faits ne lui paraissent pas suffisamment établis, soit une ordonnance de *renvoi en police correctionnelle* s'ils constituent un délit, soit une ordonnance de *renvoi à la chambre des mises en accusation* s'ils constituent un crime.

Partie civile. — Lorsqu'un inculpé est poursuivi, la victime de son infraction a le droit de réclamer des dommages-intérêts aux tribunaux chargés de juger cette infraction. Pour arriver à ce résultat, elle doit se porter *partie civile*. En matière correctionnelle, cette attitude la rend passible des frais, quelle que soit l'issue du procès, acquittement ou condamnation ; en matière criminelle, elle ne les paie que si l'accusé est acquitté ; en outre, elle ne peut plus déposer comme témoin.

Si le ministère public refuse de poursuivre le fait qui lui est signalé, le plaignant a encore le droit de se porter partie civile ; il agit alors à ses risques et périls, cite *directement* son adversaire devant la juridiction répressive, s'il s'agit d'un délit, pour le faire condamner à des dommages-intérêts, et saisit le juge d'instruction, s'il s'agit d'un crime.

Tous les frais sont, naturellement, à sa charge.

Procédure correctionnelle. — Dans chaque chef-lieu d'arrondissement siège un tribunal correctionnel composé d'un président et de deux juges. Ce tribunal juge — sauf quelques rares exceptions — tous les délits commis dans son arrondissement. Le *prévenu* doit comparaître en personne. S'il refuse de se présenter, à la suite de la *citation* qui lui est faite, il est jugé par *défaut*.

Le tribunal entend les témoins assignés à la requête du ministère public et ceux que le prévenu croit bon de faire en-

[1] La loi veut que l'instruction soit secrète, et le bon sens suffit pour montrer la nécessité de cette précaution, sans laquelle tous ceux qu'on peut avoir à surprendre seraient avertis à l'avance de ce qu'ils ont intérêt à faire, à dire ou à cacher.

tendre à sa décharge. Le greffier prend note de toutes ces
dépositions. Après l'audition des témoins, le ministère public
ou la partie civile, puis le défenseur, prennent la parole.

Si, par hasard, le tribunal estime que le fait dont il est
saisi ne constitue pas un délit, mais un crime ou une contravention, il se déclare *incompétent* et l'affaire est renvoyée,
après une procédure assez longue en *règlement de juges*,
devant la juridiction compétente (¹).

Si le tribunal ne trouve pas le fait suffisamment établi, il
acquitte le prévenu. Si la preuve lui paraît complète, il le con-
damne à une peine proportionnée autant que possible à la gravité de son délit.

Opposition et appel. — Nous venons de dire que si un
prévenu laissé en liberté ne se présente pas, il est jugé par
défaut. Il peut, alors, faire *opposition* et ce droit lui appartient pendant les cinq jours qui suivent la *signification* du
jugement à lui faite par un huissier. Le procès est alors examiné à nouveau par le tribunal, qui maintient ou modifie sa
décision première.

(¹) Il arrive très souvent, dans la pratique, que le juge d'instruction,
d'accord avec le parquet, *correctionnalise* des affaires de petite gravité,
c'est-à-dire passe sous silence les *circonstances aggravantes* qui, légalement et rigoureusement, font qu'un délit devient un crime. Un domestique, par exemple, commet-il au préjudice de son maître un vol, quelque
minime qu'il soit, son acte est un crime; pour le transformer en délit, il
faut faire abstraction de la qualité de serviteur qu'a le coupable. Si la
soustraction est sans importance, le juge d'instruction fait volontiers cette
abstraction, afin de ne pas soumettre à la cour d'assises une cause aussi
minime, et il renvoie l'inculpé en police correctionnelle; mais il arrive
aussi, fréquemment, que le prévenu, confiant dans l'indulgence du jury,
ne veut point d'une pareille générosité et déjoue cette pieuse ruse en
demandant aux magistrats correctionnels de se déclarer incompétents :
ceux-ci, dans l'espèce sont bien obligés d'accéder à cette requête. L'affaire
va donc devant la cour de Cassation, et la cour de Cassation renvoie l'inculpé devant la chambre des mises en accusation qui, elle-même, le ren-
verra aux assises.

Maintes fois, des procédures correctionnelles ainsi engagées conduisent
à des jugements d'incompétence, et c'est après le verdict du jury que
l'inculpé sait si vraiment il a été bien inspiré en réclamant impérieuse-
ment ses juges légaux.

LOI SUR LA CHASSE

DU 3 MAI 1844

De l'exercice du droit de chasse.

Art. 1ᵉʳ. — Nul ne pourra chasser, sauf les exceptions ci-après, si la chasse n'est pas ouverte, et s'il ne lui a pas été délivré un permis de chasse par l'autorité compétente.

Nul n'aura la faculté de chasser sur la propriété d'autrui sans le consentement du propriétaire ou de ses ayants droit.

Art. 2. — Le propriétaire ou possesseur peut chasser ou faire chasser en tout temps, sans permis de chasse, dans ses possessions attenant à une habitation et entourées d'une clôture continue faisant obstacle à toute communication avec les héritages voisins.

Art. 3. — Les préfets détermineront, par des arrêtés publiés au moins dix jours à l'avance, les époques des ouvertures et celles des clôtures des chasses soit à tir, soit à courre, à cor et à cri, dans chaque département. *(Loi 22 janvier 1874.)*

Art. 4. — Dans chaque département il est interdit de mettre en vente, de vendre, d'acheter, de transporter et de colporter du gibier pendant le temps où la chasse n'y est pas permise.

En cas d'infraction à cette disposition, le gibier sera saisi et immédiatement livré à l'établissement de bienfaisance le plus voisin, en vertu, soit d'une ordonnance du juge de paix, si la saisie a eu lieu au chef-lieu de canton, soit d'une autorisation du maire, si le juge de paix est absent, ou si la saisie a été faite dans une commune autre que celle du chef-lieu. Cette ordonnance ou cette autorisation sera délivrée sur la requête des agents ou gardes qui auront opéré la saisie, et sur la présentation du procès-verbal régulièrement dressé.

La recherche du gibier ne pourra être faite à domicile que

chez les aubergistes, chez les marchands de comestibles et dans les lieux ouverts au public.

Il est interdit de prendre ou de détruire, sur le terrain d'autrui, des œufs ou des couvées de faisans, de perdrix et de cailles.

Art. 5. — Les permis de chasse seront délivrés, sur l'avis du maire et du sous-préfet, par le préfet du département dans lequel celui qui en fera la demande aura sa résidence ou son domicile.

La délivrance des permis de chasse donnera lieu au paiement d'un droit de quinze francs (15 fr.) au profit de l'État, et dix francs (10 fr.) au profit de la commune dont le maire aura donné l'avis énoncé au paragraphe précédent.

Les permis de chasse seront personnels ; ils seront valables pour tout le royaume, et pour un an seulement.

Art. 6. — Le préfet pourra refuser le permis de chasse :

1º A tout individu majeur qui ne sera point personnellement inscrit, ou dont le père ou la mère ne serait pas inscrit au rôle des contributions ;

2º A tout individu qui, par une condamnation judiciaire, a été privé de l'un ou de plusieurs des droits énumérés dans l'article 42 du Code pénal, autres que le droit de port d'armes ;

3º A tout condamné à un emprisonnement de plus de six mois pour rébellion ou violence envers les agents de l'autorité publique ;

4º A tout condamné pour délit d'association illicite, de fabrication, débit, distribution de poudre, armes ou autres munitions de guerre ; de menaces écrites ou de menaces verbales avec ordre ou sous condition ; d'entraves à la circulation des grains ; de dévastation d'arbres ou de récoltes sur pied, de plants venus naturellement ou faits de main d'homme ;

5º A ceux qui auront été condamnés pour vagabondage, mendicité, vol, escroquerie ou abus de confiance.

La faculté de refuser le permis de chasse aux condamnés dont il est question dans les paragraphes 3, 4 et 5 cessera cinq ans après l'expiration de la peine.

Art. 7. — Le permis de chasse ne sera pas délivré :

1º Aux mineurs qui n'auront pas seize ans accomplis ;

2° Aux mineurs de seize à vingt et un ans, à moins que le permis ne soit demandé pour eux par leur père, mère, tuteur ou curateur, porté au rôle des contributions;

3° Aux interdits;

4° Aux gardes champêtres ou forestiers des communes et établissements publics, ainsi qu'aux gardes forestiers de l'État et aux gardes-pêche.

ART. 8. — Le permis de chasse ne sera pas accordé :

1° A ceux qui, par suite de condamnations, sont privés du droit de port d'armes;

2° A ceux qui n'auront pas exécuté les condamnations prononcées contre eux pour l'un des délits prévus par la présente loi;

3° A tout condamné placé sous la surveillance de la haute police.

ART. 9. — Dans le temps où la chasse est ouverte, le permis donne à celui qui l'a obtenu le droit de chasser de jour, soit à tir, soit à courre, à cor et à cri, suivant les distinctions établies par les arrêtés préfectoraux, sur ses propres terres, et sur les terres d'autrui avec le consentement de celui à qui le droit de chasse appartient.

Tous autres moyens de chasse, à l'exception des furets et des bourses destinés à prendre le lapin, sont formellement prohibés.

Néanmoins les préfets des départements, sur l'avis des conseils généraux, prendront des arrêtés pour déterminer :

1° L'époque de la chasse des oiseaux de passage autres que la caille, la nomenclature des oiseaux, et les modes et procédés de chasse pour les diverses espèces;

2° Le temps pendant lequel il sera permis de chasser le gibier d'eau dans les marais, sur les étangs, fleuves et rivières;

3° Les espèces d'animaux malfaisants ou nuisibles que le propriétaire, possesseur ou fermier pourra en tout temps détruire sur ses terres, et les conditions de l'exercice de ce droit, sans préjudice du droit appartenant au propriétaire ou au fermier de repousser ou de détruire, même avec des armes à feu, les bêtes fauves qui porteraient dommage à ses propriétés.

Ils pourront prendre également des arrêtés :

1° Pour prévenir la destruction des oiseaux ou pour favoriser leur repeuplement;

2° Pour autoriser l'emploi des chiens lévriers pour la destruction des animaux malfaisants ou nuisibles ;

3° Pour interdire la chasse pendant les temps de neige. *(Ainsi modifié par la loi du 22 janvier 1874.)*

ART. 10. — Des ordonnances royales détermineront la gratification qui sera accordée aux gardes et gendarmes rédacteurs des procès-verbaux ayant pour objet de constater les délits.

Des peines.

ART. 11. — Seront punis d'une amende de seize à cent francs :

1° Ceux qui auront chassé sans permis de chasse ;

2° Ceux qui auront chassé sur le terrain d'autrui sans le consentement du propriétaire.

L'amende pourra être portée au double si le délit a été commis sur des terres non dépouillées de leurs fruits, ou s'il a été commis sur un terrain entouré d'une clôture continue faisant obstacle à toute communication avec les héritages voisins, mais non attenante à une habitation.

Pourra ne pas être considéré comme délit de chasse le fait du passage des chiens courants sur l'héritage d'autrui, lorsque ces chiens seront à la suite d'un gibier lancé sur la propriété de leurs maîtres, sauf l'action civile, s'il y a lieu, en cas de dommage ;

3° Ceux qui contreviendront aux arrêtés des préfets concernant les oiseaux de passage, le gibier d'eau, la chasse en temps de neige, l'emploi des chiens lévriers, ou aux arrêtés concernant la destruction des oiseaux et celle des animaux nuisibles ou malfaisants ;

4° Ceux qui auront pris ou détruit, sur le terrain d'autrui, des œufs ou couvées de faisans, de perdrix ou de cailles ;

5° Les fermiers de la chasse, soit dans les bois soumis au régime forestier, soit sur les propriétés dont la chasse est louée au profit des communes ou établissements publics, qui auront contrevenu aux clauses et conditions de leurs cahiers des charges relatives à la chasse.

ART. 12. — Seront punis d'une amende de cinquante à deux cents francs, et pourront en outre l'être d'un emprisonnement de six jours à deux mois :

1° Ceux qui auront chassé en temps prohibé ;

2° Ceux qui auront chassé pendant la nuit ou à l'aide d'engins et instruments prohibés, ou par d'autres moyens que ceux qui sont autorisés par l'article 9 ;

3° Ceux qui seront détenteurs ou ceux qui seront trouvés munis ou porteurs, hors de leur domicile, des filets, engins ou autres instruments de chasse prohibés ;

4° Ceux qui, en temps où la chasse est prohibée, auront mis en vente, vendu, acheté, transporté ou colporté du gibier ;

5° Ceux qui auront employé des drogues ou appâts qui sont de nature à enivrer le gibier où à le détruire ;

6° Ceux qui auront chassé avec appeaux, appelants ou chanterelles.

Les peines déterminées par le présent article pourront être portées au double contre ceux qui auront chassé pendant la nuit sur le terrain d'autrui et par l'un des moyens spécifiés au paragraphe 2, si les chasseurs étaient munis d'une arme apparente ou cachée.

Les peines déterminées par l'article 11 et par le présent article seront toujours portées au maximum lorsque les délits auront été commis par les gardes champêtres ou forestiers des communes, ainsi que par les gardes forestiers de l'État et des établissements publics.

Art. 13. — Celui qui aura chassé sur le terrain d'autrui sans son consentement, si ce terrain est attenant à une maison habitée ou servant à l'habitation, et s'il est entouré d'une clôture continue faisant obstacle à toute communication avec les héritages voisins, sera puni d'une amende de cinquante à trois cents francs, et pourra l'être d'un emprisonnement de six jours à trois mois.

Si le délit a été commis pendant la nuit, le délinquant sera puni d'une amende de cent francs à mille francs, et poura l'être d'un emprisonnement de trois mois à deux ans, sans préjudice, dans l'un et l'autre cas, s'il y a lieu, de plus fortes peines prononcées par le Code pénal.

Art. 14. — Les peines déterminées par les trois articles qui précèdent pourront être portées au double si le délinquant était en état de récidive, et s'il était déguisé ou masqué, s'il a pris un faux nom, s'il a usé de violence envers les personnes, ou s'il a fait des menaces, sans préjudice, s'il y a lieu, de plus fortes peines prononcées par la loi.

Lorsqu'il y aura récidive, dans les cas prévus en l'article 11, la peine de l'emprisonnement de six jours à trois mois pourra être appliquée, si le délinquant n'a pas satisfait aux condamnations précédentes.

ART. 15. — Il y a récidive lorsque, dans les douze mois qui ont précédé l'infraction, le délinquant a été condamné en vertu de la présente loi.

ART. 16. — Tout jugement de condamnation prononcera la confiscation des filets, engins et autres instruments de chasse. Il ordonnera, en outre, la destruction des instruments de chasse prohibés.

Il prononcera également la confiscation des armes, excepté dans le cas où le délit aura été commis par un individu muni d'un permis de chasse, dans le temps où la chasse est autorisée.

Si les armes, filets, engins ou autres instruments de chasse n'ont pas été saisis, le délinquant sera condamné à les représenter ou à en payer la valeur, suivant la fixation qui en sera faite par le jugement, sans qu'elle puisse être au-dessous de cinquante francs.

Les armes, engins ou autres instruments de chasse, abandonnés par les délinquants restés inconnus, seront saisis et déposés au greffe du tribunal compétent. La confiscation et, s'il y a lieu, la destruction, en seront ordonnées sur le vu du procès verbal.

Dans tous les cas, la quotité des dommages-intérêts est laissée à l'appréciation des tribunaux.

ART. 17. — En cas de conviction de plusieurs délits prévus par la présente loi, par le Code pénal ordinaire ou par les lois spéciales, la peine la plus forte sera seule prononcée.

Les peines encourues pour des faits postérieurs à la déclaration du procès-verbal de contravention pourront être cumulées, s'il y a lieu, sans préjudice des peines de la récidive.

ART. 18. — En cas de condamnation pour délits prévus par la présente loi, les tribunaux pourront priver le délinquant du droit d'obtenir un permis de chasse pour un temps qui n'excédera pas cinq ans.

A<small>RT</small>. 19. — La gratification mentionnée en l'article 10 sera prélevée sur le produit des amendes.

Le surplus desdites amendes sera attribué aux communes sur le territoire desquelles les infractions auront été commises.

A<small>RT</small>. 20. — L'article 463 du Code pénal ne sera pas applicable aux délits prévus par la présente loi.

De la poursuite et du jugement.

A<small>RT</small>. 21. — Les délits prévus par la présente loi seront prouvés, soit par procès-verbaux, soit par témoins à défaut de rapports et procès-verbaux, ou à leur appui.

A<small>RT</small>. 22. — Les procès-verbaux des maires et adjoints, commissaires de police, officiers, maréchal des logis ou brigadier de gendarmerie, gendarmes, gardes forestiers, gardes-pêche, gardes champêtres, ou gardes assermentés des particuliers, feront foi jusqu'à preuve contraire.

A<small>RT</small>. 23. — Les procès-verbaux des employés des contributions indirectes et des octrois feront également foi jusqu'à preuve contraire, lorsque, dans la limite de leurs attributions respectives, ces agents rechercheront et constateront les délits prévus par le paragraphe 1er de l'article 4.

A<small>RT</small>. 24. — Dans les vingt-quatre heures du délit, les procès-verbaux des gardes seront, à peine de nullité, affirmés par les rédacteurs devant le juge de paix ou l'un de ses suppléants, ou devant le maire ou l'adjoint, soit de la commune de leur résidence, soit de celle où le délit aura été commis.

A<small>RT</small>. 25. — Les délinquants ne pourront être saisis ni désarmés; néanmoins, s'ils sont déguisés ou masqués, s'ils refusent de faire connaître leurs noms, ou s'ils n'ont pas de domicile connu, ils seront conduits immédiatement devant le maire ou le juge de paix, lequel s'assurera de leur individualité.

A<small>RT</small>. 26. — Tous les délits prévus par la présente loi seront poursuivis d'office par le ministère public, sans préjudice du droit conféré aux parties lésées par l'article 182 du Code d'instruction criminelle.

Néanmoins, dans le cas de chasse sur le terrain d'autrui sans le consentement du propriétaire, la poursuite d'office ne pourra être exercée par le ministère public, sans une plainte de la partie intéressée, qu'autant que le délit aura été commis dans un terrain clos, suivant les termes de l'article 2, et attenant à une habitation, ou sur des terres non encore dépouillées de leurs fruits.

Art. 27. — Ceux qui auront commis conjointement les délits de chasse seront condamnés solidairement aux amendes, dommages-intérêts et frais.

Art. 28. — Le père, la mère, le tuteur, les maîtres et commettants sont civilement responsables des délits de chasse commis par leurs enfants mineurs non mariés, pupilles demeurant avec eux, domestiques ou préposés, sauf tout recours de droit.

Cette responsabilité sera réglée conformément à l'art. 1384 du Code civil, et ne s'appliquera qu'aux dommages-intérêts et frais, sans pouvoir toutefois donner lieu à la contrainte par corps.

Art. 29. — Toute action relative aux délits prévus par la présente loi sera prescrite par le laps de trois mois, à dater du jour du délit.

Dispositions générales.

Art. 30. — Les dispositions de la présente loi relatives à l'exercice du droit de chasse ne sont pas applicables aux propriétés de la couronne. Ceux qui commettraient des délits de chasse dans ces propriétés seront poursuivis et punis conformément aux sections II et III.

Art. 31. — Le décret du 4 mai 1812 et la loi du 30 avril 1790 sont abrogés.

Sont et demeurent également abrogés les lois, arrêtés, décrets et ordonnances intervenus sur les matières réglées par la présente loi, en tout ce qui est contraire à ses dispositions.

La présente loi, discutée, délibérée et adoptée par la Chambre des pairs et par celle des députés, et sanctionnée par nous cejourd'hui, sera exécutée comme loi de l'État.

Donnons en mandement à nos Cours et Tribunaux, Préfets, Corps administratifs, et tous autres, que les présentes ils gardent et maintiennent, fassent garder, observer et maintenir, et, pour les rendre plus notoires à tous, ils les fassent publier et enregistrer partout où besoin sera ; et, afin que ce soit chose ferme et stable à toujours, nous y avons fait mettre notre sceau.

QUI PEUT CHASSER?

---

§ 1. — *Le permis de chasse.*

1. — Qui peut chasser? Tout le monde, et l'événement le prouve. La chasse, plaisir autrefois réservé aux nobles, n'est plus le privilège d'une caste ; elle est permise à tous, et l'on peut dire que tout le monde use de cette liberté.

Il faut bien cependant, et la loi y pourvoit, entourer de quelques précautions l'exercice de cette liberté qui pourrait devenir la liberté pour le chasseur de tuer quelqu'un de ses semblables. Un fusil aux mains d'un fou, d'un enfant ou d'un familier de la police correctionnelle et de la Cour d'assises, inspirerait une légitime défiance. L'article 1er de la loi dispose donc que nul ne peut chasser s'il ne lui a été délivré un permis de chasse par l'autorité compétente. L'article 5 en fixe le prix ; les articles 6, 7 et 8 excluent du droit de l'obtenir certaines catégories de personnes.

2. — Pour avoir un permis, il faut que le chasseur le demande lui-même; aucune autre personne ne devant faire la demande pour lui (¹), sauf l'exception suivante. Si le chasseur est mineur, et s'il est dans les conditions requises pour obtenir un permis (art. 7 de la loi), la demande doit être faite en son nom par les personnes ayant autorité sur lui, père ou tuteur.

Les femmes peuvent demander et obtenir un permis. Si elles sont célibataires ou veuves, et majeures, elles font la

---

(¹) Circ. min. int., 22 juillet 1851, § 16.

demande elles-mêmes. Si elles sont mineures, la demande
sera faite en leur nom. Si elles sont majeures et en puissance
de mari, faut-il que la demande de permis soit visée par le
mari? La question se discute entre les auteurs; mais dans la
pratique, l'Administration exige l'autorisation maritale. Nous
ne pouvons trouver qu'elle ait tout à fait tort. Sans examiner
le droit, il semble qu'en fait une femme qui, malgré la résis-
tance de son mari, a signifié à ce dernier sa volonté de chasser, se trouve dans un état de rébellion conjugale auquel l'Administration ne doit pas fournir des armes. Un ménage où se
produisent d'aussi graves dissentiments menace ruine; et le
divorce qui guette permettra bientôt à la femme d'obtenir son
permis sans l'autorisation de personne. Au surplus, la femme
mariée n'aurait aucun moyen de vaincre l'Administration.
Il lui faudrait assigner le sous-préfet, et elle ne pourrait le
faire qu'avec l'autorisation maritale, indispensable pour lui
permettre d'ester en justice; car on peut affirmer qu'à
défaut de l'autorisation maritale, la justice ne donnerait pas
la sienne.

La demande, suivant une pratique constante, doit être faite
sur papier timbré à 60 centimes : cette exigence est conforme
aux dispositions de la loi du 13 brumaire an VII (art. 12-1°, § 8)
et à celles de l'instruction ministérielle du 28 mai 1844.

La demande doit être précédée du paiement des droits; et,
pour en justifier, il faut joindre à la demande la quittance du
percepteur constatant l'acquit des droits.

Le permis de chasse devant contenir le signalement du titulaire, il convient de le donner dans la demande. Le chasseur y
gagnera de n'avoir pas un portrait défiguré et noirci par la
malveillance malicieuse d'un employé. S'il est porté à flatter le
signalement, c'est affaire entre sa conscience et son miroir.

La demande doit être remise au maire dont l'avis est exigé
par l'article 5 de la loi de 1844. A Paris, elle devrait être en-
voyée aux commissaires de police; mais en pratique c'est toujours à la préfecture de police que se présente directement celui
qui veut avoir ou renouveler un permis.

3. — Le montant des droits est déterminé par la loi, et la
loi change souvent : on a été jusqu'à proposer le permis de

chasse à vingt sous par jour; le ciel garde nos fils et notre gibier de cette généreuse réforme!

Le permis est actuellement subordonné à l'acquit préalable d'une somme de vingt-huit francs; dont 18 francs profitent à l'État (loi du 2 juin 1875, art. 6) et 10 francs à la commune (loi du 3 mai 1844, art. 5, § 2).

Le droit de dix francs profite à la commune dont le maire a été, conformément à l'article 5, appelé à émettre son avis. Si l'impétrant n'a, dans la commune qui a perçu le droit, ni domicile, ni résidence, la commune peut avoir à rembourser le droit à une autre. La résidence doit ici s'entendre d'un établissement assez long pour que l'autorité administrative puisse être éclairée sur les antécédents et les habitudes de l'impétrant. Si deux réclamations de droits indûment perçus s'élevaient, l'une de la part de la commune du domicile, l'autre faite par la commune de la résidence, c'est la première qui devrait l'emporter (¹).

4. — Le permis est délivré sur l'avis du maire (art. 5, loi de 1844). La loi n'en dit pas plus; il est cependant intéressant de déterminer quel est le maire dont l'avis est requis, ne fût-ce que pour décider, par voie de conséquence, quelle est la commune qui peut légitimement prétendre au droit de 10 francs.

A s'en tenir au texte strict de la loi, il semble que le maire d'une commune quelconque du département où le solliciteur a son domicile ou sa résidence soit compétent pour donner son avis. Mais tel n'est certainement pas l'esprit de la loi. L'avis du maire n'est requis qu'à raison de son utilité, et il n'en peut avoir que s'il s'agit du maire de la commune où se trouve domicilié ou résident celui qui fait la demande. C'est en ce sens que les circulaires ministérielles interprètent la loi; et nous venons de voir que la jurisprudence a consacré cette interprétation quand il s'est agi de régler les conflits soulevés entre les communes pour la perception des droits.

Nous avons dit ce qu'il fallait entendre par résidence : le mot implique un séjour suffisamment prolongé. Il est donc tout à fait contraire à la loi de se faire délivrer son permis dans

---

(¹) Trib. de Besançon, 10 juillet 1877 (D., 80, 3, 55).

une commune où l'on ne va passer que quelques jours ou quelques heures chaque année au moment de la chasse. Cette pratique n'en est pas moins fort répandue. Soit pour procurer quelques ressources à une pauvre commune déshéritée, soit pour obtenir le droit de chasser sur un territoire dont les propriétaires, dans l'intérêt du budget communal, ne permettent la chasse qu'à ceux qui ont pris leurs permis dans la commune, un grand nombre de chasseurs demandent un permis, sur l'avis d'un maire dont ils sont parfaitement inconnus. C'est une irrégularité qui n'est pas près de cesser, car elle n'a pas pour conséquence la nullité du permis et il ne s'y trouve attaché d'autre sanction que le droit, pour la commune du domicile ou de la résidence de l'impétrant, de répéter les droits indûment perçus.

L'avis du maire est nécessaire pour toute demande, même lorsqu'il s'agit d'un permis à renouveler (1).

En cas de refus du maire de donner son avis, le préfet peut, après l'en avoir requis, y faire procéder par un délégué spécial (2).

5. — Le même article 5 de la loi de 1844 dispose que le permis est délivré par le préfet du département. Mais, dès 1860, une circulaire du Ministre de l'intérieur (3) prescrivait aux sous-préfets, dans un intérêt de célérité ou de simplicité, de procéder directement à la délivrance des permis. Cette mesure a toujours été maintenue. Elle est indiquée dans le projet de loi de 1886.

6. — Le permis de chasse est personnel (art. 5 de la loi de 1844). Il ne peut être ni prêté ni donné. Il ne couvre que les faits de chasse accomplis par la personne qui l'a obtenu, ou par ses auxiliaires.

La falsification d'un permis de chasse, l'usage d'un permis délivré sous un autre nom, sont des délits de droit commun prévus et punis par le Code pénal : l'un par l'article 153, qui prononce une peine de six mois à trois ans de prison ; l'autre par l'article 154, qui prononce la peine de trois mois à un an. Il est entendu cependant que ces dispositions du Code pénal,

---

(1) Circ. min. int., 22 juillet 1851, § 9.
(2) Art. 85, loi municipale du 5 avril 1884.
(3) Circ. min. int., 12 juillet 1860. — Art. 6, § 3, décret du 13 avril 1861.

à la différence de celles de la loi de 1844, ne reçoivent application, conformément aux règles du droit commun, que si l'intention délictueuse et si la mauvaise foi sont établies.

Le permis de chasse est exigé pour toute espèce de chasse, quel que soit l'animal chassé, depuis le plus gros jusqu'au plus petit, jusqu'à l'humble moineau, en réservant cependant, comme nous l'avons fait plusieurs fois au passage, les conditions particulières de destruction des animaux nuisibles.

Il n'est pas exigé pour les faits qui ne constituent pas des actes de chasse. On ne l'exigera donc pas de celui qui sera employé par le propriétaire d'un parc pour faire rentrer les faisans chez lui ou pour les empêcher d'en sortir (¹). Il est inutile aux auxiliaires de chasse, à la condition cependant que le chasseur auquel cet auxiliaire prête son concours soit lui-même muni d'un permis, faute de quoi l'auxiliaire serait coupable ou complice du délit (²). Le permis devient nécessaire à l'auxiliaire de chasse quand il sort de son rôle pour devenir l'agent principal de la chasse : c'est ainsi qu'il serait exigible de l'individu qui tend des pièges à grives et en prend en l'absence du concessionnaire (³).

7. — Le permis de chasse est valable sur toute l'étendue du territoire de la République française : il est nécessaire et suffisant à la fois sur tout territoire appartenant à la France, et notamment en Algérie et dans nos colonies.

Il est valable pour un an seulement (art. 5). Il est d'intérêt pratique de déterminer à quel moment exact commence et cesse le droit qu'il confère.

Le point de départ de l'année, le moment où s'ouvre l'exercice légitime du droit est la date énoncée au permis et, d'après les circulaires administratives, cette date doit être celle du jour où le permis est délivré. Le jour de la délivrance du permis, on peut chasser. Mais le permis couvre-t-il tous les actes de chasse accomplis pendant cette journée et même ceux qui se seraient passés antérieurement à l'heure de la délivrance? Nous

---

(¹) Trib. correct. Compiègne, 24 fév. 1885 (R. F., t. XI, n° 115).
(²) Lyon, 28 mars 1865 (D., 66, 2, 34); Cass. 2 janv. 1880 (Dall., Suppl. au *Répertoire*, v° *Chasse*, n° 76).
(³) Chambéry, 3 fév. 1883 (D., 85, 5, 60-61).

croyons, avec la jurisprudence, que, tant que le permis n'est pas délivré, il y a délit dans le fait de chasser. Mais il appartiendra au ministère public de faire la preuve que le permis n'a pas été remis et n'a pas pu matériellement être délivré avant l'heure où s'est accompli le fait incriminé (¹).

Le droit de chasse n'expire qu'après l'année révolue : c'est-à-dire que le jour anniversaire de la délivrance du permis est tout entier acquis au chasseur. S'il en était autrement, le permis ne produirait pas effet pendant un an, puisque la jurisprudence n'admet comme point de départ que l'heure et non le jour où le permis est délivré. Le porteur d'un permis délivré le 1ᵉʳ septembre 1889 pourra donc chasser pendant toute la journée du 1ᵉʳ septembre 1890 (²).

§ 2. — *A qui le permis peut être refusé.*

8. — Le permis doit être délivré à toute personne qui le demande, à moins que le demandeur ne se trouve dans une des catégories de personnes visées par les articles 6, 7 et 8 de la loi.

La loi a voulu dans certains cas laisser à l'Administration le soin d'apprécier si le permis devait être délivré ; dans certains autres, elle interdit formellement la délivrance du permis.

L'article 6 énumère les personnes auxquelles l'Administration *peut* refuser le permis de chasse.

1° « A tout individu majeur qui ne sera point personnellement » inscrit, ou dont le père ou la mère ne serait pas inscrit au » rôle des contributions. »

Il a paru que celui qui se trouvait dans cette situation précaire, et qui, dépourvu de ressources connues, sollicitait un permis, n'en ferait sans doute qu'un usage illicite, en cherchant dans le braconnage des moyens d'existence qu'il ne demanderait pas au travail.

La prohibition doit s'entendre limitativement. Il suffit d'être inscrit au rôle pour une contribution quelconque (patente,

---

(¹) Caen, 22 nov. 1880 (D., 82, 5, 75); Trib. corr. Gray, 23 déc. 1881 (D., 82, 5, 74-75); Rennes, 21 fév. 1883 (D., 83, 5, 64).
(²) Paris, 12 oct. 1876 (Sir., 77, 2, 12).

impôt personnel et mobilier, prestations en nature, taxe sur les chiens, les voitures, etc.) pour que le permis ne puisse être refusé.

Le fait de l'inscription est le seul visé : le permis ne pourrait être refusé par la raison que les contributions échues ne sont pas payées.

L'inscription des père et mère profite à leurs enfants : celle des ascendants ou tuteurs ne profiterait pas à leurs petits-enfants ou à leurs pupilles.

Cette disposition a disparu du projet de 1886.

2° « A tout individu qui, par une condamnation judiciaire, a » été privé de l'un ou de plusieurs des droits énumérés dans » l'article 42 du Code pénal, autres que le droit de port d'armes. »

Le Code pénal dispose en l'article 42 que, dans certains cas, les tribunaux correctionnels peuvent interdire en tout ou en partie l'exercice des droits civiques, civils et de famille : vote, élection, éligibilité, tutelle, etc... Tout individu se trouvant dans ce cas peut se voir refuser un permis. Il a même été jugé, par une interprétation un peu large de l'article 6-2°, que le préfet pouvait refuser le permis, encore bien que l'interdiction n'eût pas été formellement prononcée par le jugement de condamnation, si d'ailleurs la condamnation principale emportait par elle-même privation d'un des droits mentionnés en l'article 42 du Code pénal ([1]).

3° « A tout condamné à un emprisonnement de plus de six » mois pour rébellion ou violence envers les agents de l'autorité » publique. » (Art. 209 et suivants, 222 et suivants du Code pénal.)

4° « A tout condamné pour délit d'association illicite (art. 291 » et suiv. C. p.), — de fabrication, débit, distribution de poudre, » armes ou autres munitions de guerre (art. 314 C. pén.; loi du » 14 août 1885 sur la fabrication et le commerce des armes et » des munitions), — de menaces écrites ou de menaces verbales

---

([1]) Un individu avait été condamné à plus d'un mois de prison pour outrages envers un maire ; le jugement n'avait pas prononcé la privation des droits civiques ; mais cette condamnation, emportant de plein droit la privation du droit de vote (Déc. organique du 2 fév. 1852, art. 16), donnait au préfet le droit de refuser le permis. (Cons. d'État, 13 mars 1867, D., 67, 3, 98.)

» avec ordre ou sous condition (art. 305 C. pén.), d'entraves à
» la circulation des grains (loi du 21 prairial an V, art. 2), —
» de dévastation d'arbres ou de récoltes sur pied, de plants
» venus naturellement ou faits de main d'homme (art. 444
» C. pén.). »

5° « A ceux qui auront été condamnés pour vagabondage
» (art. 271, C. pén.), mendicité (art. 274, même Code), vol
» (art. 379 et suivants), escroquerie ou abus de confiance.
» (art. 405, 406 et 408.) »

Nous remarquons qu'une condamnation quelconque, si légère
soit-elle, prononcée pour un des délits visés aux numéros 4 et
5 de l'article, suffit pour permettre au préfet le refus du permis. Il y a là une sévérité excessive. Nous trouvons fort criti-
quable en elle-même cette liberté d'appréciation donnée par la
loi à l'autorité administrative, parce qu'elle laisse la porte ouverte
aux petites animosités ou rancunes de clocher. Mais il devient
tout à fait inadmissible que le préfet puisse, s'il le veut, refuser
un permis, par exemple, à un individu condamné à 1 franc
d'amende pour association non autorisée. Les associations de
cette nature sont innombrables, et le plus souvent fort inof-
fensives. Il suffira que, pour un motif peut-être futile, on ait
poursuivi une de ces associations, qu'on en ait fait condamner
les membres à une amende minime, pour que l'Administration
soit investie du droit de leur refuser le permis, comme aux
vagabonds ou aux escrocs. La loi appelle sur ce point une indispensable réforme. Le projet de 1886 nous donne satisfaction.

Il est certain que les condamnations doivent être définitives
pour donner lieu à l'application de l'art. 6.

La décision du préfet est susceptible de recours au Ministre
de l'intérieur : elle peut également être déférée au Conseil
d'État. Mais le Conseil d'État n'a pas à examiner l'opportunité
de la mesure. qui est abandonnée à l'appréciation souveraine de
l'Administration. Il ne peut que rechercher si l'individu auquel
le permis a été refusé se trouvait bien en droit dans l'un des cas
prévus par la loi.

Le Ministre est au contraire le juge d'appel, en fait comme
en droit, de la décision prise par le préfet.

9. — Cette faculté de refuser le permis ne peut s'exercer

indéfiniment. Elle cesse, nous dit l'article 6 en son dernier paragraphe, cinq ans après l'expiration de la peine pour les condamnés dont il est question aux paragraphes 3, 4 et 5.

Les cinq années courent du jour de l'expiration de la peine, c'est-à-dire du jour où l'emprisonnement a été complètement subi, ou du jour où l'amende a été payée. Si, à la peine de l'emprisonnement, et conformément aux dispositions de la loi du 27 mai 1885, le tribunal a joint l'interdiction de séjour, nous pensons, avec les auteurs, qu'il n'y a pas à s'occuper pour le calcul des cinq années de cette dernière peine qui n'est qu'accessoire, et que le délai court à l'expiration de l'emprisonnement.

Mais cette interprétation doit se combiner avec une disposition que nous retrouverons plus loin (art. 8-3°) et aux termes de laquelle le permis doit être refusé à tout individu objet d'une interdiction de séjour.

La réhabilitation et l'amnistie, ayant pour effet d'effacer rétroactivement la condamnation, font échapper complètement le condamné à l'application de l'article 6. La grâce ne peut évidemment pas produire le même effet : ce n'est qu'une remise de peine ; elle n'aura d'autre conséquence que de faire courir plus tôt le délai de cinq années, la peine étant expirée au jour où la grâce est intervenue.

La disposition du dernier paragraphe de l'article 6, ne se référant qu'aux numéros 3, 4 et 5 de son texte, ne s'applique pas aux individus qui ont été privés de l'un ou de plusieurs des droits énumérés dans l'article 42 du Code pénal, et que vise le deuxième alinéa de l'article 6. Pour cette catégorie de condamnés, il en faut conclure que la faculté de refuser le permis subsiste sans limitation de durée.

§ 3. — *A qui le permis doit être refusé.*

10. — La loi interdit formellement et dans tous les cas la délivrance du permis :

— (Art. 7-1°) Aux mineurs qui n'ont pas seize ans accomplis ;

— (Art. 7-2°) Aux mineurs de seize à vingt et un ans, à moins que le permis ne soit demandé pour eux, par leur père, mère, tuteur ou curateur, porté au rôle des contributions ;

4

— (Art. 7-3°) Aux interdits. La prohibition est absolue en ce qui les concerne, et l'assistance de leur tuteur ne peut les relever. En dehors du cas d'interdiction, le dément, le faible d'esprit peut et doit obtenir un permis, s'il le demande. Il y a là évidemment une lacune, mais elle est moins reprochable à la loi sur la chasse qu'au régime mal conçu de notre législation sur les aliénés. Pour conjurer le danger de la délivrance d'un permis aux mains d'un dément non interdit, il n'y a d'autre ressource que l'ordre donné par le préfet de placer dans un établissement d'aliénés celui dont l'état d'aliénation compromet l'ordre public ou la sûreté des personnes (article 18, loi du 30 juin 1838). La situation qui en résulte est bizarre : le préfet ne peut pas refuser le permis au dément, mais il peut le faire enfermer.

— (Art. 7-4°) Aux gardes champêtres et forestiers des communes et établissements publics, ainsi qu'aux gardes forestiers de l'État et aux gardes-pêche. La prohibition est générale et absolue. L'incapacité des préposés visés par la loi s'étend même en dehors du territoire confié à leur surveillance. Le sous-préfet doit tenir une liste nominative de tous les agents qui se trouvent placés dans ce cas d'incapacité ([1]).

11. — L'article 8 indique trois autres catégories de personnes auxquelles le permis doit être refusé.

Ce sont : 1° Ceux qui, par suite de condamnations, sont privés du droit de port d'armes. Nous avons vu (art. 6-2°) que le préfet pouvait refuser le permis à tout individu privé de l'un ou de plusieurs des droits énumérés dans l'article 42 du Code pénal. Au nombre de ces droits se trouve le droit de port d'armes : lorsque le condamné a été privé de ce droit, le refus cesse d'être facultatif pour le préfet; il est obligatoire.

Il convient d'indiquer ici qu'aux termes de l'article 18 de la loi, les tribunaux peuvent, en cas de condamnation pour délits prévus par la présente loi, priver le délinquant du droit d'obtenir un permis de chasse pour un temps n'excédant pas cinq années. Il est bien certain que l'Administration ne peut en pareil cas délivrer de permis.

([1]) Circ. min. int., 22 juillet 1851, § 18.

2º Ceux qui n'auront pas exécuté les condamnations pro-noncées contre eux pour l'un des délits prévus par la présente loi. Cette disposition ne s'applique qu'aux condamnations pénales (emprisonnement ou amende) et ne concerne pas les réparations civiles qui en seraient la conséquence.

3º Tout condamné à la surveillance de la haute police. Cette peine n'existe plus; la loi du 27 mai 1885 y a substitué l'inter-diction de séjour. L'individu, objet de cette mesure, ne pourra obtenir de permis (¹).

12. — Les prohibitions étant de droit étroit, toute personne qui ne rentre pas exactement dans l'une des catégories énu-mérées a droit à un permis.

Il en est ainsi : — des ecclésiastiques, auxquels l'Aministra-tion ne devrait pas refuser le permis, s'il était demandé; — des étrangers, sauf l'exercice d'un droit de haute police, consacré par les circulaires ministérielles, qui prescrivent de refuser le permis aux étrangers voisins de la frontière, et qui, n'ayant pas une résidence habituelle, ne sont pas assez connus pour qu'on obtienne du maire à leur sujet un avis éclairé (²).

Les gardes particuliers, les agents forestiers, gardes géné-raux, inspecteurs et conservateurs des forêts, ne sont pas privés du droit d'obtenir le permis; mais l'Administration forestière interdit à ses agents la chasse dans les bois de leur circons-cription soumis au régime forestier.

Les gendarmes, les agents des douanes ont droit au permis de chasse.

13. — On comprend sans peine que les incapables énumérés

(¹) Cette disposition doit être rapprochée de ce que nous avons dit rela-tivement au temps pendant lequel l'Administration peut refuser le permis. Un exemple nous fera comprendre. Un individu est condamné à quatre ans de prison et trois ans d'interdiction de séjour. Cinq ans après sa peine d'emprisonnement subie, il a droit au permis. Mais, à sa sortie de prison, il est pendant trois ans sous le coup de l'interdiction de séjour : le permis *doit* lui être refusé. Restent deux années pendant lesquelles le permis *peut* être refusé; ensuite le permis doit être accordé. — Autre exemple. Quatre ans de prison et dix ans d'interdiction de séjour. Il n'y a plus ici à s'occuper de la faculté que l'Administration aurait, pendant cinq ans après la sortie de prison, de refuser le permis; puisque, pendant les dix ans que durera l'interdiction de séjour, le refus du permis est obligatoire. Au delà, le permis sera de droit.

(²) Circ. min., 22 juillet 1851, § 23.

dans la loi puissent déjouer l'enquête très sommaire faite à l'occasion de leur demande, et obtenir un permis. Le permis, ainsi obtenu en violation et peut-être en fraude de la loi, couvre-t-il les faits de chasse de celui qui en fait usage? La Cour de cassation a jugé qu'à raison des termes de l'article 1er de la loi, qui dispose que nul ne pourra chasser s'il ne lui a pas été délivré un permis de chasse par l'autorité compétente, il n'était pas possible de considérer comme coupable de délit de chasse celui qui chasse après s'être fait délivrer son permis par cette autorité. Il n'y a pas alors le délit de chasse sans permis ([1]). Nous verrons que, dans ce cas, l'Administration peut et doit retirer le permis.

Il arrivera aussi qu'un individu ayant obtenu un permis se trouve, pendant le temps de validité de ce permis, frappé de l'incapacité prévue. Pourra-t-il continuer de chasser? Pour lui aussi il serait peut-être logique de dire que, tant qu'il a son permis délivré par l'autorité compétente, il ne peut être déclaré coupable du délit de chasse sans permis, sauf à l'Administration à retirer le permis. La jurisprudence des Cours d'appel incline vers l'autre solution; elle admet que la privation du droit d'obtenir un permis entraîne interdiction du droit de chasse, et que l'individu frappé ne peut plus se prévaloir du permis délivré antérieurement ([2]).

Il est admis par tous que le préfet peut retirer le permis à celui qui, à raison de son incapacité, n'avait pas le droit de l'obtenir, ou à celui qui, depuis la délivrance du permis, a été frappé de l'incapacité ([3]). Les circulaires administratives n'admettent pas le préfet à retirer le permis qu'il avait la faculté de refuser et qu'il a cependant délivré.

Le retrait du permis peut, suivant les cas, être accompagné du remboursement des droits : cela dépend des circonstances, de la bonne ou de la mauvaise foi de l'impétrant et du temps pendant lequel il a fait un efficace usage de son permis.

[1] Cass., 30 mai 1873 (Sir., 1873, 1, 344).
[2] Rouen, 3 déc. 1880 (Sir., 81, 2, 14); Amiens, 21 mai 1874 (Sir., 74, 2, 136); Trib. de Compiègne, 25 octobre 1887 (*Loi* du 12 février 1888).
[3] Inst. min., 20 mai 1844; Circ. min., 22 juillet 1861, § 24; Crim., 30 mai 1873 (S., 1873, 1, 344); Rouen, 4 déc. 1880 (S., 81, 2, 14).

L'ensemble des dispositions que nous venons d'indiquer a subi dans le projet de 1886 certaines modifications que nous précisons dans notre examen sommaire et qui ont pour but, dans leur ensemble, de soumettre la délivrance du permis à une plus grande sévérité.

14. — La loi n'exige pas que le chasseur soit toujours porteur de son permis : il suffit, pour échapper à toute répression, qu'il justifie de la délivrance qui lui en a été faite. Il ne serait même pas possible à un préfet de prendre un arrêté prescrivant aux chasseurs d'être toujours porteurs de leurs permis. Ce serait ajouter à la loi, faire œuvre de réglementation de la chasse. L'arrêté ne serait pas obligatoire ([1]).

Il peut se faire que, faute d'avoir présenté son permis à la réquisition de l'autorité compétente, le chasseur soit poursuivi. Si, devant le juge correctionnel, il fait la justification exigée, il est acquitté ; mais qui va supporter les frais de l'instance ainsi engagée ? Le chasseur n'ayant pas montré son permis, le garde ou le gendarme avait raison de verbaliser, et d'autre part le chasseur n'était pas en faute. Que décider ? La question nous paraît devoir se résoudre par une distinction. Si le chasseur, non porteur de son permis, n'a mis aucune mauvaise grâce à justifier de sa situation régulière, et s'il a été poursuivi sans autre enquête, il ne peut être condamné aux frais. Si, au contraire, le chasseur, ayant son permis dans sa poche ou son carnier, a, pour le plaisir de se laisser dresser procès-verbal, refusé de le montrer, s'il s'est réservé jusqu'au jour de l'audience pour produire ses justifications, il est responsable des frais exposés et y doit être condamné, par application d'un vieil adage de droit : que la loi est sans indulgence pour les malices ([2]).

15. — Nous avons dit que les tribunaux peuvent, en cas de condamnation pour délits prévus par la loi de 1844, priver le délinquant du droit d'obtenir un permis de chasse pour un temps qui n'excède pas cinq années (art. 18). L'Administration, qui tient la liste des diverses personnes incapables, doit y

___

([1]) Lyon, 21 janv. 1868 (R. F., t. IV, n° 640) ; Trib. de Lyon, 22 oct. 1885 (R. F., t. XII, n° 25).

([2]) C. de cass., 25 déc. 1885 (Sir., 56, 1, 469).

porter les noms de ces condamnés, après la notification qui lui en est faite par le Parquet. Ajoutons que les tribunaux usent bien rarement de la faculté que leur accorde l'article 18.

§ 3. — *De la propriété close attenante à une habitation.*

16. — Possédez-vous quelque coin de terre ou de bois entouré d'une clôture quelconque avec habitation attenante? — Oui. Vous êtes alors un heureux chasseur.

Pour vous, il n'est plus loi ni arrêté qui tiennent.

A d'autres la nécessité du permis! A d'autres l'interdiction de chasser l'été, ou en temps de neige! A d'autres encore la crainte du procès-verbal pour emploi d'engins prohibés! Vous pouvez vous offrir, au mois d'août, la caille savoureuse que votre voisin ne trouvera plus en septembre. Vous pouvez, si vous êtes aussi peu respectueux de l'honneur du chasseur que des règles de la cuisine, aligner une brochette de perdreaux pouillards. Vous pouvez garnir votre clôture de trappes mobiles pour attirer chez vous le lapin du voisin et lui fermer la retraite. Vous êtes vraiment un chasseur privilégié!

Nous n'y verrions rien à reprendre, si nous n'avions constaté les abus possibles de ce privilège. Le grand propriétaire qui entretient à grands frais sa clôture et sa chasse ne fera rien de ce que nous venons d'indiquer plus haut. Mais nous avons vu des familles de braconniers louer une bicoque et deux arpents en bordure d'un bois giboyeux, s'entourer d'un mauvais grillage et transformer leur enclos en place de guerre, où, dès avant l'ouverture, les faisans et les lapins courent les risques du piège et du plomb. Au moment où les cailles rappellent dans la plaine, les enfants, cachés dans un petit champ d'orge grand comme une table, font marcher les appelants; et quand un oiseau s'est aventuré, le père est là pour le relever et le tuer. Et tout ce monde vit ainsi, sans un autre moyen connu d'existence. De braconnage? dites-vous. Non pas : de chasse. Ils usent des droits que la loi et la jurisprudence leur donnent; et vingt gendarmes veilleraient nuit et jour autour de l'enclos qu'ils n'auraient pas à dresser un procès-verbal et courraient le risque de recevoir du plomb.

Indiquons la raison de droit sous laquelle s'abrite ce privilège, et déterminons quelle est l'étendue des immunités qui s'y trouvent attachées.

17. — La loi s'exprime ainsi : « Le propriétaire ou possesseur « peut chasser ou faire chasser en tous temps, sans permis de « chasse, dans ses possessions attenantes à une habitation et « entourées d'une clôture continue faisant obstacle à toute com- « munication avec les héritages voisins. » (Art. 2, loi de 1844.)

Quand on recherche le motif qui a déterminé cette exception au droit commun, on est tout d'abord tenté de croire qu'on a voulu permettre au propriétaire de détruire à son gré un gibier qui, à raison de la clôture continue de la propriété, ne saurait venir des fonds voisins. Mais on reconnaît bientôt que telle n'a pu être la pensée du législateur. Il n'y a pas en effet de clôture, si haute soit-elle, qui puisse arrêter le vol de l'oiseau et l'empêcher de communiquer entre deux héritages voisins ; et en second lieu, on ne s'expliquerait pas pourquoi la loi aurait apporté à l'exercice de la chasse en tout temps dans un terrain clos cette condition que le terrain serait attenant à une habitation.

La raison est toute différente. Le législateur a pensé (et cette idée a été maintes fois exprimée) qu'il n'était pas possible de soumettre la propriété close au régime commun, sans porter atteinte à un principe souverain dans notre droit : celui de l'inviolabilité du domicile.

La maison du citoyen est un asile inviolable : ainsi l'ont proclamé les constitutions du 5 fructidor an III et du 22 frimaire an VIII, et le Code pénal (art. 184) a donné une sanction au principe. Il a donc paru que, dans sa maison, et par extension dans sa propriété attenante à sa maison et close comme elle, le propriétaire ou locataire ne pouvait être l'objet d'investigations qui constitueraient autant de délits de violation de domicile. Retenons, quant à présent, que tel est l'esprit de la loi ; car c'est en nous reportant à cette idée que nous retrouverons la solution des diverses questions qu'a soulevées l'application de l'article 2 de la loi de 1844.

18. — La première condition indiquée par la loi est que la possession soit *attenante à une habitation*.

Le terrain clos ne doit donc former avec l'habitation qu'un

seul domaine; il n'en doit être séparé ni par une route ni par
une rivière; il doit être la continuation du domicile. Si la
séparation entre l'habitation et le terrain clos ne consiste qu'en
un mur ou une haie appartenant au propriétaire et permettant,
à l'aide de brèches ou de portes, la communication, nous consi-
dérons qu'il y a contiguïté suffisante au vœu de la loi. Il en
serait de même d'un chemin privé, qui n'est pas accessible au
public, ou qui ne lui est ouvert qu'accidentellement ou par
tolérance (¹).

Il y a eu quelque hésitation en jurisprudence sur les caractères constitutifs de l'*habitation* au sens de la loi. Il est certain
que la disposition de l'article 2 étant fondée sur le respect dû
au domicile, il ne suffit pas que, dans le terrain clos, se trouve
une construction susceptible d'être habitée : il faut encore que
cette construction soit, sinon actuellement habitée, au moins
destinée à l'habitation.

Ce principe, qui a été affirmé par la Cour de cassation dans
deux arrêts (²), doit servir de guide dans la solution des diverses espèces qui pourront se présenter. Il a donc été fort bien
jugé qu'on ne peut considérer comme habitation, au sens de la
loi, une construction servant d'usine à huile lors de la récolte
des olives et occupée seulement pendant la mouture par les
ouvriers employés à ce travail. On ne peut davantage reconnaître le caractère d'habitation à une simple cabane ou maison-
nette, dépourvue de tout mobilier, et affectée seulement pendant une certaine époque de l'année au séchage des châtaignes.

Faut-il aller plus loin et exiger que l'habitation soit consacrée
au logement du propriétaire ou possesseur lui-même ? Nous ne
le pensons pas. Dès que la construction est habitée, que ce soit
par le propriétaire ou fermier, que ce soit par son représentant, garde, domestique, préposé, le vœu de la loi est accompli.
Il y a un domicile inviolable. Nous croyons donc que c'est à tort
que, par un arrêt déjà ancien (³), il a été décidé qu'on ne pouvait considérer comme une habitation, dans le sens de l'article 2,

(¹) Rouen, 22 mars 1861; Rouen, 19 déc. 1878 (Rec. de Rouen, 1879,
p. 124).
(²) Cass., 20 juill. 1883 (Sir., 85, 1, 335), et 10 nov. 1883, *eod. loc.*
(³) Cour de Rennes, 17 août 1863 (Sir., 63, 2, 233).

une maison simplement occupée par un garde et sa famille. Un rendez-vous de chasse, dans lequel il y aurait des chambres aménagées pour recevoir le propriétaire ou locataire, et qui ne serait occupé que temporairement à l'époque de la chasse, nous paraîtrait répondre aussi à la définition légale : car il constitue, pendant le temps plus ou moins passager de son occupation, un domicile inviolable. Ce caractère ne peut dépendre du temps qu'on passe dans l'habitation. Dans une maison de campagne, dans une demeure quelconque lui appartenant et qu'il habite, le citoyen est chez lui (¹).

19. — Il faut (et c'est la seconde condition indiquée par l'article 2) que le terrain soit entouré « *d'une clôture continue* » *faisant obstacle à toute communication avec les héritages* » *voisins* ».

Les plaideurs ont ici beau jeu; et personne ne peut prétendre donner une formule interprétative de la loi, qui permette de l'appliquer avec certitude aux espèces qui viendront à se présenter.

Rappelons le principe auquel il faut se reporter pour apprécier s'il y a, dans le sens de la loi, clôture suffisante. Il n'y a pas à rechercher si la clôture fait obstacle à la libre circulation du gibier, aucune clôture n'étant susceptible d'arrêter le gibier à plumes. Il faut se demander, dans chaque espèce, si la clôture est telle que l'homme ne puisse la franchir sans escalade ni effraction, et qu'elle ne permette de s'introduire dans l'enclos sans commettre une violation de domicile.

Un mur constitue la clôture la plus solide et la plus protectrice. Il doit cependant avoir une hauteur telle qu'on ne puisse le passer par un simple enjambement.

Une grille est une clôture au sens de la loi, bien qu'elle permette au gibier une circulation facile, du moment qu'elle ne laisse pas à l'homme l'accès, par les moyens ordinaires, de la propriété close.

(¹) La Cour de Bordeaux a jugé qu'on ne pouvait considérer comme une habitation une construction ne contenant pour tout mobilier qu'un lit et qu'un poêle, et ne constituant qu'un abri pour le propriétaire quand il vient visiter sa propriété. (Arrêt du 23 novembre 1887. *Gaz. du Palais.* Suppl. 82.)

Un cours d'eau constitue une clôture, mais cependant sous une distinction. S'il s'agit d'un cours d'eau navigable ou flottable, l'accès en est permis à tous : c'est une route, c'est une dépendance du domaine public, dont le libre accès est exclusif de l'idée de clôture d'une propriété privée [1]. S'il s'agit au contraire d'un cours d'eau non navigable ni flottable, dont le lit appartient aux riverains, la propriété se trouve close au sens de la loi, puisqu'elle est séparée des héritages voisins par un obstacle appartenant au propriétaire et dont l'accès n'est pas libre.

Un fossé plein d'eau est assurément une clôture, s'il présente une profondeur et une largeur qui ne permettent pas de le franchir sans effort.

- *Un saut-de-loup* est une clôture, bien qu'il soit pratiqué dans le but de retenir le gibier, lièvres, chevreuils ou cerfs, qui l'a franchi pour entrer dans l'enclos.

Une haie, vive ou sèche, peut être une clôture [2]. Cela dépend de son importance et de son épaisseur. Il existe certaines régions où les haies constituent des remparts d'épines bien autrement infranchissables que la muraille la plus élevée. Autant il est juste de reconnaître à ces haies le caractère d'une clôture, autant ce serait aller contre la pensée de la loi que d'attribuer ce même caractère à une haie composée de quelques jeunes épines, ou de quelques genêts séchés, qu'il suffit d'un petit effort pour écarter ou franchir.

Nous en dirons autant du *fossé.* Les circonstances sont ici souveraines. Dans la louable intention de prévenir des abus, on a proposé, au cours de la discussion du projet de loi sur la chasse, de refuser, dans tous les cas, à la haie et au fossé, le caractère constitutif de clôture [3]. Il y avait là une tendance à la réglementation qui eût eu pour conséquence, si l'on y eût cédé, une application peu équitable des principes déterminants de la loi.

Un treillage de bois est une clôture ; *un grillage en fil de*

---

[1] Rennes, 17 août 1863 (Sir., 1863, 2, 233).

[2] Rouen, 22 mars 1880 (D., 1882, 5, 79).

[3] Première délibération du projet de loi sur la chasse, séance du Sénat, 7 juin 1886. (*Journal officiel,* 8 juin 1886.)

fer également. Ces grillages se sont aujourd'hui fort généralisés; ils servent surtout à protéger contre les dégâts du gibier les propriétés riveraines et les jeunes coupes de bois. Il ne serait pas possible de considérer comme clôture au sens de la loi un grillage qui, par ses dimensions, la façon dont il est posé, n'a d'autre but que d'empêcher la circulation des lapins, et ne fait pas obstacle au passage de l'homme. Sera au contraire clos, dans le sens de l'article 2, un terrain entouré d'un grillage élevé de 1 m. 80 ou 2 mètres de hauteur, fixé à demeure sur la limite de la propriété, reposant sur une assiette de pierres, ou maintenu par des massifs de maçonnerie. Il y a là une clôture destinée à protéger la propriété contre toute incursion, et qui assure l'inviolabilité du domicile.

Une clôture de fils à ronces n'est pas évidemment suffisante. Elle se compose de un, deux ou trois fils, au-dessous ou au travers desquels on peut passer. Elle n'isole pas la propriété au point d'en faire un domicile inviolable. Elle maintient les bestiaux dont elle pique la peau; elle nécessite de fréquents raccommodages aux culottes des gamins. Elle n'empêcherait pas le garde champêtre de verbaliser [1].

L'enceinte d'une gare et la clôture qui borde la voie ferrée constituent-elles le terrain clos prévu par la loi? Cette question s'est présentée récemment devant la Cour d'Alger. Un chef de gare avait tiré des moineaux dans l'enceinte de la gare. Les autorités sont aussi vigilantes sur le sol africain que sur le nôtre; procès-verbal fut dressé. Le chef de gare soutint que la voie ferrée, close de tous côtés, constituait une vaste enceinte, attenante à des habitations, les gares, et que par conséquent il y pouvait chasser sans permis. La Cour d'Alger a repoussé ce système de défense un peu trop ingénieux, mais le chef de gare n'en fut pas moins acquitté pour un autre motif. Il fut décidé en sa faveur qu'étant homme aux gages de la compagnie concessionnaire, il pouvait s'autoriser de l'arrêté préfectoral permettant aux propriétaires, fermiers et gens à leurs gages, de repousser et détruire en tout temps et sans permis, mais sur leurs propres fonds seulement, les moineaux et autres

[1] En ce sens : Jugement du Trib. corr. de Mont-de-Marsan, 7 déc. 1887 (*Loi* 29 déc. 1887); Rouen, 22 mars 1880 (D., 1882, 5, 79).

animaux nuisibles. Tout est bien qui finit bien ([1]); mais sous
le ciel d'Afrique s'exposer à un procès de chasse pour avoir
tiré des moineaux! Quelle déception pour ceux qui rêvent des
tueurs de lions et des embuscades nocturnes dans les gorges
de l'Atlas!

20. — La clôture doit être *continue*. L'immunité prévue par
l'article 2 n'existe donc pas ou cesse, lorsque, dans la clôture,
il y a des interruptions qui permettent de pénétrer sans
escalade dans l'enclos. Si, par exemple, la propriété est traver-
sée par une route, par un chemin, par un cours d'eau dont
l'accès soit libre, il y a interruption de clôture, même au cas où
le chemin et la route seraient fermés à l'entrée de la propriété
par une barrière. Il en serait bien entendu autrement si la
route était fermée à l'aide d'une grillle. Si le mur a une ou
plusieurs brèches, la clôture n'est pas continue, et le régime du
droit commun s'applique tant que ces brèches ne sont pas
relevées ([2]). Mais toute propriété close a nécessairement des
portes : faut-il penser qu'une porte ouverte est une interruption
de clôture, et que le propriétaire de l'enclos ne puisse se réclamer de l'article 2 pendant le temps où la porte de son parc
reste ouverte? Nous serions décidés à faire une distinction. Si
la porte reste toujours et habituellement ouverte, jour et nuit,
il est certain que l'on peut s'introduire dans la propriété sans
violer le domicile; le propriétaire ne nous paraît pas être alors
à l'abri du gendarme qui voudra lui demander son permis; il
n'a, pour chasser, qu'à fermer sa porte. Mais si au contraire la
porte est ordinairement fermée, si pour la commodité des
habitants elle reste ouverte quelques heures du jour, le propriétaire ne pourra être recherché parce qu'il aura chassé à
ce moment, et l'agent de l'autorité qui profiterait de cette
occasion pour se glisser dans l'enclos se rendrait coupable
d'une petite malice pour laquelle la loi ne doit pas avoir
d'égards.

(Chasse et Procès.)

([1]) Alger, 3 mars 1888. *Gaz. Pal.* (1888, p. 780).
([2]) Cass., 16 nov. 1883 (D., 84, 1, 140).

EXTRAITS DE LA

LOI SUR LA NATIONALITÉ

(26 juin 1889.)

———

La loi du 26 juin 1889 a modifié les articles 8 à 10, 12, 13, 17 à 21 du Code civil, relatifs à la nationalité.

Voici les principales dispositions nouvelles :

ART. 8. — . . . .

Sont Français :

1° Tout individu né d'un Français en France ou à l'étranger.

. . . .

2° Tout individu né en France de parents inconnus ou dont la nationalité est inconnue ;

3° Tout individu né en France d'un étranger qui lui-même y est né ;

4° Tout individu né en France d'un étranger et qui, à l'époque de sa majorité, est domicilié en France, à moins que, dans l'année qui suit sa majorité, telle qu'elle est réglée par la loi française, il n'ait décliné la qualité de Français et prouvé qu'il a conservé la nationalité de ses parents par une attestation en due forme de son gouvernement, laquelle demeurera annexée à la déclaration, et qu'il n'ait en outre produit, s'il y a lieu, un certificat constatant qu'il a répondu à l'appel sous les drapeaux, conformément à la loi militaire de son pays, sauf les exceptions prévues aux traités ;

5° Les étrangers naturalisés.

Peuvent être naturalisés :

1° Les étrangers qui ont obtenu l'autorisation de fixer leur domicile en France, conformément à l'article 13 ci-dessous, après trois ans de domicile en France, à dater de l'enregistrement de leur demande au ministère de la justice ;

2° Les étrangers qui peuvent justifier d'une résidence non interrompue pendant dix années ;

Est assimilé à la résidence en France le séjour en pays étranger pour l'exercice d'une fonction conférée par le gouvernement français ;

3° Les étrangers admis à fixer leur domicile en France, après un an, s'ils ont rendu des services importants à la France, s'ils y ont apporté des talents distingués ou s'ils y ont introduit soit une industrie, soit des inventions utiles, ou s'ils ont créé soit des établissements industriels ou autres, soit des exploitations agricoles, ou s'ils ont été attachés, à un titre quelconque, au service militaire dans les colonies et les protectorats français ;

4° L'étranger qui a épousé une Française, aussi après une année de domicile autorisé.

Il est statué par décret sur la demande de naturalisation, après une enquête sur la moralité de l'étranger.

ART. 9. — Tout individu né en France d'un étranger et qui n'y est pas domicilié à l'époque de sa majorité pourra, jusqu'à l'âge de vingt-deux ans accomplis, faire sa soumission de fixer en France son domicile, et, s'il l'y établit dans l'année à compter de l'acte de soumission, réclamer la qualité de Français par une déclaration qui sera enregistrée au ministère de la justice.

S'il est âgé de moins de vingt et un ans accomplis, la déclaration sera faite en son nom par son père ; en cas de décès, par sa mère ; en cas de décès du père et de la mère ou de leur exclusion de la tutelle, ou dans les cas prévus par les articles 141, 142 et 143 du Code civil, par le tuteur autorisé par délibération du conseil de famille.

Il devient également français si, ayant été porté sur le tableau de recensement, il prend part aux opérations de recrutement sans opposer son extranéité.

ART. 10. — Tout individu né en France ou à l'étranger de parents dont l'un a perdu la qualité de Français pourra réclamer cette qualité à tout âge, aux conditions fixées par l'article 9, à moins que, domicilié en France et appelé sous les drapeaux, lors de sa majorité, il n'ait revendiqué la qualité d'étranger.

Art. 12. — L'étrangère qui aura épousé un Français suivra la condition de son mari.

La femme mariée à un étranger qui se fait naturaliser Français et les enfants majeurs de l'étranger naturalisé pourront, s'ils le demandent, obtenir la qualité de Français, sans condition de stage, soit par le décret qui confère cette qualité au mari ou au père ou à la mère, soit comme conséquence de la déclaration qu'ils feront dans les termes et sous les conditions de l'article 9.

Deviennent Français les enfants mineurs d'un père ou d'une mère survivant qui se font naturaliser Français, à moins que, dans l'année qui suivra leur majorité, ils ne déclinent cette qualité en se conformant aux dispositions de l'article 8, § 4.

Art. 13. — L'étranger qui aura été autorisé par décret à fixer son domicile en France y jouira de tous les droits civils.

L'effet de l'autorisation cessera à l'expiration de cinq années, si l'étranger ne demande pas la naturalisation, ou si la demande est rejetée.

En cas de décès avant la naturalisation, l'autorisation et le temps de stage qui a suivi profiteront à la femme et aux enfants qui étaient mineurs au moment du décret d'autorisation.

Art. 17. — Perdent la qualité de Français :

1° Le Français naturalisé à l'étranger ou celui qui acquiert sur sa demande la nationalité étrangère par l'effet de la loi.

S'il est encore soumis aux obligations du service militaire pour l'armée active, la naturalisation à l'étranger ne fera perdre la qualité de Français que si elle a été autorisée par le gouvernement français;

2° Le Français qui a décliné la nationalité française dans les cas prévus au paragraphe 4 de l'article 8 et aux articles 12 et 18;

3° Le Français qui, ayant accepté des fonctions publiques conférées par un gouvernement étranger, les conserve nonobstant l'injonction du Gouvernement français de les résigner dans un délai déterminé;

4° Le Français qui, sans autorisation du Gouvernement, prend du service militaire à l'étranger, sans préjudice des lois pénales contre le Français qui se soustrait aux obligations de la loi militaire.

ART. 18. — Le Français qui a perdu sa qualité de Français peut la recouvrer pourvu qu'il réside en France, en obtenant sa réintégration par décret. La qualité de Français pourra être accordée par le même décret à la femme et aux enfants majeurs s'ils en font la demande. Les enfants mineurs du père ou de la mère réintégrés deviennent Français, à moins que, dans l'année qui suivra leur majorité, ils ne déclinent cette qualité, en se conformant aux dispositions de l'article 8, paragraphe 4.

ART. 19. — La femme française qui épouse un étranger suit la condition de son mari, à moins que son mariage ne lui confère pas la nationalité de son mari, auquel cas elle reste Française. Si son mariage est dissous par la mort du mari ou le divorce, elle recouvre la qualité de Française, avec l'autorisation du Gouvernement, pourvu qu'elle réside en France ou qu'elle y rentre, en déclarant qu'elle veut s'y fixer.

Dans le cas où le mariage est dissous par la mort du mari, la qualité de Français peut être accordée par le même décret de réintégration aux enfants mineurs, sur la demande de la mère ou par un décret ultérieur, si la demande en est faite par le tuteur avec l'approbation du conseil de famille.

ART. 20. — Les individus qui acquerront la qualité de Français dans les cas prévus par les articles 9, 10, 18 et 19 ne pourront s'en prévaloir que pour les droits ouverts à leur profit depuis cette époque.

ART. 21. — Le Français qui, sans autorisation du Gouvernement, prendrait du service militaire à l'étranger, ne pourra rentrer en France qu'en vertu d'une permission accordée par décret, et recouvrer la qualité de Français qu'en remplissant les conditions imposées en France à l'étranger pour obtenir la naturalisation ordinaire.

DÉCRET RELATIF A LA NATURALISATION

(13 août 1889.)

Article 1er. — L'étranger qui veut obtenir l'autorisation de fixer son domicile en France, conformément à l'article 13 du Code civil, doit adresser au ministre de la justice une demande rédigée sur papier timbré, accompagnée de son acte de naissance et de celui de son père, de la traduction de ces actes, s'ils sont en langue étrangère, ainsi que d'un extrait du casier judiciaire français.

Art. 2. — L'étranger qui veut obtenir sa naturalisation doit, dans tous les cas, adresser au ministère de la justice une demande sur papier timbré, en y joignant son acte de naissance, un extrait du casier judiciaire, et, le cas échéant, son acte de mariage et les actes de naissance de ses enfants mineurs, avec la traduction de ces actes, s'ils sont en langue étrangère.

Dans le cas où les intéressés seraient dans l'impossibilité de se procurer les actes de l'état civil dont la production est exigée par le présent décret, ces actes seront suppléés par un acte de notoriété délivré par le juge de paix dans la forme prescrite par l'article 71 du Code civil.

Art. 3. — L'étranger qui a épousé une Française doit, s'il veut obtenir la naturalisation après une année de domicile autorisé, produire l'acte de naissance de sa femme et l'acte de naissance du père de celle-ci, si cet acte est nécessaire pour établir son origine française.

Art. 4. — L'étranger qui sollicite la naturalisation immédiate, après une résidence non interrompue pendant dix ans, doit joindre à sa demande les documents établissant qu'il réside actuellement en France, et depuis dix années au moins.

ART. 5. — La femme et les enfants majeurs de l'étranger qui demande à devenir Français, soit par la naturalisation ordinaire, soit par la réintégration, doivent, s'ils désirent obtenir eux-mêmes la qualité de Français, sans condition de stage, par application des articles 12 et 18 du Code civil, joindre leur demande de naturalisation à la demande faite par le mari, par le père ou la mère.

Dans les cas de naturalisation de faveur prévus par les articles 9 et 10 du Code civil, la demande est jointe à la déclaration faite par le mari, le père ou la mère.

ART. 6. — Les déclarations souscrites, soit pour acquérir, soit pour répudier la qualité de Français, sont reçues par le juge de paix du canton dans lequel réside le déclarant.

Elles peuvent être faites par procuration spéciale et authentique.

Elles sont dressées en double exemplaire sur papier timbré.

Le déclarant est assisté de deux témoins qui certifient son identité; il doit produire à l'appui de sa déclaration toutes les justifications nécessaires, en y joignant son acte de naissance et, le cas échéant, son acte de mariage et les actes de naissance de ses enfants mineurs, avec la traduction de ces actes, s'ils sont en langue étrangère.

En cas de résidence à l'étranger, les déclarations sont reçues par les agents diplomatiques ou par les consuls.

ART. 7. — Les deux exemplaires de la déclaration et les pièces justificatives sont immédiatement adressées par le juge de paix au procureur de la République, qui les transmet, sans délai, au ministre de la justice.

ART. 8. — La déclaration est inscrite à la chancellerie sur un registre spécial; l'un des exemplaires est déposé dans les archives, l'autre renvoyé à l'intéressé avec la mention de l'enregistrement.

La déclaration enregistrée prend date du jour de sa réception par le juge de paix.

ART. 9. — Lorsqu'un individu né en France d'un étranger, et domicilié hors de France à l'époque de sa majorité, veut faire sa soumission de fixer en France son domicile dans les conditions prévues par l'article 9 du Code civil, cet acte de soumission est reçu par un des agents diplomatiques ou consulaires de France à l'étranger. Il est dressé en double exemplaire ; l'un est remis à l'intéressé, l'autre transmis immédiatement au ministre de la justice par la voie hiérarchique.

ART. 10. — L'individu né en France de parents dont l'un a perdu la qualité de Français et qui réclame cette qualité en vertu de l'article 10 du Code civil, doit établir quel était son domicile et celui de ses parents à l'époque de sa majorité, telle qu'elle est fixée par la loi française.

ART. 11. — La renonciation du mineur à la faculté qui lui appartient par application des articles 8 (§ 4), 12 et 18 du Code civil, de décliner, à sa majorité, la qualité de Français, est faite en son nom par les personnes désignées dans l'article 9, paragraphe 2 du Code civil.

LOI

SUR LA

PROTECTION DES ENFANTS MALTRAITÉS
OU MORALEMENT ABANDONNÉS
(24 juillet 1889.)

TITRE PREMIER

CHAPITRE PREMIER. — *De la déchéance de la puissance paternelle.*

ARTICLE PREMIER. — Les père et mère et ascendants sont déchus de plein droit, à l'égard de tous leurs enfants et descendants, de la puissance paternelle, ensemble de tous les droits qui s'y rattachent, notamment ceux énoncés aux articles 108, 141, 148, 150, 151, 346, 361, 372 à 387, 389, 390, 391, 397, 477 et 935 du Code civil, à l'article 3 du décret du 22 février 1851 et à l'article 46 de la loi du 27 juillet 1872 :

1º S'ils sont condamnés par application du paragraphe 2 de l'article 334 du Code pénal ;

2º S'ils sont condamnés, soit comme auteurs, coauteurs ou complices d'un crime commis sur la personne d'un ou plusieurs de leurs enfants, soit comme coauteurs ou complices d'un crime commis par un ou plusieurs de leurs enfants ;

3º S'ils sont condamnés deux fois comme auteurs, coauteurs ou complices d'un délit commis sur la personne d'un ou plusieurs de leurs enfants ;

4º S'ils sont condamnés deux fois pour excitation habituelle de mineurs à la débauche.

Cette déchéance laisse subsister entre les ascendants déchus et l'enfant les obligations énoncées aux articles 205, 206 et 207 du Code civil.

ART. 2. — Peuvent être déclarés déchus des mêmes droits :

1º Les père et mère condamnés aux travaux forcés à perpétuité ou à temps, ou à la réclusion comme auteurs, coauteurs ou complices d'un crime autre que ceux prévus par les articles 86 à 101 du Code pénal;

2° Les père et mère condamnés deux fois pour un des faits suivants : séquestration, suppression, exposition ou abandon d'enfants ou pour vagabondage;

3° Les père et mère condamnés par application de l'article 2, paragraphe 2, de la loi du 23 janvier 1873, ou des articles 1, 2 et 3 de la loi du 7 décembre 1874;

4° Les père et mère condamnés une première fois pour excitation habituelle de mineurs à la débauche;

5° Les père et mère dont les enfants ont été conduits dans une maison de correction, par application de l'article 66 du Code pénal;

6° En dehors de toute condamnation, les père et mère qui, par leur ivrognerie habituelle, leur inconduite notoire et scandaleuse ou par de mauvais traitements, compromettent soit la santé, soit la sécurité, soit la moralité de leurs enfants.

ART. 3. — L'action en déchéance est intentée devant la chambre du conseil du tribunal du domicile ou de la résidence du père ou de la mère, par un ou plusieurs parents du mineur au degré de cousin germain ou à un degré plus rapproché, ou par le ministère public.

ART. 4. — Le procureur de la République fait procéder à une enquête sommaire sur la situation de la famille du mineur et sur la moralité de ses parents connus, qui sont mis en demeure de présenter au tribunal les observations et oppositions qu'ils jugeront convenables.

Le ministère public ou la partie intéressée introduit l'action en déchéance par un mémoire présenté au président du tribunal, énonçant les faits et accompagné des pièces justificatives. Ce mémoire est notifié aux père et mère ou ascendants dont la déchéance est demandée.

Le président du tribunal commet un juge pour faire le rapport à un jour indiqué.

Il est procédé dans les formes prescrites par les articles 892 et 893 du Code de procédure civile. Toutefois la convocation du conseil de famille reste facultative pour le tribunal.

La chambre du conseil procède à l'examen de l'affaire sur le vu de la délibération du conseil de famille lorsqu'il a été convoqué, de l'avis du juge de paix du canton, après avoir appelé, s'il y a lieu, les parents ou autres personnes et entendu le ministère public dans ses réquisitions.

Le jugement est prononcé en audience publique. Il peut être déclaré exécutoire nonobstant opposition ou appel.

ART. 5. — Pendant l'instance en déchéance, la chambre du conseil peut ordonner, relativement à la garde et à l'éducation des enfants, telles mesures provisoires qu'elle juge utiles.

Les jugements sur cet objet sont exécutoires par provision.

ART. 6. — Les jugements par défaut prononçant la déchéance de la puissance paternelle peuvent être attaqués par la voie de l'opposition dans le délai de huit jours à partir de la notification à la personne et dans le délai d'un an à partir de la notification à domicile. Si, sur l'opposition, il intervient un second jugement par défaut, ce jugement ne peut être attaqué que par la voie de l'appel.

ART. 7. — L'appel des jugements appartient aux parties et au ministère public. Il doit être interjeté dans le délai de dix jours, à compter du jugement s'il est contradictoire, et, s'il est rendu par défaut, du jour où l'opposition n'est plus recevable.

ART. 8. — Tout individu déchu de la puissance paternelle est incapable d'être tuteur, subrogé tuteur, curateur ou membre du conseil de famille.

ART. 9. — Dans le cas de déchéance de plein droit encourue par le père, le ministère public ou les parents désignés à l'article 3 saisissent sans délai la juridiction compétente, qui décide si, dans l'intérêt de l'enfant, la mère exercera les droits de la puissance paternelle tels qu'ils sont définis par le Code civil. Dans ce cas, il est procédé comme à l'article 4. Les articles 5, 6 et 7 sont également applicables.

Toutefois, lorsque les tribunaux répressifs prononceront les condamnations prévues aux articles 1er et 2, paragraphes 1, 2, 3 et 4, ils pourront statuer sur la déchéance de la puissance paternelle dans les conditions établies par la présente loi.

Dans le cas de déchéance facultative, le tribunal qui prononce statue par le même jugement sur les droits de la mère à l'égard des enfants nés et à naître, sans préjudice, en ce qui concerne ces derniers, de toute mesure provisoire à demander à la chambre du conseil, dans les termes de l'article 5, pour la période du premier âge.

Si le père déchu de la puissance paternelle contracte un nouveau mariage, la nouvelle femme peut, en cas de survenance d'enfants, demander au tribunal l'attribution de la puissance paternelle sur ces enfants.

CHAPITRE II. — *De l'organisation de la tutelle en cas de déchéance de la puissance paternelle.*

ART. 10. — Si la mère est prédécédée, si elle a été déclarée déchue ou si l'exercice de la puissance paternelle ne lui est pas attribué, le tribunal décide si la tutelle sera constituée dans les termes du droit commun, sans qu'il y ait, toutefois, obligation pour la personne désignée d'accepter cette charge.

Les tuteurs institués en vertu de la présente loi remplissent leurs fonctions sans que leurs biens soient grevés de l'hypothèque légale du mineur.

Toutefois, au cas où le mineur possède ou est appelé à recueillir des biens, le tribunal peut ordonner qu'une hypothèque générale ou spéciale soit constituée jusqu'à concurrence d'une somme déterminée.

ART. 11. — Si la tutelle n'a pas été constituée conformément à l'article précédent, elle est exercée par l'assistance publique, conformément aux lois des 15 pluviôse an XIII et 10 janvier 1849, ainsi qu'à l'article 24 de la présente loi. Les dépenses sont réglées conformément à la loi du 5 mai 1869.

L'assistance publique peut, tout en gardant la tutelle, remettre les mineurs à d'autres établissements et même à des particuliers.

ART. 12. — Le tribunal, en prononçant sur la tutelle, fixe le montant de la pension qui devra être payée par les père et mère et ascendants auxquels des aliments peuvent être réclamés ou déclare qu'à raison de l'indigence des parents il ne peut être exigé aucune pension.

ART. 13. — Pendant l'instance en déchéance, toute personne peut s'adresser au tribunal par voie de requête, afin d'obtenir que l'enfant lui soit confié.

Elle doit déclarer qu'elle se soumet aux obligations prévues par le paragraphe 2 de l'article 364 du Code civil, au titre de la tutelle officieuse.

Si le tribunal, après avoir recueilli tous les renseignements et pris, s'il y a lieu, l'avis du conseil de famille, accueille la demande, les dispositions des articles 365 et 370 du même Code sont applicables.

En cas de décès du tuteur officieux avant la majorité du pupille, le tribunal est appelé à statuer de nouveau, conformément aux articles 11 et 12 de la présente loi.

Lorsque l'enfant aura été placé par les administrations hospitalières ou par le directeur de l'assistance publique de Paris chez un particulier, ce dernier peut, après trois ans, s'adresser au tribunal et demander que l'enfant lui demeure confié dans les conditions prévues aux dispositions qui précèdent.

ART. 14. — En cas de déchéance de la puissance paternelle, les droits du père et, à défaut du père, les droits de la mère, quant au consentement au mariage, à l'adoption, à la tutelle officieuse et à l'émancipation, sont exercés par les mêmes personnes que si le père et la mère étaient décédés, sauf les cas où il aura été décidé autrement en vertu de la présente loi.

CHAPITRE III. — *De la restitution de la puissance paternelle.*

ART. 15. — Les père et mère frappés de déchéance dans les cas prévus par l'article 1er et l'article 2, paragraphes 1, 2, 3 et 4, ne peuvent être admis à se faire restituer la puissance paternelle qu'après avoir obtenu leur réhabilitation.

Dans les cas prévus aux paragraphes 5 et 6 de l'article 2, les père et mère frappés de la déchéance peuvent demander au tribunal que l'exercice de la puissance paternelle leur soit restitué. L'action ne peut être introduite que trois ans après le jour où le jugement qui a prononcé la déchéance est devenu irrévocable.

ART. 16. — La demande en restitution de la puissance paternelle est introduite sur simple requête et instruite conformément aux dispositions des paragraphes 2 et suivants de l'article 4. L'avis du conseil de famille est obligatoire.

La demande est notifiée au tuteur qui peut présenter, dans l'intérêt de l'enfant, ou en son nom personnel, les observations et oppositions qu'il aurait à faire contre la demande. Les dispositions des articles 5, 6 et 7 sont également applicables à toutes ces demandes.

Le tribunal, en prononçant la restitution de la puissance paternelle, fixe, suivant les circonstances, l'indemnité due au tuteur, ou déclare qu'à raison de l'indigence des parents il ne sera alloué aucune indemnité.

La demande qui aura été rejetée ne pourra plus être réintroduite, si ce n'est par la mère, après la dissolution du mariage.

TITRE II

De la protection des mineurs placés avec ou sans l'intervention des parents.

ART. 17. — Lorsque des administrations d'assistance publique, des associations de bienfaisance régulièrement autorisées à cet effet, des particuliers jouissant de leurs droits civils ont accepté la charge de mineurs de seize ans que des pères, mères ou des tuteurs autorisés par le conseil de famille leur ont confiés, le tribunal du domicile de ces pères, mères ou tuteurs peut, à la requête des parties intéressées agissant conjointement, décider qu'il y a lieu, dans l'intérêt de l'enfant, de déléguer à l'assistance publique les droits de puissance paternelle abandonnés par les parents et de remettre l'exercice de ces droits à l'établissement ou au particulier gardien de l'enfant.

Si des parents ayant conservé le droit de consentement au mariage d'un de leurs enfants refusent de consentir au mariage en vertu de l'article 148 du Code civil, l'assistance publique peut les faire citer devant le tribunal, qui donne ou refuse le consentement, les parents entendus ou dûment appelés, dans la chambre du conseil.

ART. 18. — La requête est visée pour timbre et enregistrée gratis.

Après avoir appelé les parents ou tuteur, en présence des particuliers ou des représentants réguliers de l'administration ou de l'établissement gardien de l'enfant, ainsi que du représentant de l'assistance publique, le tribunal procède à l'examen de l'affaire en chambre du conseil, le ministère public entendu.

Le jugement est prononcé en audience publique.

Art. 19. — Lorsque des administrations d'assistance publique, des associations de bienfaisance régulièrement autorisées à cet effet, des particuliers jouissant de leurs droits civils ont recueilli des enfants mineurs de seize ans sans l'intervention des père et mère ou tuteur, une déclaration doit être faite dans les trois jours au maire de la commune sur le territoire de laquelle l'enfant a été recueilli, et à Paris au commissaire de police, à peine d'une amende de cinq à quinze francs.

En cas de nouvelle infraction dans les douze mois, l'art. 482 du Code pénal est applicable.

Est également applicable aux cas prévus par la présente loi le dernier paragraphe de l'article 463 du même Code.

Les maires et les commissaires de police doivent, dans le délai de quinzaine, transmettre ces déclarations au préfet, et dans le département de la Seine au préfet de police. Ces déclarations doivent être notifiées dans un nouveau délai de quinzaine aux parents de l'enfant.

Art. 20. — Si, dans les trois mois à dater de la déclaration, les père et mère ou tuteur n'ont point réclamé l'enfant, ceux qui l'ont recueilli peuvent adresser au président du tribunal de leur domicile une requête afin d'obtenir que, dans l'intérêt de l'enfant, l'exercice de tout ou partie des droits de la puissance paternelle leur soit confié.

Le tribunal procède à l'examen de l'affaire en chambre du conseil, le ministère public entendu. Dans le cas où il ne confère au requérant qu'une partie des droits de la puissance paternelle, il déclare, par le même jugement, que les autres, ainsi que la puissance paternelle, sont dévolus à l'assistance publique.

Art. 21. — Dans les cas visés par l'article 17 et l'article 19, les père, mère ou tuteur, qui veulent obtenir que l'enfant leur soit rendu s'adressent au tribunal de la résidence de l'enfant, par voie de requête visée pour timbre et enregistrée gratis.

Après avoir appelé celui auquel l'enfant a été confié et le

représentant de l'assistance publique, ainsi que toute personne qu'il juge utile, le tribunal procède à l'examen de l'affaire en chambre du conseil, le ministère public entendu.

Le jugement est prononcé en audience publique.

Si le tribunal juge qu'il n'y a pas lieu de rendre l'enfant aux père, mère ou tuteur, il peut, sur la réquisition du ministère public, prononcer la déchéance de la puissance paternelle ou maintenir à l'établissement ou au particulier gardien les droits qui lui ont été conférés en vertu des articles 17 ou 20. En cas de remise de l'enfant, il fixe l'indemnité due à celui qui en a eu la charge, ou déclare qu'à raison de l'indigence des parents il ne sera alloué aucune indemnité.

La demande qui a été rejetée ne peut plus être renouvelée que trois ans après le jour où la décision de rejet est devenue irrévocable.

ART. 22. — Les enfants confiés à des particuliers ou à des associations de bienfaisance, dans les conditions de la présente loi, sont sous la surveillance de l'État, représenté par le préfet du département.

Un règlement d'administration publique déterminera le mode de fonctionnement de cette surveillance, ainsi que de celle qui sera exercée par l'assistance publique.

Les infractions audit règlement seront punies d'une amende de vingt-cinq à mille francs.

En cas de récidive, la peine d'emprisonnement de huit jours à un mois pourra être prononcée.

ART. 23. — Le préfet du département de la résidence de l'enfant confié à un particulier ou à une association de bienfaisance, dans les conditions de la présente loi, peut toujours se pourvoir devant le tribunal civil de cette résidence afin d'obtenir, dans l'intérêt de l'enfant, que le particulier ou l'association soit dessaisi de tout droit sur ce dernier et qu'il soit confié à l'assistance publique.

La requête du préfet est visée pour timbre et enregistrée gratis.

Le tribunal statue, les parents entendus ou dûment appelés.

La décision du tribunal peut être frappée d'appel, soit par le préfet, soit par l'association ou le particulier intéressé, soit par les parents.

L'appel n'est pas suspensif.

Les droits conférés au préfet par le présent article appartiennent également à l'assistance publique.

ART. 24. — Les représentants de l'assistance publique pour l'exécution de la présente loi sont les inspecteurs départementaux des enfants assistés et, à Paris, le directeur de l'administration générale de l'assistance publique.

ART. 25. — Dans les départements où le conseil général se sera engagé à assimiler, pour la dépense, les enfants faisant l'objet des deux titres de la présente loi aux enfants assistés, la subvention de l'État sera portée au cinquième des dépenses tant extérieures qu'intérieures des deux services, et le contingent des communes constituera pour celles-ci une dépense obligatoire conformément à l'article 136 de la loi du 5 avril 1884.

ART. 26. — La présente loi est applicable à l'Algérie, ainsi qu'aux colonies de la Guadeloupe, de la Martinique et de la Réunion.

PAPIER TIMBRÉ

Extrait de la Loi du 13 brumaire an VII.

« ART. 12. — Sont assujettis au droit de timbre établi en raison de la dimension, tous les papiers à employer pour les actes et écritures soit publics, soit privés; savoir:

. . . .

» Les pétitions et mémoires, même en forme de lettres, présentés au Directoire exécutif, aux ministres, à toutes autorités constituées, aux commissaires de la trésorerie nationale, à ceux de la comptabilité nationale, aux directeurs de la liquidation générale, et aux administrations ou établissements publics. »

. . . .

Par application de cette loi, on exige que toutes les demandes, pétitions et réclamations adressées aux ministres et aux administrations publiques, soient formulées sur papier timbré.

Les demandes de secours seules font exception à cette règle générale.

Il est très important d'observer ces dispositions, parce que les requêtes qui sont adressées sur papier libre sont classées, dans les ministères, à titre de simple renseignement, et il ne leur est donné suite que lorsqu'elles ont été renouvelées sur papier timbré.

Les demandes d'emplois publics, les demandes à fin d'inscription en vue d'un examen, les demandes de bourse, de dégrèvement, etc., etc., doivent être faites sur papier timbré.

Le format à employer est le format $0^m 25 \times 0^m 1768$, feuille simple (prix 0 fr. 60). Il est inutile de prendre une feuille double (1 fr. 20) ou de passer au format supérieur si les deux pages de la petite feuille suffisent.

TEXTES DES LOIS

INTÉRESSANT LA PRESSE ET L'IMPRIMERIE

Code Pénal.

LIVRE III. — TITRE Iᵉʳ. — SECTION III.

§ II. — *Des critiques, censures ou provocations dirigées contre l'auto-rité publique dans un discours pastoral prononcé publiquement.*

ART. 201. — Les ministres des cultes qui prononceront, dans l'exercice de leur ministère, et en assemblée publique, un discours contenant la critique ou censure du gouvernement, d'une loi, d'un décret ou de tout autre acte de l'autorité publique, seront punis d'un emprisonnement de trois mois à deux ans.

ART. 202. — Si le discours contient une provocation directe à la désobéissance aux lois ou autres actes de l'autorité publi-que, ou s'il tend à soulever ou armer une partie des citoyens contre les autres, le ministre du culte qui l'aura prononcé sera puni d'un emprisonnement de deux à cinq ans, si la provoca-tion n'a été suivie d'aucun effet; et du bannissement, si elle a donné lieu à la désobéissance, autre toutefois que celle qui aurait dégénéré en sédition ou révolte.

ART. 203. — Lorsque la provocation aura été suivie d'une sédition ou révolte dont la nature donnera lieu, contre l'un ou plusieurs des coupables, à une peine plus forte que celle du bannissement, cette peine, quelle qu'elle soit, sera appliquée au ministre coupable de la provocation.

§ III. — *Des critiques, censures ou provocations dirigées contre l'auto-rité publique dans un écrit pastoral.*

ART. 204. — Tout écrit contenant des instructions pastorales, en quelque forme que ce soit, et dans lequel un ministredu culte se sera ingéré de critiquer ou censurer, soit le gouvernement, soit tout acte de l'autorité publique, emportera la peine du bannissement contre le ministre qui l'aura publié.

ART. 205. — Si l'écrit mentionné en l'article précédent contient une provocation directe à la désobéissance aux lois ou autres actes de l'autorité publique, ou s'il tend à soulever ou armer une partie des citoyens contre les autres, le ministre qui l'aura publié sera puni de la détention.

ART. 206. — Lorsque la provocation contenue dans l'écrit pastoral aura été suivie d'une sédition ou révolte dont la nature donnera lieu, contre l'un ou plusieurs coupables, à une peine plus forte que celle de la déportation, cette peine, quelle qu'elle soit, sera appliquée au ministre coupable de la provocation.

SECTION IV.

§ VIII. — *Entraves au libre exercice des cultes.*

. . . .

ART. 260. — Tout particulier qui, par des voies de fait ou de menaces, aura contraint ou empêché une ou plusieurs personnes d'exercer l'un des cultes autorisés, d'assister à l'exercice de ce culte, de célébrer certaines fêtes, d'observer certains jours de repos, et, en conséquence, d'ouvrir ou de fermer leurs ateliers, boutiques ou magasins, et de faire ou quitter certains travaux, sera puni, pour ce seul fait, d'une amende de seize à deux cents francs et d'un emprisonnement de six jours à deux mois.

ART. 261. — Ceux qui auront empêché, retardé ou interrompu les exercices d'un culte par des troubles ou désordres causés dans le temple ou autre lieu destiné ou servant actuellement à ces exercices, seront punis d'une amende de seize francs à deux cents francs, et d'un emprisonnement de six jours à trois mois.

ART. 262. — Toute personne qui aura, par paroles ou gestes, outragé les objets d'un culte, dans les lieux destinés ou servant actuellement à son exercice, ou les ministres de ce culte dans leurs fonctions, sera punie d'une amende de seize à cinq cents francs, et d'un emprisonnement de quinze jours à six mois.

ART. 263. — Quiconque aura frappé le ministre d'un culte dans ses fonctions, sera puni de la dégradation civique.

ART. 264. — Les dispositions du présent paragraphe ne s'appliquent qu'aux troubles, outrages ou voies de fait dont la nature et les circonstances ne donneront pas lieu à de plus fortes peines, d'après les autres dispositions du présent Code.

TITRE II. — SECTION II.

§ V. — *Violation des règlements relatifs aux manufactures, au commerce et aux arts.*

ART. 419. — Tous ceux qui par des faits faux ou calomnieux semés à dessein dans le public, par des sur-offres faites au prix que demandaient les vendeurs eux-mêmes, par réunion ou coalition entre les principaux détenteurs d'une même marchandise ou denrée, tendant à ne la pas vendre ou ne la vendre qu'à un certain prix, ou qui, par des voies ou moyens frauduleux quelconques, auront opéré la hausse ou la baisse du prix des denrées ou marchandises ou des papiers et effets publics au-dessus ou au-dessous des prix qu'aurait déterminés la concurrence naturelle et libre du commerce, seront punis d'un emprisonnement d'un mois au moins, d'un an au plus et d'une amende de cinq cents à dix mille francs. Les coupables pourront de plus être mis, par l'arrêt ou le jugement, sous la surveillance de la haute police pendant deux ans au moins et cinq ans au plus.

ART. 420. — La peine sera d'un emprisonnement de deux mois au moins et de deux ans au plus, et d'une amende de mille à vingt mille francs, si ces manœuvres ont été pratiquées sur grains, grenailles, farines, substances farineuses, pain, vin ou toute autre boisson.

La mise en surveillance qui pourra être prononcée sera de cinq ans au moins et de dix ans au plus.

Loi du 18 germinal an X.

ART. 1er. — Aucune bulle, bref, rescrit, mandat, provision, signature servant de provision, ni autre expédition de la cour de Rome, même ne concernant que les particuliers, ne pourront être reçus, publiés, imprimés, ni autrement mis à exécution sans l'autorisation du gouvernement.

Art. 3. — Les décrets de synodes étrangers, même ceux des conciles étrangers, ne pourront être publiés en France avant que le gouvernement en ait examiné la forme, leur conformité avec les lois, droits et franchises de la République française, et tout ce qui, dans leur publication, pourrait altérer ou intéresser la tranquillité publique.

Loi du 21 germinal an XI.

Art. 36. — Toutes annonces ou affiches imprimées qui indiqueraient des remèdes secrets, sous quelque dénomination qu'ils soient présentés, sont sévèrement prohibées.

Loi du 20 pluviôse an XIII.

Article unique. — Ceux qui contreviendront aux dispositions de l'article 36 de la loi du 21 germinal an XI seront poursuivis par mesure de police correctionnnelle et punis d'une amende de 25 à 600 francs, et, en outre, en cas de récidive, d'une détention de 3 jours à 10 jours.

Décret du 7 germinal an XIII.

Art. 1er. — Les livres d'église, les heures et prières ne pourront être imprimés ou réimprimés que d'après la permission donnée par les évêques diocésains, laquelle permission sera textuellement rapportée et imprimée en tête de chaque exemplaire.

Art. 2. — Les imprimeurs-libraires qui feraient imprimer, réimprimer des livres d'église, des heures ou prières, sans avoir obtenu cette permission, seront poursuivis conformément à la loi du 19 juillet 1793.

Art. 4. — Aucune décision doctrinale ou dogmatique, aucun

5

formulaire, sous le titre de confession où sous tout autre titre, ne pourront être publiés ou devenir la matière de l'enseignement, avant que le gouvernement en ait autorisé la publication ou promulgation.

Décret du 20 février 1809.

ART. 1er. — Les manuscrits de nos archives, de notre ministère des relations extérieures et ceux des bibliothèques impériales, départementales et communales et des autres établissements publics, soit que ces manuscrits existent dans les dépôts auxquels ils appartiennent, soit qu'ils en aient été soustraits ou que leurs minutes n'y aient pas été déposées, aux termes des anciens règlements, sont la propriété de l'État et ne peuvent être imprimés et publiés sans son autorisation.

Loi du 24 mars 1832.

ART. 9. — Seront punis de la détention tous ceux qui auront provoqué ou facilité le rassemblement des insurgés, soit par la distribution d'ordres ou de proclamations, soit par tout autre moyen d'appel.

Loi du 25 mai 1836.

ART. 4. — Ceux qui auront colporté ou distribué des billets — ceux qui, par des avis, annonces, affiches, ou par tout autre moyen de publication, auront fait connaître l'existence de loteries, ou facilité l'émission des billets, seront punis des peines portées en l'article 410 du Code pénal. — Il pourra être fait application, s'il y a lieu, des deux dernières dispositions de l'article précédent.

Loi du 7 juin 1848.

ART. 6. — Toute provocation directe à un attroupement, armé ou non armé, par des discours proférés publiquement et par des écrits ou des imprimés, affichés ou distribués, sera punie comme le crime ou le délit, selon les distinctions ci-dessus établies.

Décret du 2 février 1852.

ART. 39. — Ceux qui, par voies de fait, violences ou menaces contre un électeur, soit en lui faisant craindre de perdre son emploi ou d'exposer à un dommage sa personne, sa famille ou sa fortune, l'auront déterminé à s'abstenir de voter ou auront influencé son vote, seront punis d'un emprisonnement d'un mois à un an, et d'une amende de 100 à 1,000 francs.

ART. 40. — Ceux qui, à l'aide de fausses nouvelles, bruits calomnieux ou autres manœuvres frauduleuses, auront surpris ou détourné des suffrages, déterminé un ou plusieurs électeurs à s'abstenir de voter, seront punis d'un emprisonnement d'un mois à un an, et d'une amende de 100 à 2,000 francs.

. . . .

ART. 45. — Les membres d'un collège électoral qui se seront rendus coupables, pendant la réunion, d'outrages ou de violences, soit envers le bureau, soit envers l'un de ses membres, ou qui, par voies de faits ou menaces, auront retardé ou empêché les opérations électorales, seront punis d'un emprisonnement d'un mois à un an, et d'une amende de 100 à 2,000 francs.

Si le scrutin a été violé, l'emprisonnement sera d'un à cinq ans, l'amende de 1,000 à 5,000 francs.

Loi du 19 mars 1889.

ARTICLE PREMIER. — Les journaux et tous les écrits ou imprimés distribués ou vendus dans les rues et lieux publics ne pourront être annoncés que par leur titre, leur prix, l'indication de leur opinion et les noms de leurs auteurs ou rédacteurs.

Aucun titre obscène ou contenant des imputations, diffamations ou expressions injurieuses pour une ou plusieurs personnes ne pourra être annoncé sur la voie publique.

ART. 2. — Les infractions aux dispositions qui précèdent seront punies d'une amende d'un franc à 15 francs, et en cas de récidive, d'un emprisonnement d'un jour à cinq jours. Toutefois, l'article 463 du Code pénal pourra toujours être appliqué.

LÉGISLATION DE LA PRESSE

Coup d'œil rétrospectif.

Dès l'apparition de l'imprimerie dans le monde, le pouvoir fut frappé des dangers qui allaient naître pour lui de cette nouvelle invention et, pendant plus d'un siècle, la presse fut sous la dépendance absolue de l'autorité religieuse. Un édit de Henri II prononça même la peine de mort contre tout imprimeur d'un ouvrage n'ayant pas passé par la censure de l'Église.

L'ordonnance de 1566, rendue sur le rapport du chancelier de L'Hospital, diminua le pouvoir de l'autorité ecclésiastique pour en investir l'autorité royale; elle supprima en même temps la peine de mort, qui fut rétablie par Richelieu en 1626 et définitivement abolie en 1728.

Au XVIIIᵉ siècle, Montesquieu, Voltaire et la plupart de nos grands auteurs durent publier leurs ouvrages à l'étranger.

La Révolution brisa aussitôt cette législation tyrannique. L'Assemblée nationale, dans sa séance du 24 août 1789, adopta, après une longue discussion, le texte de loi suivant qui posait le principe de la liberté de la presse : « La libre communication des pensées et des opinions est un des droits les plus précieux de l'homme; tout citoyen peut donc parler, écrire, imprimer librement, sauf à répondre de l'abus de cette liberté dans les cas déterminés par la loi. » Cependant la Terreur, puis le Directoire étouffèrent cette liberté.

Sous l'Empire, tous les journaux furent soumis à un régime des plus sévères et le décret du 9 avril 1811 ne leur laissa même pas l'ombre d'une liberté. Quant à la librairie et à l'imprimerie, elles étaient enchaînées par le décret du 5 février 1810.

Louis XVIII, en arrivant au trône, voulut se montrer généreux et proclama la liberté de la presse; mais ce bon mouvement fut bientôt oublié. Le titre Ier de la loi du 21 octobre 1814 soumit à la censure préalable tous les ouvrages ayant moins de 20 feuilles d'impression et maintint la presse périodique dans la soumission la plus complète. Le titre II était une réédition du décret impérial du 5 juin 1810, relatif aux imprimeurs et libraires.

Ces dispositions sévères furent abrogées par les lois des 17 mai, 26 mai et 9 juin 1819 qui, conçues dans un esprit très libéral, supprimèrent la censure et firent du jury la juridiction de droit commun en matière de délits commis par la voie de la presse. Cependant quelques restrictions s'étaient glissées dans ces lois, d'un côté par la création de délits spéciaux à la presse, d'un autre par l'exigibilité d'un cautionnement.

Malheureusement, la Restauration ne sut pas s'en tenir à cette mesure préventive du cautionnement; la censure fut rétablie par la loi du 31 mars 1823 pour la presse périodique politique et celle du 26 juillet 1821 étendit cette disposition à tous les écrits périodiques sans exception. Les lois des 17 et 25 mars 1822 modifièrent légèrement les précédentes; la première créa contre les journaux la *tendance* et la censure facultative et accorda aux cours royales le droit de supprimer les feuilles dont l'esprit déplairait au gouvernement; la seconde enleva au jury la connaissance d'un grand nombre de délits de presse pour les attribuer aux tribunaux correctionnels.

Mais, si jamais législation fut peu stable, c'est bien celle de la presse; et chaque ministre voulut imposer à cette législation son esprit, soit libéral, soit autoritaire.

La loi du 18 juillet 1828, sans apporter la liberté complète, et tout en maintenant le cautionnement et la déclaration préalable, supprima la *tendance* et la censure facultative. La publication des journaux pouvait être faite sans autorisation.

La presse jouissait ainsi d'une liberté relative et qui paraissait suffisante alors. Mais le gouvernement s'en effraya et voulut la diminuer. Charles X publia la fameuse ordonnance du 25 juillet 1830, qui ramenait la presse aux plus mauvais jours et qui souleva à un tel point l'opinion publique qu'elle causa la révolution de juillet et la chute de Charles X.

Avec l'avènement de Louis-Philippe revint la liberté de la

presse; la nouvelle Charte déclara même dans son article 7 que la censure ne pourrait jamais être rétablie. La loi du 8 octobre 1830 rendit au jury la connaissance de presque tous les délits de presse et celle du 14 décembre diminua le cautionnement.

Mais comme toujours cette ère de liberté relative ne pouvait durer et peu de temps après tout devait être changé.

A la suite de l'émotion produite par l'attentat de Fieschi, en 1835, le gouvernement se vengea de l'opposition violente que lui faisait la presse en restreignant sa liberté d'action par les lois du 9 septembre 1835, plus connues sous le nom fameux de *lois de septembre*.

Le premier acte du gouvernement provisoire de 1848 fut d'abroger ces lois et, le 4 novembre 1848, l'Assemblée nationale garantissait aux citoyens le droit de manifester leurs pensées par la voie de la presse, supprimait la censure et déférait les délits de presse au jury. Mais par son décret du 11 août 1848, elle avait augmenté la liste de ces délits. Étaient considérés comme tels : les attaques contre les droits et l'autorité de l'Assemblée nationale, contre les institutions républicaines, contre le principe du suffrage universel, contre la liberté des cultes, le principe de la propriété et les droits de famille, l'excitation à la haine et au mépris du gouvernement. La loi du 27 juillet 1849 ajoute à ces délits l'attaque contre les droits et l'autorité du Président de la République, contre le respect dû aux lois, l'apologie des faits qualifiés crimes ou délits et la publication de fausses nouvelles.

La loi du 15 juillet 1850 exigea ensuite la signature de l'auteur de tout article de discussion politique, philosophique ou religieuse, inséré dans un journal.

Après le coup d'État du 2 décembre, Napoléon s'empressa de réformer les lois existantes sur la presse et son décret-loi du 17 février 1852 signala le retour du régime le plus despotique que l'on puisse rêver. Il serait trop long de citer ici tous les règlements draconiens auxquels fut soumise la presse périodique et les mauvais traitements qu'elle reçut. Beaucoup de nos lecteurs les ont encore présents à la mémoire.

Même en 1868, alors que l'Empire, semblant vouloir devenir

plus libéral, promulgua la loi du 11 mai 1868 qui adoucissait quelque peu la situation des journaux, la plupart des prescriptions du décret de 1852 subsistèrent.

A la chute du second Empire, le gouvernement de la Défense nationale, par décret du 5 septembre 1870, abolit l'impôt du timbre sur les journaux; la liberté de l'imprimerie et de la librairie fut proclamée par décret du 10 septembre, le cautionnement supprimé le 10 octobre et les délits politiques et de presse attribués au jury le 27 du même mois.

La loi du 15 avril 1871, votée par l'Assemblée nationale, vint apporter encore quelques modifications libérales; mais le 6 juillet de la même année, elle rétablit le cautionnement et le 29 décembre 1875 elle revisa, dans un sens antilibéral, cette loi du 15 avril 1871, en restreignant notablement la compétence du jury et élargissant les attributions du ministère public pour les poursuites d'office.

La loi du 17 juin 1880 permit à tout Français, non privé de ses droits politiques, d'exercer la profession de colporteur, après déclaration à l'autorité préfectorale.

En résumé, avant 1881, un grand nombre de lois, décrets, ordonnances existaient sur la presse et causaient une certaine confusion. Les parties intéressées se trouvaient très mal fixées sur leurs droits et leurs obligations et les jurisconsultes eux-mêmes étaient très souvent embarrassés.

La loi du 29 juillet a annulé tous ces vieux textes et constitue un véritable code de la presse. Elle a été conçue dans le respect des grands principes dont elle est l'application sincère; c'est réellement une loi très libérale dans le sens absolu du mot. Les mesures préventives, les délits d'opinion ont été complètement supprimés. Grâce à elle, la presse se trouve maintenant débarrassée de toute entrave et l'on peut dire, sans crainte d'être taxé d'exagération, que le journaliste n'a plus à redouter désormais d'être poursuivi que pour les délits de droit commun.

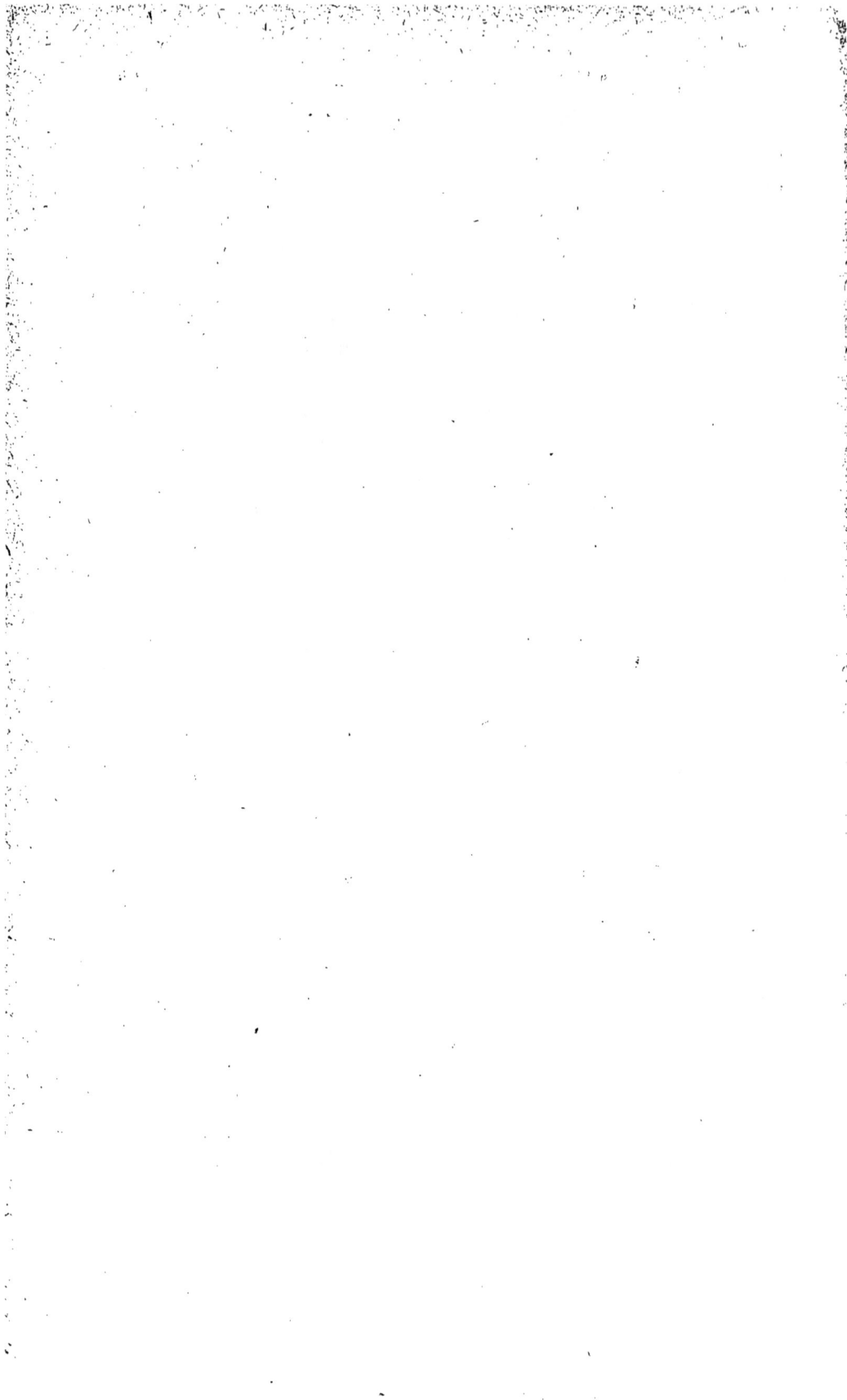

TROISIÈME PARTIE

COMMERCE & INDUSTRIE

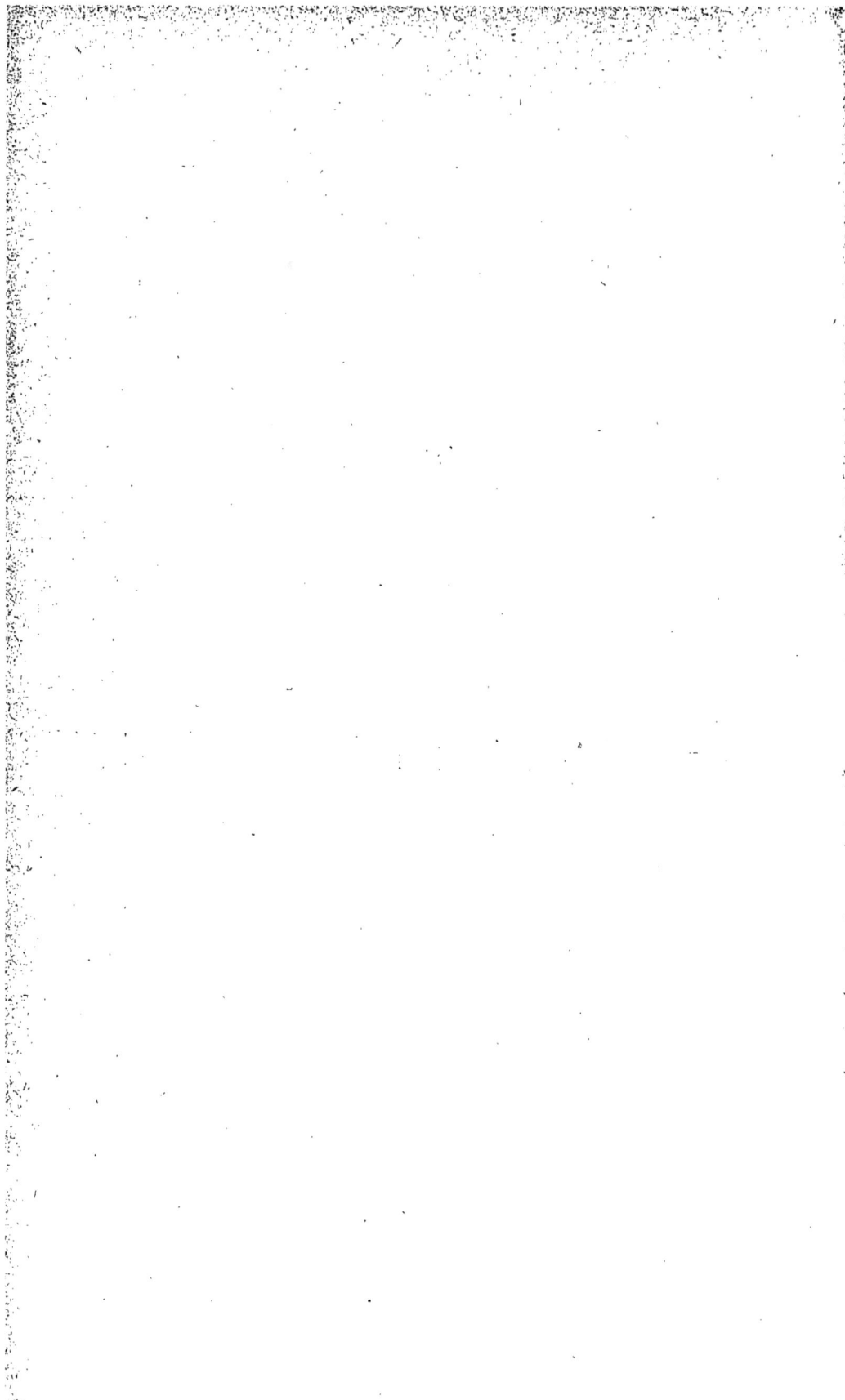

LE
LIVRE UTILE

OPÉRATIONS DE DOUANE

Régime des marchandises.

IMPORTATIONS. — Les marchandises entrant en France peuvent être mises en consommation, entreposées, expédiées en transit, réexportées ou transbordées.

Mises à la consommation immédiate, elles doivent, avant enlèvement, avoir acquitté les droits dont elles sont frappées.

Entreposées, elles ne donnent lieu au paiement des droits qu'à la sortie de l'entrepôt. (*Il est important de remarquer que l'entrepôt étant considéré comme l'étranger, les marchandises qui y séjournent, peuvent à leur sortie être frappées de tout nouveau droit voté depuis leur entrée.*)

Quant aux marchandises qui transitent ou qui sont réexportées ou transbordées pour l'étranger, elles sont exemptes des droits d'entrée.

Certaines marchandises peuvent être, sur demande des intéressés, admises temporairement en franchise, mais doivent alors recevoir un complément de main-d'œuvre et être réexportées ou mises en entrepôt dans le délai fixé par la loi.

EXPORTATIONS. — Bien que la majeure partie des marchandises soit exempte de droits à la sortie, il existe néanmoins une prohibition absolue de sortie des contrefaçons de librairie.

La morue de pêche française donne à l'exportation droit à

une prime allouée par l'État. Les marchandises passibles de taxes intérieures perçues par l'Administration des contributions indirectes sont affranchies de ces taxes lorsqu'elles sont exportées.

Établissement des tarifs et pouvoirs du Gouvernement.

Dans tous les ports de France, on doit se conformer aux mêmes lois, décrets et tarifs.

Les droits de douane, ainsi d'ailleurs que tous les autres impôts, ne peuvent être établis à titre définitif que par des lois. Toutefois le Gouvernement peut, par décret, modifier provisoirement le régime appliqué à certaines marchandises, en ordonner la prohibition, diminuer les droits d'entrée sur les matières premières nécessaires à l'industrie, autoriser ou défendre l'exportation des produits du sol et déterminer le régime à leur appliquer.

Ces diverses dispositions doivent être soumises à l'approbation du pouvoir législatif s'il est en session, ou lui être présentées à la session la plus prochaine s'il n'est pas assemblé.

Lieux de déclaration et d'acquittement.

Toute marchandise entrant en douane ou en sortant doit être présentée et déclarée au bureau des douanes pour être visitée si les employés l'exigent et soumise aux droits s'il y a lieu.

Sur les frontières maritimes, les mêmes bureaux reçoivent les déclarations d'entrée et de sortie.

Sur les frontières de terre, les marchandises importées doivent être conduites au bureau le plus voisin de l'étranger, par conséquent, au bureau de première ligne, partout où il existe deux lignes de douane.

A la sortie par les frontières de terre, les marchandises doivent être présentées au bureau le plus voisin de l'intérieur (2e ligne), à moins qu'il ne soit plus éloigné du lieu du chargement que le bureau d'entrée; en pareil cas, e bureau d'entrée recevrait la déclaration de sortie.

Sur les frontières où il n'est établi qu'une seule ligne, le même bureau reçoit les déclarations d'entrée et de sortie.

EXCEPTIONS. — Sont exceptées de ces règles à l'importation : Sur les frontières de terre : les marchandises qui, d'après les ordres donnés par l'administration dans le but de faciliter le commerce, seraient, après vérification sommaire, expédiées à un second bureau où aurait lieu la déclaration définitive et par suite où il serait procédé à la reconnaissance effective.

Sur toutes les frontières : les marchandises importées sous le régime du transit international.

On excepte également à la sortie des règles ci-dessus rappelées :

1° Les expéditions par transit international.

2° Les expéditions faites de quelques villes de l'intérieur où il a été établi des bureaux de douane pour la vérification des marchandises pour l'exportation. Dans ce cas, après vérification, les marchandises sont expédiées sous plomb au bureau de sortie avec acquit de payement ou passavant, selon qu'elles acquittent des droits de sortie ou en sont exemptes.

Les produits des colonies françaises ne peuvent être importés que par les ports d'entrepôt, lorsqu'ils jouissent de l'admission en franchise ou d'une modération de droits.

Ne peuvent également être importées que par les ports d'entrepôt, les marchandises dites : Denrées coloniales de premier ordre.

Restrictions d'emballage.

Il est interdit de présenter comme unité dans les manifestes ou déclarations les colis réunis en fardeaux.

Dispositions générales.

PROVENANCE ET ORIGINE. — Le régime de certaines marchandises diffère suivant leur provenance ou leur origine.

Le pays de *provenance* est celui d'où la marchandise est importée en droiture.

Le pays d'*origine* est celui où la marchandise est récoltée s'il s'agit d'un produit naturel et fabriquée s'il est question d'un produit manufacturé.

Pour l'application des droits établis pour provenance, on entend :

Par Entrepôts, les pays d'Europe (lorsqu'il s'agit de marchandise d'origine extra-européenne);

Par Pays hors d'Europe, tous les pays en dehors des limites géographiques de l'Europe et les échelles européennes du Levant (du cap Matapan au Caucase), mais seulement lorsque les produits importés sont originaires de ces pays et en sont importés en droiture.

Les modérations de droits ne sont applicables aux produits admis à en jouir que lorsqu'il est prouvé que l'importation en a été directe.

Transport direct.

Par transport direct par mer on entend le transport effectué par un même navire depuis le lieu de départ jusqu'au lieu de destination sans escale ou avec accomplissement des conditions auxquelles la faculté d'escales est accordée.

Les capitaines sont tenus de justifier du chargement des marchandises au lieu de départ, ainsi que des circonstances de la navigation, par la représentation des connaissements, livres et autres papiers de bord, et en outre par un rapport de mer fait en douane dans les vingt-quatre heures de l'arrivée. Ce rapport peut être immédiatement contrôlé par les dépositions ou l'interrogatoire des gens de l'équipage.

(Les navires venant des ports d'Europe peuvent être dispensés du rapport de mer lorsque aucun doute n'existe sur leurs opérations.)

Lorsque les marchandises ont été chargées au point de départ sur le navire même qui les apporte, on considère le transport comme direct même dans le cas de marchandises sans destination déterminée au départ, à la condition que le navire ait été dirigé sur la France après simple escale dans le port où le navire transporteur a pris des ordres et alors même que ce navire ne soit pas arrivé en France par la voie la plus courte.

Le transport direct est encore admis bien que le navire

importateur ait fait une ou plusieurs escales dans les ports étrangers, à la condition absolue toutefois que les marchandises jouissant d'un régime de faveur n'aient pas quitté le bord et qu'il n'en ait pas été chargé de similaires dans l'un des ports visités.

Une autre condition aussi absolue que la première est que toutes les opérations aient lieu en cours de voyage et non pas au cours d'un voyage de retour. Par exemple, les marchandises chargées à New-York par un navire visitant avant les ports français quelques ports étrangers et terminant son voyage à Anvers auraient droit au transport direct, si elles étaient déposées dans l'un de nos ports au passage, tandis que, transportées à Anvers et déposées en France ensuite, au cours du voyage de retour du navire à son point de départ, le régime des entrepôts leur serait applicable.

Dans tous les cas d'escales suivies d'opérations de commerce, la justification du lieu de chargement et des circonstances de la navigation s'établit par les pièces désignées plus haut, auxquelles on ajoute un certificat du Consul de France au lieu de départ ainsi qu'aux points de déchargement et rechargement partiels.

Les lignes de vapeurs partant à date fixe, et dont les garanties sont suffisantes, peuvent être dispensées de ces certificats; l'interdiction de charger des produits similaires dans les ports d'escales peut leur être levée.

Ces facilités ne peuvent être accordées que par la Direction générale sur la proposition des chefs locaux. Il est statué séparément pour chaque service suivant son organisation.

Les Compagnies françaises ou étrangères qui exploitent une ligne principale de bateaux à vapeur entre la France et l'étranger, ligne à laquelle se rattache une ligne secondaire, sont autorisées à transborder sur les bateaux de la ligne principale les marchandises apportées par ceux de la ligne secondaire, sans que pour cela le transport perde de son caractère de *transport direct*, à condition toutefois que le transport total soit effectué sous le même pavillon et par des navires appartenant à la même Compagnie, et que le voyage du port de transbordement au port de destination constitue la partie principale du transport total.

Indépendamment d'autres justifications obligatoires, il doit être produit un certificat des autorités consulaires françaises établissant que, du lieu de provenance au port de transbordement, le transport s'est effectué sous le pavillon et à bord d'un navire de la Compagnie importateur.

Les relâches forcées ne peuvent en aucun cas constituer une interruption du transport direct.

Lorsque, par suite d'un événement de mer dûment constaté par les papiers et livres du bord et le rapport de mer, le certificat de l'autorité consulaire ou, à défaut, de la douane locale, un navire devient innavigable, les marchandises amenées par un navire sauveteur, quel qu'il soit, conservent leurs droits à la taxe réduite à raison de leur provenance primitive.

Transport direct par terre.

Aux termes de l'article 23 de la loi du 16 mai 1863, on ne considère comme importées en droiture par terre que les marchandises qui, sans emprunt de la mer, arrivent en droiture des pays d'origine par les chemins de fer, routes terrestres et fleuves, rivières et canaux. Les écritures des chemins de fer et les lettres de voiture suffisent habituellement à justifier le transport direct.

Les expéditeurs peuvent choisir la route qu'ils jugent préférable, à l'exclusion de la voie de mer.

Déclarations en détail.

Les déclarations doivent contenir toutes les indications nécessaires pour l'application du tarif et par conséquent indiquer la nature, l'espèce et la qualité des marchandises, leur poids, lorsqu'elles sont taxées au poids, la mesure ou le nombre, lorsque les tarifs sont appliqués sur la mesure ou le nombre, leur valeur; lorsque les droits sont établis sur la valeur.

Les déclarations doivent indiquer en outre, dans le port : le nom du navire et du capitaine; aux frontières de terre : le nom, l'état ou profession et le domicile de la personne à qui sont adressées les marchandises.

Elles doivent également porter en marge les marques et numéros des caisses, ballots, sacs ou futailles.

L'origine ou la provenance doivent également être indiquées.

La déclaration du poids et de la mesure n'est pas exigible pour les marchandises sujettes à coulage.

On doit remarquer que la valeur à déclarer, pour les marchandises taxées à la valeur, est celle de la facture au départ, augmentée des frais de route, mais sans tenir compte des droits à l'entrée auxquels est assujetti le produit présenté.

Cette déclaration est obligatoire aussi bien pour les marchandises déclarées pour l'entrepôt que pour celles mises à la consommation.

Les marchandises doivent, sous peine de rejet de la déclaration, être déclarées sous la dénomination admise par le tarif.

Lorsque des produits d'espèces analogues sont réunis au tarif sous une dénomination commune (telle que *autres* ou *non dénommées*), les déclarations doivent indiquer, en même temps que la classification du tarif, la dénomination commerciale du produit. Lorsqu'une marchandise est omise au tarif, on doit toujours déclarer la dénomination sous laquelle elle est commercialement connue.

Le marchandises exemptes de droit, soit à l'entrée, soit à la sortie, doivent, sous peine d'une amende de cent francs, être déclarées d'après la classification du tarif.

Nulle déclaration ne peut être faite par anticipation, c'est-à-dire avant l'arrivée de la marchandise et dans les ports, avant que le manifeste du navire ait été déposé.

Toute déclaration, de quelque nature qu'elle soit, doit être exacte et complète, sans tenir compte de quelle opération il s'agit, ni que la marchandise soit exempte de droits ou tarifée.

Les consignataires ou propriétaires de marchandises importées de l'étranger peuvent toujours, en vertu de permis provisoires, reconnaître l'espèce, la qualité et la valeur de la marchandise reçue; cela dans le but de leur permettre de faire en connaissance de cause la déclaration définitive qui doit servir à l'examen de la marchandise.

Toute rectification aux déclarations n'est possible que le jour de la déclaration et avant la visite. La visite commencée, toute

demande de rectification doit être repoussée et la déclaration
tenue pour définitive.

Sont considérées comme fausses déclarations, celles qui, si
elles étaient acceptées avec confiance, feraient percevoir un
droit inférieur ou permettraient d'éluder une prohibition.

Ceux qui ont déclaré les marchandises et qui en font
l'abandon à l'administration des douanes, sont dispensés d'en
payer les droits.

Visite des marchandises.

Les employés ont le droit :

De tenir les déclarations pour exactes ou de procéder à la
vérification des marchandises.

La vérification peut être complète ou être faite par épreuves.

Il ne peut être procédé à la vérification par épreuves que
lorsque les colis sont d'un poids uniforme ou que le déclarant
a remis, à l'appui de sa déclaration, une note de détail indi-
quant le poids séparé de chaque colis.

Le commerce a toujours le droit, lorsque la vérification par
épreuve ne lui paraît pas suffisamment concluante, d'exiger la
vérification complète.

Quand la douane croit ou juge que les colis, payant à la
valeur qui lui ont été présentés, ont été mésestimés, elle a le
droit de les préempter en payant au déclarant, dans les quinze
jours du procès-verbal de préemption, la valeur déclarée et un
dixième en sus. La préemption est toujours faite au compte de
l'État.

Pour l'appréciation des valeurs portées sur les déclarations,
les employés ont le droit de se faire montrer les factures origi-
nales, mais sans qu'ils puissent pour cela exiger que le
déclarant les fasse traduire ou qu'il en convertisse les énoncia-
tions en mesures, poids ou monnaies de France.

La préemption doit être déclarée immédiatement, c'est-à-dire
dès la terminaison de la vérification.

FAUSSES MARQUES. — Tous produits étrangers portant soit
la marque, soit le nom d'un fabricant résidant en France, soit
l'indication du nom ou du lieu d'une fabrique française, sont

prohibés à l'entrée, exclus du transit et de l'entrepôt et peuvent être saisis, en quelque lieu que ce soit, à la diligence de l'administration des douanes ou à la requête du ministère public ou de la partie lésée.

CONTESTATIONS. — Les contestations relatives, soit à l'espèce, soit à la qualité ou à l'origine des marchandises, doivent être soumises aux commissaires experts institués près des départements de l'agriculture et du commerce.

Ces experts sont seuls compétents pour statuer sur ces contestations. Leurs décisions sont définitives et les tribunaux ne peuvent en aucun cas substituer leurs propres appréciations à celles des experts. La compétence des experts s'étend à la détermination de la valeur des marchandises prohibées expédiées en transit.

RECOURS A L'EXPERTISE LÉGALE. — Une distinction doit être établie selon que le service doute seulement de l'exactitude de la déclaration ou qu'il y a, lieu de considérer la déclaration comme fausse.

Dans le premier cas, le service peut s'abstenir d'une affaire contentieuse et se contenter de provoquer l'expertise légale avec l'assentiment du déclarant. Hors le cas de prohibition applicable, la marchandise peut être remise après paiement des droits et engagement cautionné de payer le supplément qui pourrait être exigible d'après le résultat de l'expertise.

Lorsque, au contraire, la déclaration est tenue pour fausse, constatation du fait doit être faite soit par procès-verbal de saisie si la fraude est flagrante, soit par un acte conservatoire faisant réserve de tous les droits de l'administration s'il reste encore quelque incertitude au sujet de l'intention de fraude, ou encore par une soumission cautionnée signée des intéressés de s'en rapporter à la décision de l'administration.

Les receveurs doivent, dans quelques conditions que les marchandises aient été saisies ou retenues, offrir mainlevée sous caution, à moins qu'il ne s'agisse d'objets prohibés.

Dans le cas de soumission ou d'acte conservatoire, la douane doit sans retard provoquer l'expertise légale.

En cas de saisie, c'est au Tribunal qu'il appartient d'ordonner l'expertise s'il y a lieu.

ÉCHANTILLON POUR L'EXPERTISE. — L'échantillon pour l'expertise est prélevé par le service, *en présence du déclarant*. Ce prélèvement est constaté soit dans l'acte conservatoire de la soumission, soit par un acte spécial ; l'échantillon doit être scellé du cachet de la Douane et de celui du déclarant. Mention est faite dans les actes de l'apposition des cachets et de leurs signes distinctifs.

Un second échantillon identique, sous le seul cachet du bureau, est adressé à l'administration en même temps que l'échantillon officiel, pour qu'elle puisse examiner la marchandise et lever les difficultés s'il y a lieu.

Généralement de petits échantillons suffisent ; toutefois, lorsqu'il s'agit de produits qu'on ne peut apprécier qu'en les dénaturant, particulièrement ceux pour lesquels il est nécessaire d'employer des réactifs chimiques, l'échantillon à soumettre aux experts doit être d'un demi-kilogramme pour les matières solides et d'un litre pour les liquides. Dans le cas de contestations sur l'origine des marchandises, une balle ou un fût entier doit être soumis aux experts, lorsque des indices de cette origine peuvent résulter de la nature ou de l'état de l'emballage.

DROITS DUS AU POIDS BRUT ET AU POIDS NET. — Les marchandises tarifées à 10 fr. et au-dessous paient au poids brut à quelques rares exceptions près, celles tarifiées au-dessus de 10 fr. paient au net.

Les surtaxes d'entrepôt sont perçues sur le brut ou sur le net, suivant que la marchandise qu'elles frappent paie au brut ou au net.

POIDS BRUT. — On entend par poids brut le poids de la marchandise avec son emballage.

Cependant les doubles emballages sont déduits du poids total et ne font pas partie du poids brut sur lequel se fait l'application des droits.

POIDS NET. — Le poids net est réel ou légal.

POIDS NET RÉEL. — Le poids net réel est le poids de la marchandise débarrassée de ses emballages.

POIDS NET LÉGAL. — Le poids net légal se calcule en déduisant du poids brut des colis la *tare légale*, c'est-à-dire la tare déterminée par la loi d'après le mode d'emballage ou l'espèce des marchandises pour le cas où le déclarant n'aurait pas indiqué sur sa déclaration qu'il désire que la liquidation soit établie sur le poids net réel.

Tableau des Tares légales.

Sucres	bruts et poudres blanches	fûts en bois dur	13 %
		— tendre	10 %
		canastres	8 %
		autres emballages. { doubles	4 %
		{ simples	2 %
	raffinés	emballages en bois	12 %
Café et Cacao		caisses ou futailles	12 %
		sacs ou balles	1 1/2 %
Poivre et Piment		caisses ou futailles	12 %
		sacs ou balles	2 %
Cannelle et Cassia lignea		caisses ou futailles	12 %
		sacs ou balles { doubles	5 %
		{ simples	4 %
Indigo	caisses ou futailles renfermant	un sac { de peau	22 %
		{ de toile	14 %
		la marchandise à nu	12 %
		surons	10 %
		sacs de toile	2 %
Coton et Laine	de Turquie	balles ou ballotins formés de 2 emballages en jonc ou tissu grossier en poil de chèvre	10 %
		balles ou ballotins de toute autre espèce : au-dessous de 50 kil.	8 %
		50 kil. et au-dessus	6 %
	autres	balles ou ballotins au-dessous de 50 kil.	8 %
		balles et ballotins de 50 kil. et au-dessus	6 %
Soies écrues, Fleuret et Bourre de soie cardée ou filée.	balles	revêtues de deux enveloppes	5 %
		revêtues de deux enveloppes avec double corde ou cercle en fer	6 %
		renfermant la marchandise à nu	2 %
	caisses		12 %
Anchois		petits barils pesant kil. environ l'un	le 1/6 de leur poids

HUILES DE PÉTROLE ou de SCHISTE brutes ou épurées......... { en fûts pétroliers......... 20 %

ESSENCES DE PÉTROLE ou de SCHISTE, en fûts pétroliers.......... 21 %

AUTRES PRODUITS TAXÉS AU NET..... { caisses ou futailles........ 12 %
balles, ballots, sacs, paniers
colis à claire-voie....... 2 %
surons.......... comme pour l'Indigo

DÉCLARATION DU POIDS NET. — Les droits seront toujours liquidés sur le poids net réel pour les marchandises suivantes :

A L'ENTRÉE ET A LA SORTIE { Ouvrages et Tissus de soie, d'or et d'argent, or et argent bruts.

A L'ENTRÉE............ {
Sucre candi en caisses ou en futailles.
Sucre de betteraves ou Sucres exotiques dans des emballages autres que ceux en usage pour les sucres des Indes.
Nankin des Indes.
Dentelles.
Produits taxés au net et présentés en bouteilles, outres, cruchons ou estagnons.

Pour toutes les autres marchandises, le poids net réel n'est vérifié qu'autant qu'il a été déclaré en temps opportun; dans les autres cas, les droits sont dus sur le poids net légal.

Les marchandises sujettes à coulage et les sucres bruts sont exceptés de cette règle et il suffit que réserve soit faite de la tare réelle sur la déclaration sans énonciation du poids net réel.

Les agents des douanes peuvent se borner à constater le poids brut des colis, lorsque les marchandises sont destinées à l'entrepôt réel, à la mutation d'entrepôt par mer ou au transit par terre, à la condition, toutefois, que le poids net réel aura été énoncé dans la déclaration primitive.

CHANGEMENTS AUX DÉCLARATIONS. — Les déclarations relatives aux tares, soumises aux mêmes règles que les autres, ne peuvent être changées que dans la journée de la déclaration et avant que celle-ci ait reçu son effet, et cela seulement en vertu d'une autorisation des chefs locaux.

VÉRIFICATIONS PAR ÉPREUVES. — Le service est autorisé à ne constater le poids net réel, lorsque les colis présentés sont de formes et de poids à peu près pareils, que sur une partie des colis, généralement $\frac{1}{5}$ lorsqu'il s'agit de 10 colis et $\frac{1}{10}$ de 10 à 100 colis, $\frac{1}{20}$ au-dessus de ce chiffre.

Si les poids trouvés s'écartaient de plus de $\frac{1}{10}$ de ceux déclarés, il y aurait lieu de faire vider la partie entière et de constater séparément le poids de chaque colis.

Lorsqu'il a été fourni une note de détail, les poids des colis, même dissemblables, peuvent être constatés par épreuve.

Lorsqu'on établit une tare réelle proportionnelle, on doit, dans l'intérêt du commerce, peser les colis vidés jusqu'au gramme et établir d'après la moyenne trouvée la tare réelle totale.

Lorsque la tare réelle est vérifiée par épreuve sur notes de détail et qu'il s'agit d'entrée à la consommation, les différences de tare reconnues en moins sont appliquées à la totalité du lot, et, au contraire, les différences en plus ne sont appliquées qu'aux colis pesés, les poids étant admis pour le reste du lot.

On suit la règle inverse lorsqu'il s'agit de réexportation ou de drawback. Les intéressés sont invités à signer l'acceptation de cette mesure et, s'ils refusent, il est procédé à une vérification complète.

MARCHANDISES D'ESPÈCES DIFFÉRENTES. — Lorsque différentes marchandises taxées au brut sont renfermées dans un même colis, le poids brut de l'emballage se répartit proportionnellement sur chaque marchandise.

Lorsqu'un même colis contient des marchandises qui sont taxées, les unes au brut, les autres selon un autre mode, le poids brut proportionnel n'est perçu que sur les premières de ces marchandises.

S'il s'agit de marchandises différentes contenues dans un même colis et toutes taxées au net, le poids net effectif sera vérifié pour chaque marchandise. La vérification devra également être faite lorsqu'il s'agira de produits taxés au net réunis à des marchandises taxées autrement qu'au poids.

CHANGEMENT DE COLIS. — En cas de changement de colis ou d'emballage après la vérification, les marchandises vérifiées supportent les droits sur les poids primitivement constatés, et lorsque ces marchandises sont expédiées en transit ou par continuation d'entrepôt, le rapport entre le poids primitif et celui reconnu ultérieurement constaté doit être indiqué sur les pièces qui accompagnent.

Marchandises en vrac. — Pour les marchandises importées
en vrac, il n'y a aucun droit à percevoir sur les emballages servant à en faciliter le transport, à la condition qu'ils soient tirés
de l'intérieur.

Néanmoins, il est important de remarquer que, dans le cas
où les marchandises ainsi importées seraient taxées au net, la
tare réelle est seule applicable aux emballages servant au transport et qu'elle devra être constatée avant que les emballages
aient été remplis.

Emballages. — Les emballages n'ayant par eux-mêmes
aucune valeur marchande sont remis en franchise lorsqu'ils
contiennent une marchandise exempte de droits ou taxée au
net; lorsqu'ils contiennent une marchandise taxée au brut, ils
acquittent le droit de la marchandise qu'ils renferment.

Emballages imposables séparément. — Acquittent le droit
spécial à leur catégorie, les emballages ayant une valeur marchande et contenant des marchandises exemptes, tarifées au
net ou au brut.

Les emballages intérieurs contenant des conserves et n'ayant
aucune valeur après leur ouverture et la consommation de leur
contenu duquel ils ne peuvent être séparés pour la vente au
détail, sont exceptés de cette règle.

Entrepots. — Les marchandises placées en entrepôt sont
réputées hors de France et à leur sortie sont traitées comme si
elles arrivaient du pays d'importation et peuvent recevoir toutes
les destinations auxquelles les importations pourraient donner
lieu.

L'entrepôt est réel ou fictif.

L'entrepôt réel est établi dans un local gardé par la douane,
toutes les issues en sont fermées à deux clefs, dont une reste
entre les mains des agents de l'administration.

L'entrepôt fictif est établi dans les magasins du commerce.

Tout importateur peut déclarer ses marchandises pour l'entrepôt réel.

Pour l'entrepôt fictif, il doit être fait une déclaration signée
de l'intéressé et d'une caution solidaire.

L'entrepôt réel peut être ouvert aux marchandises admises, ainsi qu'à celles qui sont prohibées.

Les contrefaçons en librairie et les marchandises étrangères portant de fausses marques de fabrique françaises sont exclues de l'entrepôt.

Les armes de guerre ne sont reçues que dans quelques entrepôts désignés spécialement.

Les marchandises avariées sont exclues de l'entrepôt fictif.

Les marchandises exemptes de droits à l'entrée sont exclues aussi bien de l'entrepôt réel que de l'entrepôt fictif.

Toutes les divisions ou manipulations de colis sont interdites en entrepôt fictif; peuvent seulement être autorisées celles ayant trait à la conservation des marchandises et la fabrication des briquettes de houille.

En entrepôt réel, ces opérations y compris les bénéficiements sont autorisées par les chefs locaux et doivent être faites en présence du service.

TRANSFERTS. — Tout entrepositaire ayant cessé d'être propriétaire d'une marchandise doit en faire la déclaration à la douane et présenter à cet effet une déclaration de transfert signée de lui et du nom du nouveau propriétaire, seul, si la marchandise est placée en entrepôt réel, et aidé d'une caution si elle est en entrepôt fictif.

Les marchandises placées dans un entrepôt peuvent être expédiées sur un autre entrepôt.

Les mutations par mer et les transits internationaux sont dispensés du plombage des colis.

Les mutations par mer, ainsi du reste que toutes les opérations de cabotage, sont exclusivement réservées à la marine française.

DURÉE DU DROIT D'ENTREPOT. — La durée d'entrepôt est :

De 3 ans pour l'entrepôt réel;

De 2 ans pour l'entrepôt fictif des grains;

De 1 an pour l'entrepôt fictif des autres marchandises.

DÉFICITS D'ENTREPOT. — Tout déficit constaté sur des marchandises placées en entrepôt fictif donne lieu au paiement des droits différents.

Pour les marchandises placées en entrepôt réel, les déficits peuvent être purement et simplement apurés sur l'ordre du directeur local lorsque ces marchandises ont été repesées à toutes les sorties et que le déficit est normal.

Marchandises admissibles en entrepôt fictif quel que soit le pavillon du navire importateur.

1° Les produits des colonies françaises auxquels la douane accorde une modération de taxe.

2° Les marchandises suivantes :

Ardoises pour toitures,
Avirons et rames,
Balais communs,
Bois commun pour la construction,
Bois feuillard et bois merrain,
Bois en perches, échalas ou éclisses,
Briques,
Carreaux de terre,
Chanvre { teillé, peigné, tordu,
Cordages de tilleuls, spartes, joncs et herbes,
Écorces de tilleul,
Fers et fontes,
Futailles vides,
Guano,
Graines de prairie,

Houille,
Marbre brut et ouvré,
Mâts, matereaux, espars et manches de gaffe,
Meules à moudre et à aiguiser,
Natrons,
Osier en bottes,
Peaux fraîches grandes et petites,
Peaux sèches petites,
Poix, galèpot, goudron et brai secs,
Potasse importée des pays hors de l'Europe,
Riz,
Soude,
Soufre brut et épuré,
Sparte brut et autres joncs communs,
Tuiles.

3° Les produits admissibles en franchise sont passibles en raison de leur provenance de surtaxes d'entrepôt.

Réexportation et Transbordement.

La réexportation des marchandises qui ont donné lieu à des acquits à caution d'admission temporaire, transit ou autres, s'accomplit sous la garantie des engagements primitifs, mais lorsqu'il y a lieu de réexporter des marchandises placées en entrepôt, il doit être établi des permis constatant des engagements spéciaux. *(Soumission cautionnée.)*

Les vérifications et déclarations restent soumises aux règles générales.

Des engagements spéciaux doivent être exigés pour les marchandises qui sont transbordées du navire importateur sur un autre navire allant, soit à l'étranger, soit dans un autre port français.

Pour ces opérations comme pour les autres, on doit suivre les règles générales, sauf autorisation des chefs locaux.

Dans le cas de transbordement pour un port français, le permis de transbordement accompagne la marchandise et doit être déchargé au port de destination par la levée d'un permis nouveau, la marchandise pouvant être mise, soit en entrepôt, soit en consommation, en transit ou admission temporaire selon le cas.

Les marchandises qui, selon la déclaration faite à l'entrée du navire, ne doivent pas être et en effet ne sont pas débarquées, peuvent sans aucune formalité être dirigées sur le port de France ou de l'étranger, leur véritable destination, à la condition que justification de cette destination soit faite par les papiers du bord. En ce cas, ces marchandises sont simplement reportées sur le manifeste de sortie, sur lequel mention est faite des pièces justificatives d'origine qui auraient été fournies.

Sont également dispensées de la déclaration en détail et de la vérification, les marchandises mises à terre temporairement par suite d'événement de force majeure; elles sont conduites sous escorte dans le local à ce affecté et au moment opportun remises à bord sous la surveillance du service.

Marchandises de retour.

Les produits de fabriques françaises invendus à l'étranger ou dans les colonies et établissements français hors d'Europe sont réadmis en franchise lorsque la sortie antérieure en est justifiée, l'origine nationale constatée.

Sous ces conditions, les directeurs peuvent accorder la réadmission, mais l'administration seule peut statuer lorsque l'une ou l'autre de ces conditions n'est pas remplie.

Les fruits de la terre et les autres produits naturels ou de fabrication, de consommation, les boissons, sauf les vins, sont exclus du bénéfice de retour; de même pour les produits pharmaceutiques ou de laboratoire, car les uns et les autres sont ou peuvent être identiques dans tous les pays.

Les produits pharmaceutiques ou de laboratoire peuvent toutefois, lorsqu'ils sont expédiés en locaux ou boîtes scellés du cachet de l'expéditeur, être réadmis; de même pour la parfumerie.

Les vins indigènes peuvent être réadmis lorsqu'il est fourni un certificat visé par nos consuls, constatant qu'ils sont restés sous la surveillance de la douane du pays réexpéditeur et qu'ils n'ont subi aucune manipulation; cette facilité s'étend aux vins dits *d'imitation* lorsque leur origine nationale n'est pas douteuse.

Les vins de la Gironde sont réadmis après constatation de leur origine par le jury spécial institué à cet effet à Bordeaux.

La réadmission de produits jouissant de drawbacks donne lieu au paiement ou, pour mieux dire, au remboursement du drawback ou de la prime touchée; de même pour ceux exportés à la décharge d'admission temporaire.

Comme complément à l'énonciation des quelques règles générales ci-avant transcrites, nous nous permettrons quelques avis et ajouterons quelques renseignements particuliers à notre port.

Trois bureaux reçoivent à Bordeaux les déclarations en détail à l'importation : La grande Douane, la gare de Brienne et la gare maritime de La Bastide.

A l'hôtel des Douanes, le bureau des Importations délivre les permis pour toutes les marchandises arrivant par mer; les deux bureaux des gares reçoivent les déclarations relatives aux marchandises venues par fer.

Par une bizarrerie assez inexplicable et encore inexpliquée, le bureau de La Bastide assure l'envoi en entrepôt des marchandises y destinées, selon la demande de l'intéressé, au moyen d'un ordre de transport, suffisant dans ce bureau pour décharger un acquit, pendant qu'à Brienne, et cela depuis peu de temps, on exige absolument que l'intéressé présente un permis d'entrée en entrepôt, bien que, dans le cas de mise au dépôt, l'ordre de transport qui pour la constitution régulière paraît insuffisant, paraisse presque superflu.

Dans chaque gare, outre l'employé chargé de la délivrance des permis, se trouve un contrôleur chargé de la vérification des marchandises arrivées par fer; chaque bureau de gare perçoit les droits et en délivre quittance.

Il est établi sur les quais (rive gauche) quatre bureaux de visite; ce sont :

Le Caillou;
La Bourse;
Finwick;
Saint-Crick.

Le bureau du Caillou étend son action du pont aux tentes de la Compagnie générale des vapeurs à hélice du Nord.

Le bureau de la Bourse va de ces tentes à la cale Neuve.

Le bureau de Finwick, de la cale Neuve à la cale Raze.

Le bureau de Saint-Crick, de la cale Raze à 'estacade des Docks.

Il existe dans les Docks un bureau chargé de la vérification de toutes les marchandises débarquées en ce point.

Ces divers bureaux vérifient les marchandises tant à l'importation qu'à l'exportation.

Pour l'enregistrement des permis d'exportation, il existe cinq bureaux; ce sont :

Le bureau des Exportations, à l'hôtel des Douanes;
—   de Brienne;
—   de La Bastide;
—   de l'Entrepôt, place Laîné;
—   —   aux Docks.

Nous laissons de côté le sixième bureau, par la raison majeure, à notre avis, que son grand éloignement des points d'embarquement empêche qu'il soit mis à contribution; nous entendons parler du bureau de l'Entrepôt du cours du Médoc.

Comme il est facile de le voir par ce très rapide exposé, notre ville serait assez bien dotée comme moyens facilitant les transactions rapides, n'était l'insuffisance notoire du personnel douanier du service sédentaire, qui, pour que le résultat acquis pût être appréciable, devrait être augmenté d'un dixième au moins.

Nos entrepôts sont :

1º L'entrepôt de la place Laîné et son annexe, rue Vauban.

Dans ces magasins sont déposés surtout : les cafés, cacaos, poivre, cannelle, vanille, thé, etc., etc.;

2º L'entrepôt du cours du Médoc, spécialement affecté aux liquides et aux conserves alimentaires (c'est dans ce bâtiment que sont conduites les marchandises mises au dépôt);

3º L'entrepôt des Docks (halles métalliques), où sont placés les guinées, les raisins secs et les sucres.

Ces divers magasins, propriété de la Chambre de commerce, sont placés sous la direction d'un Régisseur chargé du contrôle.

Les ouvriers faisant les travaux de ces magasins sont à la solde de la Chambre de commerce et choisis par elle.

Ils sont divisés ainsi qu'il suit :

Chef magasinier, sous-chefs magasiniers, maîtres, contre-maîtres, aspirants de 1re et de 2e classe.

Le chef magasinier, les sous-chefs, les maîtres et contremaîtres sont peseurs jurés, et, en matière de contestation, le certificat de poids délivré par eux et apostillé par le régisseur fait foi.

Toute marchandise entrant en entrepôt doit être accompagnée d'un bulletin qui est remis au maître chargé de la réception des colis.

Ce bulletin d'entrée sert à la reconnaissance de la marchandise et à l'ouverture du compte d'entrepôt. Il doit indiquer : le nom et l'adresse du déposant, le nombre des colis, leur poids et la nature de la marchandise, les marques et numéros, la provenance et le nom du navire importateur; le récépissé d'entrée n'est remis par le régisseur qu'après constatation de la régularité de la déclaration d'entrée.

Pour toutes les opérations et manutentions diverses, de même que les pièces régulières doivent être fournies à la douane, il est nécessaire de fournir à la Chambre de commerce les titres justificatifs ou de décharge qu'elle exige; on trouve du reste dans ses bureaux toutes les indications et tous les imprimés nécessaires.

Pas plus que la douane, la Chambre de commerce n'accepte de signature « pour » et toutes les pièces doivent porter la signature de l'intéressé ou de son fondé de pouvoirs.

Le moment nous paraît venu de dire à nos lecteurs qu'outre le tarif des magasinages dans les magasins de la Chambre de commerce, ils trouveront dans l'*Annuaire de la Gironde et des départements limitrophes,* de M. Charles Lesfargues, le tarif des droits de douane, d'octroi et de régie, et une foule d'autres renseignements dont l'utilité nous paraît incontestable.

Observations.

Des règles générales relatives aux marchandises de retour, il appert qu'il est de toute importance que le négociant exportateur conserve, sinon une copie, tout au moins le numéro du permis de douane afférent aux marchandises qu'il exporte, car cette précaution lui permettra, dans le cas où, pour une raison quelconque, il se verra obligé de faire rentrer ses marchandises, de retrouver de prime abord la pièce justificative exigée et de s'éviter et d'éviter ainsi à la Douane des recherches très laborieuses et souvent infructueuses, et par conséquent préjudiciables à ses intérêts.

Dans d'autres cas, celui par exemple d'un acquit de régie non rentré, et par conséquent non déchargé, la possession du numéro du permis en vertu duquel la marchandise a été chargée, lui facilitera l'obtention du certificat d'embarquement ou le mettra à même d'obtenir recours contre le transporteur fautif de la perte de la pièce réclamée ou du défaut de décharge, dans le cas du passage à l'étranger par un bureau autre que Bordeaux.

Toutes les demandes et réclamations à l'administration des Douanes doivent être établies sur papier timbré; pour l'obtention d'un certificat, il convient de joindre à la demande une feuille timbrée à 0,60, feuille sur laquelle sera établi le certificat demandé.

ENREGISTREMENT

Dans une récente brochure, très clairement écrite, M. Louis Peyroche, licencié en droit, ancien receveur-rédacteur de l'Enregistrement à la direction de Bordeaux, a résumé sous ce titre : *Guide pratique du contribuable à l'Enregistrement*, les notions élémentaires dont le public a besoin pour accomplir les formalités légales d'enregistrement dans des matières aussi cómpliquées et d'un usage aussi journalier que celles des *Successions* et *Baux*.

S'inspirant des savants ouvrages de MM. Garnier, Géraud, Ducroquet, Küss et quelques autres, que nous avons étudiés, M. L. Peyroche a fait œuvre fort utile, et nous croyons être agréable à nos lecteurs en donnant ici de rapides extraits de son travail :

SUCCESSIONS

---

1. — Déclaration obligatoire. — Lorsqu'une personne est décédée ou déclarée absente, ses héritiers ou légataires doivent faire à l'administration de l'Enregistrement la déclaration de tout ce qu'ils recueillent, *sans attendre aucun avertissement.*

2. — Délai. — *La déclaration se fait dans les 6 mois à compter du jour du décès, lorsque celui dont on recueille la succession est décédé en France;* de 8 mois s'il est décédé dans toute autre partie de l'Europe ; d'une année s'il est mort en Amérique; et de deux années si c'est en Afrique (Algérie comprise) ou en Océanie.

Si, avant les derniers six mois des délais fixés pour les déclarations des successions de personnes décédées hors de France, les héritiers prennent possession des biens, ils devront faire la déclaration dans les 6 mois à compter du jour de la prise de possession.

Le délai de 6 mois ne court que du jour de l'envoi en possession provisoire, ou de la prise de possession de fait pour la succession d'une personne en état d'absence, ou encore de la date de l'inscription au registre de l'état civil de leur domicile, pour les militaires ou marins décédés en activité de service hors de leur département.

3. — OÙ DOIT SE FAIRE LA DÉCLARATION. — Au bureau de l'enregistrement dans le canton duquel sont situés les immeubles ou les meubles corporels ayant une assiette déterminée, tels que les objets mobiliers, marchandises, argent monnayé,... etc., et au bureau du canton où était domicilié le défunt pour les meubles incorporels (*créances, valeurs de Bourse, billets de banque*, etc.).

Les bureaux chargés de recevoir les déclarations de successions sont installés généralement au chef-lieu du canton. A Paris, ils sont centralisés *13, rue de la Banque*, et à Lyon, *rue de la Part-Dieu, n° 20.*

Dans quelques autres grandes villes (Bordeaux, Lille, Marseille, etc.), chaque bureau de succession a plusieurs cantons dans ses attributions. — On se reportera aux Annuaires locaux pour l'adresse du bureau auquel on a affaire.

Les bureaux sont ouverts tous les jours de 8 heures du matin à 4 heures du soir dans les départements, et de 9 heures du matin à 4 heures du soir à Paris, sauf les dimanches et jours fériés (Premier janvier, Ascension, Assomption, Toussaint, Noël, les lundis de Pâques et de Pentecôte, Fête Nationale).

4. — PAR QUI DOIT ÊTRE FAITE LA DÉCLARATION. — On vient de voir que ce soin incombe à l'héritier ou légataire.

L'héritier est celui qui recueille la succession parce qu'il est le parent du défunt, sans avoir besoin de figurer dans aucun testament (fils, frère, oncle, neveu, cousin).

Le légataire peut n'être pas parent du défunt. Il hérite parce que ce dernier a manifesté la volonté de lui laisser tout ou partie de ses biens.

6

Les héritiers doivent se concerter pour aller déclarer ensemble la succession qui leur est échue, ou charger l'un d'eux de faire la déclaration pour tous; ils sont, en effet, solidaires entre eux et le payement des droits peut être poursuivi contre un seul.

Le légataire n'est solidaire ni avec les héritiers, ni avec les autres légataires, il est tenu de déclarer lui-même son legs et peut se présenter seul au bureau pour acquitter les droits.

Si l'héritier ou légataire est un mineur non émancipé, une femme mariée, la déclaration sera faite par le tuteur ou par le mari.

Quand on ne peut faire soi-même la déclaration, on charge un mandataire d'accomplir cette formalité.

On lui donne à cet effet une procuration sous signature privée, sur papier timbré, mais non assujettie à l'enregistrement. Elle sera remise au receveur et conservée par lui.

5. — MODÈLE DU POUVOIR :

Je soussigné (nom, prénoms, profession et domicile), *agissant en mon nom et pour mes cohéritiers, constitue pour mandataire spécial,* M. (nom, prénoms, profession et domicile), *à l'effet de déclarer au bureau de l'Enregistrement de*............... *la succession de* M. (nom, prénoms, qualités et domicile du défunt), *décédé le*.............., *à* (lieu du décès), *et accomplir toutes les formalités exigées par la loi, en vue de ladite déclaration.*

Bon pour pouvoir.

(Dater et signer.)

Un héritier qui déclare pour lui et ses cohéritiers n'a pas besoin de la procuration de ces derniers ([1]).

6. — FORME DE LA DÉCLARATION. — NOTE OU PROJET DE DÉCLARATION. — Il est d'usage de remettre au receveur une note ou projet de déclaration sur papier libre préparée d'avance, et dans laquelle sont consignés les renseignements ci-après énumérés.

([1]) L'état du mobilier dont il sera parlé ci-après, n° 8, pourrait être écrit à la suite du pouvoir, mais il faudrait avoir soin de le mettre dans le même contexte, c'est-à-dire *avant la signature.* Par exemple, après les mots : *en vue de ladite déclaration,* on ajouterait : *et déclarer que la succession comprend les meubles suivants :*

Il est prudent, afin d'éviter des erreurs, de la faire rédiger par *un notaire, secrétaire de mairie,* ou toute autre personne expérimentée.

7. — RENSEIGNEMENTS QUE DOIT CONTENIR LA NOTE OU PROJET DE DÉCLARATION. — A. Nom, prénoms, qualités, profession, âge et domicile du défunt.

B. — Date et lieu du décès.

C. — Noms, prénoms, qualités, profession et domicile de tous les héritiers et légataires. Degré de parenté de chacun d'eux avec le défunt, et indication de la proportion dans laquelle chacun hérite; indiquer les noms des conjoints des héritiers, et des tuteurs des enfants mineurs ou des interdits.

D. — Dire si le défunt était célibataire, veuf ou marié.

S'il était marié : Nom du conjoint survivant. — Date du contrat de mariage. Nom du notaire qui l'a passé. — Énoncer les diverses stipulations qu'il contient, notamment le régime adopté par les époux, et les apports de chacun *(payés ou non payés).* S'il n'a pas été fait de contrat, indiquer la date du mariage civil. — Rappeler les ventes de biens propres qui auraient pu être consenties par chacun des époux pendant la durée de leur union, le montant des dots constituées aux enfants et non encore payées au décès, ainsi que les sommes que la communauté a pu débourser dans l'intérêt personnel de l'un ou de l'autre des époux, soit pour grosses réparations faites sur ses propres, soit pour l'acquit de dettes grevant les successions qui lui sont échues, soit pour le paiement de soultes de partage, etc...

E. — Indiquer si le défunt a fait un testament et à quelle date. — Devant notaire ou sous signature privée, en rappeler la teneur.

F. — Faire connaître s'il a été fait un inventaire après le décès; à quelle date et devant quel notaire.

G. — Détail des meubles, valeurs mobilières et immeubles possédés par le défunt au moment du décès.

H. — Pour les meubles, donner l'estimation article par article, de leur valeur au moment du décès, à moins qu'il n'y ait eu un inventaire dans lequel ces meubles soient décrits et estimés, ou qu'ils aient fait l'objet d'une vente aux enchères après le décès, ou *que le déclarant sache signer*. Inutile dans ce cas de détailler les meubles dans la note. Ce détail doit, en effet, figurer sur un état spécial (voir n° 8.)

I. — Pour les valeurs mobilières *(créances, parts dans une société, titres de rente, actions et obligations au porteur ou nominatives)* (¹) indiquer exactement le capital ou le cours au jour du décès s'il s'agit de valeurs cotées à la Bourse, en y ajoutant les coupons détachés, intérêts, dividendes ou arrérages échus ou non touchés à cette même époque. Mentionner également les loyers ou fermages courus ou non touchés au décès, si le défunt avait consenti des locations ou baux. La date et la nature du titre, le nom du débiteur et la date d'exigibilité doivent être indiquées pour les créances.

J. — CRÉANCES IRRÉCOUVRABLES. — Si la succession comprend des créances que les déclarants considèrent comme irrécouvrables, ils le feront connaître au Receveur en déclarant y renoncer. Ce dernier jugera s'il y a lieu d'accepter la renonciation et de ne pas assujettir ces créances au droit de mutation. Les parties doivent, dans tous les cas, se conformer à sa décision.

S'il se trouve dans la succession des créances sur une personne déclarée en faillite *antérieurement* au décès, ou en état de déconfiture, évaluer dans quelle proportion ces créances paraissent susceptibles de recouvrement.

K. — Pour les immeubles, terres ou maisons, faire connaître (s'il s'agit de parcelles ou maisons dispersées) les contenances, natures et lieux dits et les n°ˢ de la section et du plan cadastral, avec l'indication de la somme annuelle qu'était *louée* au jour du décès chaque parcelle ou maison, en y ajoutant les charges.

S'il s'agit d'un corps de biens formant une seule exploitation agricole, se dispenser de faire le détail de chaque parcelle. Indiquer simplement le nom de ce corps de biens, les diverses

(¹) Les titres de rente française nominatifs ne sont transférés au nom des héritiers qu'au vu d'un certificat de l'Enregistrement, établissant qu'ils ont supporté les droits de succession, ou qu'ils n'y étaient pas assujettis pour un motif quelconque.

Les Sociétés et Établissements publics exigent généralement la même justification pour le transfert des titres nominatifs.

natures de cultures dont se compose l'exploitation, sa contenance totale, le nombre de parcelles, le nom du fermier et la somme annuelle qu'il était *loué* au jour du décès, en y ajoutant les charges.

Si les maisons, parcelles ou exploitations n'étaient pas louées au jour du décès, évaluer pour *chacune* la somme annuelle qu'elles étaient susceptibles de rapporter au propriétaire, sans déduction des charges, c'est-à-dire des obligations telles que l'impôt foncier, etc., qui incombent de droit au propriétaire.

Communiquer autant que possible au receveur la *copie du contrat de mariage* du défunt, ainsi que celle de *l'inventaire* s'il en a été fait un, et toujours les titres de nature à justifier les déductions à opérer sur les valeurs héréditaires pour la perception de l'impôt.

8. — ÉTAT DU MOBILIER. — S'il n'y avait pas eu d'inventaire, et que le déclarant sût signer, il aurait à fournir au receveur un état détaillé sur papier timbré, mais non assujetti à l'enregistrement, des meubles compris dans la succession *avec une évaluation distincte pour chaque article en réunissant les objets de même nature.*

Si le déclarant ne sait pas signer, cette évaluation distincte par article sera faite dans la note ou projet de déclaration de succession.

9. — LIQUIDATION DES DROITS. — Le receveur, au vu des renseignements ci-dessus énumérés, liquide les droits exigibles.

On doit les payer immédiatement, sauf à se pourvoir sans retard en restitution si la liquidation paraît exagérée.

Les droits sont plus ou moins élevés, suivant le degré de parenté entre le défunt et celui qui hérite.

Ils sont calculés : 1° *pour les meubles* sur l'estimation que fournit le déclarant, ou celle qui résulte d'une vente publique postérieure au décès ou, à défaut de vente, de l'inventaire qui aura été dressé; 2° *pour les rentes sur les États* (français ou étrangers), sur le chiffre obtenu en multipliant le revenu par le cours de la rente au jour du décès et en divisant le produit par le taux; 3° pour toutes les autres valeurs de bourse, sur le cours moyen au jour du décès; 4° *pour les rentes perpétuelles,* sur le chiffre de la rente multiplié par 20; 5° *pour les rentes viagères*, sur le chiffre de la rente multiplié par 10; 6° *pour les créances*, sur le montant de la somme due au jour du décès en y ajoutant les intérêts courus et non payés; 7° *pour les immeubles*, sur la somme obtenue en multipliant le revenu par 20 s'il s'agit d'un immeuble *principalement* affecté à l'*habitation, industrie ou commerce*, et par 25 si l'immeuble est *principalement* affecté à *l'agriculture*.

10. — Usufruits et nues-propriétés. — Le défunt avait-il la jouissance ou usufruit de certains biens *pendant sa vie seulement?* Pas de droit de succession à payer de ce chef.

Si, au contraire, cette jouissance ou usufruit se transmet aux héritiers au même titre que les autres valeurs du défunt, les droits ne seront dus que sur la moitié de la valeur des biens qui font l'objet de cette jouissance ou usufruit *(valeur obtenue conformément aux règles exposées n° 9)*.

De même, si le défunt laisse des biens dont une autre personne a encore la jouissance au moment du décès, le droit n'est dû que sur la moitié de la valeur de ces biens.

11. — Legs. — Déduction. — Les legs sont déduits de la masse héréditaire. L'*héritier* ou le *légataire universel* ne paie les droits que sur l'excédent. Les *légataires particuliers* paient chacun suivant l'importance de leurs legs.

Si les biens sont recueillis en *usufruit ou jouissance* par une personne et en *nue-propriété* seulement par une autre, l'usufruitier paiera les droits sur la moitié de la valeur des biens, et le nu-propriétaire sur *toute la valeur* de ces mêmes biens, comme s'il les recueillait en toute propriété.

12. — Dettes. — Non déduction. — *Les dettes ne se déduisent pas.*

Ne sont pas considérés comme dettes et doivent se déduire les legs encore dus par le défunt, à raison de successions qu'il aurait recueillies quand il vivait, ainsi que les sommes détenues par lui en qualité d'usufruitier, de tuteur, de mandataire ou de dépositaire, à condition que l'on soit en mesure de justifier de ces qualités.

13. — Effet de l'acceptation de la succession. — Les
héritiers agiront prudemment en se rendant compte de l'état
de la succession, avant de l'accepter, *même sous bénéfice
d'inventaire,* car cette acceptation les oblige à payer les droits
de succession *sur leurs biens personnels,* lorsqu'il n'existe plus
d'actif disponible dans l'hérédité.

14. — Tarif des droits de succession actuellement
en vigueur :

DIVERS ORDRES DE SUCCESSIONS	DROITS EXIGIBLES pour chaque 100 fr.
En ligne directe (¹)...........................	1f 25
Entre époux (²) héritant en vertu de testament ou donation.	3 75
Entre frères et sœurs, neveux et nièces, oncles et tantes...	8 12 1/2
Entre grands-oncles et grand'tantes, petits-neveux et petites-nièces, cousins germains.........................	8 75
Entre parents au delà du 4e degré et jusqu'au 12e degré....	10 »
Entre personnes non parentes.........................	11 25

(¹) et (²) *Les enfants naturels et l'époux appelés à la succession par
la loi à défaut de testament du défunt, lorsqu'il n'y a pas de parents
au degré successible, sont traités comme des étrangers.*

15. — Déclaration de succession proprement dite. — Dès
que les droits calculés par le receveur lui ont été payés, cet
agent rédige sur un registre la déclaration de succession; le
déclarant la signe, à moins qu'il dise ne savoir, après lecture.

*Il lui est obligatoirement délivré une quittance revêtue, à
ses frais, d'un timbre de 0 fr. 25 c. quand elle dépasse 10 fr.*

BAUX ÉCRITS (¹)

16. — Principe. — Les baux *écrits* d'immeubles doivent
être obligatoirement enregistrés. Il en est de même des *cessions,*

(¹) Il ne s'agit ici que des baux sous signatures privées, ceux qui sont
passés devant des notaires sont enregistrés par les soins de ces derniers.

subrogations et *rétrocessions* de baux. *(Ce principe ne souffre aucune exception.)*

17. — LES BAUX ÉCRITS DOIVENT ÊTRE ENREGISTRÉS DANS LES TROIS MOIS DE LEUR DATE. — Il arrive quelquefois que le bail fait remonter l'entrée en jouissance à une date antérieure à la signature du contrat.

Le preneur est censé dans ce cas avoir joui de l'immeuble jusqu'à la rédaction de l'acte, en vertu d'une location verbale assujettie à la déclaration dans les trois mois de l'entrée en jouissance à peine d'une amende contre le bailleur.

Il va sans dire que si le bail écrit est enregistré alors que le locataire n'est pas encore depuis plus de trois mois dans l'immeuble, l'enregistrement du bail dispense de toute autre déclaration, seulement les droits sont perçus à partir de l'entrée en jouissance effective.

18. — A QUEL BUREAU DOIT ÊTRE ENREGISTRÉ LE BAIL. — Dans n'importe quel bureau.

Dans les villes où un ou plusieurs bureaux ont été spécialement désignés par l'Administration pour percevoir les droits sur les baux, on devra tenir compte de la désignation officielle.

19. — PAR QUI DOIT ÊTRE PRÉSENTÉ LE BAIL A L'ENREGISTREMENT. — Par le locataire, *tenu personnellement du paiement des droits.*

Le bailleur veillera, cependant, à ce que son locataire présente le bail en temps voulu. Car si cette formalité était négligée, non seulement le locataire encourrait une amende, mais il en ferait encourir une autre au bailleur qui serait, en outre, responsable du paiement des droits simples.

Lorsque le bailleur s'apercevra qu'il a affaire à un locataire négligent et que le délai de trois mois est passé, *il déposera son bail à un bureau d'enregistrement dans le mois qui suivra l'expiration du délai, c'est-à-dire dans le quatrième mois.* Le receveur délivre gratuitement un récépissé qui doit être rapporté plus tard au bureau pour retirer l'acte déposé. Moyennant cette formalité, le bailleur reste bien toujours responsable des droits simples pour le cas où le preneur ne les acquitterait pas, mais il n'encourt aucune amende.

20. — LIQUIDATION DES DROITS. — Au vu du bail, le receveur liquide les droits; *on doit lui payer ce qu'il demande,* sauf à se pourvoir sans retard en restitution, si la liquidation paraît exagérée.

21. — TARIF. — Le droit est de 0 fr. 25 par 100 fr. On le calcule sur le prix cumulé de toutes les années que doit durer le bail, en y ajoutant les charges.

Il ne peut être perçu moins de 0 fr. 32, à raison d'un bail, quand même les sommes ou valeurs qui en font l'objet ne produiraient pas 0 fr. 32 de droit proportionnel.

22. — FRACTIONNEMENT. BAUX D'UNE DURÉE AU-DESSUS DE TROIS ANS. — Le montant du droit est fractionné en autant de paiements égaux qu'il y a de périodes triennales dans la durée du bail.

Ce fractionnement n'est opéré *que sur la réquisition des intéressés, s'il s'agit d'un bail à durée fixe. La réquisition se fait sur une formule spéciale signée du requérant et mise gratuitement à la disposition des contribuables par l'Administration; cette réquisition reste déposée au bureau. Le fractionnement a lieu de plein droit, si le bail au lieu d'avoir une durée fixe n'est fait que pour 3, 6 ou 9 ans, au choix des contractants.*

Dans les cas où le fractionnement a lieu, le droit afférent à la première période est seul acquitté lors de l'enregistrement. Celui des périodes *suivantes* doit être payé *au bureau de la situation des immeubles loués,* spontanément et sans attendre un avertissement préalable, dans le premier mois qui commence chaque période nouvelle, mais on n'encourt pas de pénalité à défaut de paiement dans le délai.

Autant que possible, représenter le bail au receveur.

23. — QUITTANCE. — La quittance des droits acquittés lors de l'enregistrement est portée en marge du bail.

TRIBUNAUX DE COMMERCE

§ I. Organisation des tribunaux de commerce (¹).

L'arrondissement de chaque tribunal de commerce est le même que celui du tribunal civil dans le ressort duquel il est placé; et s'il se trouve plusieurs tribunaux de commerce dans le ressort du tribunal civil, il leur est assigné des arrondissements particuliers. (C. com. 616.)

Les membres des tribunaux de commerce sont élus par les citoyens français commerçants patentés ou associés en nom collectif depuis cinq ans au moins, capitaines au long cours et maîtres de cabotage ayant commandé des bâtiments pendant cinq ans, directeurs de compagnies françaises anonymes de finance, de commerce et d'industrie, agents de change et courtiers d'assurances maritimes, courtiers de marchandises, courtiers interprètes et conducteurs de navires institués en vertu des articles 77, 79 et 80 du Code de commerce, les uns et les autres après cinq années d'exercice, et tous, sans exception, devant être domiciliés, depuis cinq ans au moins, dans le ressort du tribunal. — Sont également électeurs, dans leur ressort, les membres anciens ou en exercice des tribunaux ou des chambres de commerce, des chambres consultatives des arts et manufactures, les présidents anciens ou en exercice des conseils de prud'hommes. (Loi du 8 décembre 1883, art. 1er.)

Ne peuvent participer à l'élection :

1º Les individus condamnés soit à des peines afflictives et infamantes, soit à des peines correctionnelles, pour faits qualifiés crimes par la loi;

(¹) Nous ne saurions mieux faire que de recommander à nos lecteurs, pour tout ce qui est relatif au droit commercial et industriel, le *Dictionnaire* de M. Ruben de Couder, œuvre à la fois savante et *essentiellement pratique.*

2º Ceux qui ont été condamnés pour vol, escroquerie, abus de confiance, soustractions commises par les dépositaires de deniers publics, attentats aux mœurs ;

3º Ceux qui ont été condamnés à l'emprisonnement pour délit d'usure, pour infraction aux lois sur les maisons de jeu, sur les loteries et les maisons de prêts sur gages, ou par application de l'article 1ᵉʳ de la loi du 27 mars 1851, de l'article 1ᵉʳ de la loi du 5 mai 1855, des articles 7 et 8 de la loi du 23 juin 1857 et de l'article 1ᵉʳ de la loi du 27 juillet 1867 ;

4º Ceux qui ont été condamnés à l'emprisonnement par application des lois du 17 juillet 1857, du 23 mai 1863 et du 24 juillet 1867 sur les sociétés ;

5º Les individus condamnés pour les délits prévus aux articles 400, 413, 414, 417, 418, 419, 420, 421, 423, 433, 439, 443 du Code pénal, et aux articles 594, 596 et 597 du Code de commerce ;

6º Ceux qui ont été condamnés à un emprisonnement de six jours au moins ou à une amende de plus de 1,000 fr. pour infraction aux lois sur les douanes, les octrois et les contributions indirectes, et à l'article 5 de la loi du 4 juin 1859, sur le transport, par la poste, des valeurs déclarées ;

7º Les notaires, greffiers et officiers ministériels destitués en vertu de décisions judiciaires ;

8º Les faillis non réhabilités dont la faillite a été déclarée soit par les tribunaux français, soit par des jugements rendus à l'étranger, mais exécutoires en France ;

9º Et généralement tous les individus privés du droit de vote dans les élections politiques. (Même loi, art. 2.)

Tous les ans, la liste des électeurs du ressort de chaque tribunal est dressée, pour chaque commune, par le maire, assisté de deux conseillers municipaux désignés par le Conseil, dans la première quinzaine du mois de septembre ; elle comprend tous les électeurs qui remplissent, au 1ᵉʳ septembre, les conditions ci-dessus déterminées. (Art. 3.)

Le maire envoie la liste ainsi préparée au préfet et au sous-préfet, qui fait déposer la liste générale au greffe du tribunal de commerce, et la liste spéciale de chacun des cantons du ressort au greffe de chacune des justices de paix correspondantes. Des affiches à la porte de la mairie de chaque commune du ressort du tribunal annoncent l'accomplissement de ces formalités. — Ces listes électorales sont communiquées sans frais à toute réquisition. (Art. 4.)

Pendant les quinze jours qui suivent le dépôt des listes, tout commerçant patenté du ressort, et en général tout ayant droit peut exercer ses réclamations, soit qu'il se plaigne d'avoir été indûment omis, soit qu'il demande la radiation d'un citoyen indûment inscrit. Ces réclamations sont portées devant le juge de paix du canton. (Art. 5.)

La décision du juge de paix peut être déférée à la Cour de cassation (chambre civile). (Art. 6.)

La liste rectifiée, s'il y a lieu, par suite de décisions judiciaires, est close définitivement dix jours avant l'élection. Cette liste sert pour toutes les élections de l'année. (Art. 7.)

Sont éligibles aux fonctions de président, de juge et de juge suppléant, tous les électeurs inscrits sur la liste électorale, âgés de trente ans, et les anciens commerçants français ayant exercé leur profession pendant cinq ans au moins, dans l'arrondissement et y résidant. — Toutefois, nul ne peut être élu président, s'il n'a exercé pendant deux ans les fonctions de juge titulaire, et nul ne peut être nommé juge, s'il n'a été juge suppléant pendant un an. (Art. 8.)

Le président est élu au scrutin individuel. — Les juges titulaires et les juges suppléants sont nommés au scrutin de liste, mais par des bulletins distincts déposés dans des boîtes séparées. Ces élections ont lieu simultanément. (Art. 10.)

L'article 623 du Code de commerce est maintenu; toutefois le président, quel que soit, au moment de son élection, le nombre de ses années de judicature comme juge titulaire, peut toujours être élu pour deux années, à l'expiration desquelles il peut être réélu pour une seconde période de la même durée. (Art. 13.)

Lorsque, par suite de récusation ou d'empêchement, il ne reste pas un nombre suffisant de juges ou de suppléants, le président du tribunal tire au sort, en séance publique, les noms des juges complémentaires pris dans une liste dressée annuellement par le tribunal. — Cette liste, où ne sont portés que des éligibles ayant leur résidence dans la ville ou, en cas d'insuffisance, des électeurs ayant légalement leur résidence dans la ville où siège le tribunal, est de cinquante noms à Paris, de vingt-cinq noms pour les tribunaux de neuf membres, de quinze noms pour les autres tribunaux. — Les juges complémentaires sont appelés dans l'ordre fixé par un tirage au sort fait en séance publique par le président du tribunal entre tous les noms de la liste. (Art. 16.)

Le ministère des avoués est interdit devant les tribunaux de commerce; nul ne peut plaider pour une partie devant ces tribunaux si la partie, présente à l'audience, ne l'autorise, ou s'il n'est muni d'un pouvoir spécial. Ce pouvoir, qui peut être donné au bas de l'original ou de la copie de l'assignation, doit être exhibé au greffier avant l'appel de la cause, et par lui visé sans frais. — Dans les causes portées devant les tribunaux de commerce, aucun huissier ne peut ni assister comme conseil ni représenter les parties en qualité de procureur fondé, à peine d'une amende de 25 à 50 francs, qui est prononcée sans appel par le tribunal, sans préjudice des peines disciplinaires contre les huissiers contrevenants. (C. com. 627 et loi du 3 mars 1840.) — En fait, il y a près les tribunaux de commerce des *agréés* qui remplissent à la fois les fonctions d'avoué et d'avocat; mais en droit, comme on vient de le voir, leur ministère n'est pas obligatoire.

§ 2. Compétence des tribunaux de commerce.

Les tribunaux de commerce connaissent :

1° Entre toutes personnes, commerçants ou non-commerçants, des contestations relatives aux actes de commerce;

2° Des conventions dans lesquelles s'est obligé un commerçant et des engagements contractés par lui, à moins que ces engagements ou conventions n'aient rien de commercial; mais, émanés d'un commerçant, ils sont réputés commerciaux, à moins de preuve contraire;

3° Des contestations entre associés pour raison d'une société de commerce;

4° Des billets souscrits pour leur gestion par les receveurs, payeurs, percepteurs, ou autres comptables des deniers publics;

5º Des actions contre les facteurs, commis des marchands ou leurs serviteurs, pour le fait seulement du trafic du marchand auquel ils sont attachés;

6º De tout ce qui concerne les faillites;

7º Des appels des décisions rendues par les conseils de prud'hommes.

Dans les arrondissements où il n'y a pas de tribunal de commerce, les juges du tribunal civil exercent les fonctions des juges de commerce, et connaissent des matières attribuées à ces derniers. — L'instruction, dans ce cas, a lieu dans la même forme que devant les tribunaux de commerce, et produit les mêmes effets. (C. com. 640, 641.)

Quant au taux de la compétence, les tribunaux de commerce connaissent en premier ressort de toutes valeurs; ils jugent en dernier ressort :

1º Toutes les demandes dans lesquelles les parties justiciables de ces tribunaux, et usant de leurs droits, auront déclaré vouloir être jugées définitivement et sans appel;

2º Toutes les demandes dont le principal n'excédera pas 1,500 francs;

3º Les demandes reconventionnelles ou en compensation, lors même que, réunies à la demande principale, elles excéderaient 1,500 francs.

Si l'une des demandes, principale ou reconventionnelle, s'élève au-dessus des limites ci-dessus indiquées, le tribunal ne prononce sur toutes qu'en premier ressort.

Néanmoins il est statué en dernier ressort sur les demandes en dommages-intérêts lorsqu'elles sont fondées exclusivement sur la demande principale elle-même. (C. com. 639.)

§ 3. Défaut, opposition, appel.

Quand le tribunal de commerce a rendu un jugement par défaut contre une partie qui n'a pas constitué de fondé de pouvoir, l'opposition à ce jugement est recevable jusqu'à l'exécution du jugement.

Si, au contraire, le jugement par défaut est rendu contre une partie ayant constitué un fondé de pouvoir, lequel a refusé de plaider, l'opposition n'est recevable que dans la huitaine de la signification. (Arrêt de cassation 19 février 1868, 8 avril 1868, et le *Dictionnaire de droit commercial* de M. Ruben de Couder, au mot *Procédure*.)

Il faut appliquer la même distinction quant au délai dans lequel le jugement rendu par défaut doit être exécuté ; ce sera dans les six mois, quand la partie n'a pas été représentée par un agréé ou fondé de pouvoir ; sinon, il serait réputé non avenu.

Quand, au contraire, la partie a été représentée au tribunal par un agréé ou fondé de pouvoir, le jugement ne peut être réputé non avenu pour n'avoir pas été exécuté dans les six mois.

Les appels des jugements des tribunaux de commerce sont portés devant la Cour d'appel du ressort.

Le délai pour interjeter appel est de deux mois, à compter du jour de la signification du jugement, pour ceux qui ont été rendus contradictoirement, et du jour de l'expiration du délai de l'opposition, pour ceux qui ont été rendus par défaut.

L'appel peut être interjeté le jour même du jugement. (C. com. 645.)

CONSEILS DES PRUD'HOMMES

§ 1. Composition.

Le décret d'institution détermine le nombre des membres de chaque conseil de prud'hommes. Ce nombre est au minimum de six membres, non compris le président et le vice-président. (L. 1er juin 1853, art. 1.)

Au-dessus de ce chiffre, le nombre est laissé au libre arbitre du gouvernement, qui tient compte de l'importance des fabriques, du nombre des justiciables et de la plus ou moins grande quantité d'affaires à expédier. (Ruben de Couder. *Dictionnaire de droit commercial*, au mot *Prud'homme*, no 16.)

Le nombre des prud'hommes ouvriers est, depuis 1848, égal au nombre des prud'hommes patrons.

Les membres des conseils de prud'hommes sont élus par les patrons, chefs d'atelier, contremaîtres et ouvriers appartenant aux industries dénommées dans les décrets d'institution, suivant les conditions déterminées par les dispositions qui vont être indiquées ci-après. (L. 1er juin 1853, art. 2.)

Sont électeurs : — 1° Les patrons âgés de vingt-cinq ans accomplis et patentés depuis cinq années au moins et depuis trois ans dans la circonscription du conseil; les associés, en nom collectif, patentés ou non, âgés de vingt-cinq ans accomplis, exerçant depuis trois ans une profession assujettie à la contribution des patentes et domiciliés depuis trois ans dans la circonscription du conseil. (L. 24 nov. 1883, article unique).

On doit considérer comme patron le commerçant de bijouterie qui emploie des ouvriers à façon, travaillant pour son compte sur des dessins et avec des matières qu'il leur fournit, alors même qu'il n'a pas d'atelier. (Ruben de Couder, v. *Prud'homme*, no 19.)

2º Les chefs d'atelier, contremaîtres et ouvriers, âgés de vingt-cinq ans accomplis, exerçant leur industrie depuis cinq ans au moins et domiciliés depuis trois ans dans la circonscription. (L. 1ᵉʳ juin 1853, art. 4; L. 24 novembre 1883.)

Ne peuvent être électeurs les étrangers, ni aucun des individus désignés dans l'article 15 de la loi du 2 février 1852, relative aux élections législatives. (*Ibid.*, art 6.)

Aucun ouvrier soumis à l'obligation du livret ne doit être inscrit sur les listes électorales pour la formation des conseils de prud'hommes, s'il n'est pas pourvu d'un livret. (L. 22 juin 1854, art. 15.)

Dans chaque commune de la circonscription, le maire, assisté de deux assesseurs qu'il choisit, l'un parmi les électeurs patrons, l'autre parmi les électeurs ouvriers, inscrit les électeurs sur un tableau qu'il adresse au préfet. — La liste électorale est dressée et arrêtée par le préfet. (L. 1ᵉʳ juin 1853, art. 7.)

En cas de réclamation, le recours est ouvert conformément aux règles établies par la loi sur les élections municipales. (*Ibid.*, art. 8.) (Voir la loi du 11 juillet 1874, art. 2 et suiv.)

Sont éligibles les électeurs âgés de 30 ans accomplis, et sachant lire et écrire, qui ne sont dans aucun des cas prévus par l'article 15 de la loi du 2 février 1852, relative aux élections législatives. (L. 1ᵉʳ juin 1853, art. 5 et 6.)

C'est le préfet qui fixe le jour des élections. (Art. 1ᵉʳ, décr. 27 mai 1848; L. 1ᵉʳ juin 1853, art. 10.)

Indépendamment des affiches renfermant les arrêtés de convocation, une lettre d'avis est adressée à chaque électeur. (Circulaire min. 5 juill. 1853.)

Les patrons, réunis en assemblée particulière, nomment directement les prud'hommes patrons. Les contremaîtres, chefs d'atelier et les ouvriers, également réunis en assemblée particulière, nomment les prud'hommes ouvriers en nombre égal à celui des patrons. — Au premier tour de scrutin, la majorité absolue des suffrages est nécessaire; la majorité relative suffit au second tour. (L. 1ᵉʳ juin 1853, art. 9.)

La présidence de l'assemblée est déléguée par le préfet au maire ou à l'un des adjoints de la commune dans laquelle est établi le conseil de prud'hommes. (Circ. min. 5 juill. 1853.)

Les élections terminées, il en est dressé procès-verbal qui est déposé à la mairie. (Décr. 27 mai 1848, art. 7.)

Si les opérations n'ont donné lieu à aucune protestation, le président de l'assemblée proclame prud'hommes ceux qui ont obtenu le plus de suffrages. — En cas de protestation, le procès-verbal avec les pièces à l'appui est envoyé au préfet, par lequel il est transmis au conseil de préfecture qui doit statuer dans le délai de huit jours. (Décr. 27 mai 1848, art. 7 et 8; L. 1er juin 1853, art. 8.)

Les conseils de prud'hommes sont renouvelés par moitié tous les trois ans. Le sort désigne ceux des prud'hommes qui sont remplacés la première fois. — Les prud'hommes sont rééligibles. — Lorsque, par un motif quelconque, il y a lieu de procéder au remplacement d'un ou plusieurs membres d'un conseil de prud'hommes, le préfet convoque les électeurs. — Tout membre élu en remplacement d'un autre ne demeure en fonctions que pendant la durée du mandat confié à son prédécesseur. (L. 1er juin 1853, art. 10.)

Les président et vice-président des conseils de prud'hommes sont nommés par les membres des conseils de prud'hommes, réunis en assemblée générale, à la majorité absolue des membres présents. (L. 7 févr. 1880, art. 1.)

En cas de partage des voix, et après deux tours de scrutin, le conseiller le plus ancien en fonctions est élu. — Si les deux candidats ont un temps de service égal, la préférence est accordée au plus âgé. Il en est de même dans le cas de la création d'un nouveau conseil. (Même loi.)

Lorsque le président est choisi parmi les prud'hommes patrons, le vice-président ne peut être choisi que parmi les prud'hommes ouvriers et réciproquement. (*Ibid.*, art. 2.)

La durée des fonctions du président et du vice-président est d'une année. — Ils sont rééligibles. (*Ibid.*, art. 3.)

Un secrétaire remplit auprès de chaque conseil les fonctions de greffier. Il est nommé à la majorité absolue des suffrages; il peut être révoqué à volonté; mais, dans ce cas, la délibération doit être signée par les deux tiers des prud'hommes.

Indépendamment du secrétaire, il peut y avoir un commis auprès du conseil des prud'hommes. (L. 18 mars 1806, art. 31.)

Un huissier est également choisi par le conseil, pour le service de ses audiences, parmi les huissiers exerçant dans le ressort du tribunal de l'arrondissement. (Décr. 11 juin 1809; avis Cons. d'État, 20 févr. 1810, art. 27.)

Suivant l'article 30 du décret du 18 mars 1806, les fonctions des prud'hommes patrons étaient purement gratuites. — Au contraire, les prud'hommes ouvriers pouvaient recevoir une indemnité. — Cette différence a été effacée par la loi du 7 février 1880 qui, par son article 6, a abrogé l'article 30 précité. Une rétribution peut donc être allouée désormais aux prud'hommes patrons comme aux prud'hommes ouvriers.

Les conseils de prud'hommes peuvent être dissous par un décret du chef de l'État, sur la proposition du ministre compétent. (L. 1er juin 1853, art. 16.)

Les conseils de prud'hommes sont divisés en deux bureaux : l'un appelé *bureau particulier* ou *de conciliation,* l'autre dit *bureau général* ou *de jugement.* (L. 18 mars 1806, art. 7 et 8.)

Le bureau particulier est composé de deux membres, dont l'un patron et l'autre ouvrier. — Il est tenu sous la présidence du président ou du vice-président du conseil. — Il doit avoir une audience par semaine. (Décr. 27 mai 1848, art. 22.)

Le bureau général est composé, indépendamment du président et du vice-président, d'un nombre égal de prud'hommes patrons et de prud'hommes ouvriers. Ce nombre est au moins de deux prud'hommes patrons et deux prud'hommes ouvriers, quel que soit celui des membres dont se compose le conseil. (L. 1er juin 1853, art. 11.)

Le bureau général doit se réunir au moins deux fois par semaine. (Décr. 27 mai 1848, art. 23.)

§ 2. Fonctions.

Sur le caractère des fonctions des prud'hommes, voir le *Dictionnaire* de M. Ruben de Couder, au mot *Prud'homme,* n° 57 et suiv.

Les fonctions des prud'hommes sont de diverses natures, — tantôt ils exercent une juridiction spéciale et sont conciliateurs ou juges; tantôt ils veillent à la conservation des dessins de

fabrique ; ils inspectent les ateliers et constatent les contraventions aux lois et aux règlements qui s'y commettent. Dans ce
dernier cas, ils sont agents de la police administrative ou judiciaire. Sur tous ces points le *Dictionnaire de droit commercial* de M. Ruben de Couder contient d'amples développements,
au mot *Prud'homme*, n° 73 et suiv.

L'autorité administrative peut toujours, lorsqu'elle le juge
convenable, réunir les conseils de prud'hommes, qui doivent
donner leur avis sur les questions qui leur sont posées.
(L. 1er juin 1853, art. 17.)

§ 3. Jugement, voies de recours.

Les jugements des conseils de prud'hommes sont signés par
le président et par le secrétaire. (L. 1er juin 1853, art. 12.)

Les jugements des conseils de prud'hommes sont définitifs
et sans appel, lorsque le chiffre de la demande n'excède pas
200 fr. en capital. — Au-dessus de 200 fr., les jugements sont
sujets à l'appel devant le tribunal de commerce. (*Ibid.*, art. 13.)

Lorsque le chiffre de la demande excède 200 fr., le jugement
de condamnation peut ordonner l'exécution immédiate et à
titre de provision jusqu'à concurrence de cette somme, sans
qu'il soit besoin de fournir caution. — Pour le surplus, l'exécution provisoire ne peut être ordonnée qu'à la charge de fournir
caution. (*Ibid.*, art. 14.)

Les jugements par défaut qui n'ont pas été exécutés dans
le délai de six mois, sont réputés non avenus. (*Ibid.*, art. 15.)

Les jugements des conseils de prud'hommes sont, en
général, susceptibles des mêmes recours que les jugements
des tribunaux de commerce. (M. Ruben de Couder, v° *Prud'-
homme*, n° 160 et suiv.)

§ 4. Discipline, pénalités.

Tout membre d'un conseil de prud'hommes qui, sans motifs
légitimes, et après une mise en demeure, refuse de faire le
service auquel il est appelé, peut être considéré comme démis-
sionnaire. (L. 4 juin 1864, art. 1.)

Les peines suivantes peuvent être prononcées, suivant les cas, contre les membres des conseils de prud'hommes : la censure, — la suspension pour un temps qui ne peut excéder six mois, — la déchéance. — Le prud'homme contre lequel la déchéance a été prononcée ne peut être élu aux mêmes fonctions pendant six ans à compter du décret de déchéance. (*Ibid.*, art. 4; M. Ruben de Couder, vº *Prud'homme*, nº 515 et suiv.)

DES ARBITRAGES

Les arbitres sont de simples particuliers chargées par les parties de vider une contestation. Dans les sociétés commerciales, le Code de commerce exigeait que les contestations entre associés fussent jugées par des arbitres choisis par les parties, ou, à défaut de choix par les parties, nommés par le tribunal de commerce; c'est ce que l'on nommait l'arbitrage *forcé*. Mais cette disposition a été abrogée par la loi du 17 juillet 1856, qui attribue aux tribunaux de commerce la connaissance des contestations entre associés.

Ainsi, aujourd'hui, l'arbitrage est toujours une juridiction essentiellement volontaire.

L'acte par lequel les parties soumettent leur différend à un ou plusieurs arbitres, reçoit le nom de *compromis*.

Le compromis doit désigner les objets en litige et les arbitres, à peine de nullité. — Il est valable, encore qu'il ne fixe pas de délai; et en ce cas, la mission des arbitres ne dure que trois mois du jour du compromis. (C. pr. 1006, 1007.)

Le compromis finit : 1° par le décès, refus, déport ou empêchement d'un des arbitres, s'il n'y a clause qu'il sera passé outre, ou que le remplacement sera au choix des parties, ou au choix de l'arbitre ou des arbitres restants; 2° par l'expiration du délai stipulé, ou de celui de trois mois, s'il n'en a pas été réglé; 3° par le partage d'opinions, si les arbitres n'ont pas reçu le pouvoir de prendre un tiers arbitre. (C. pr. 1012.)

Comme les arbitres peuvent être choisis en tel nombre que les parties le jugent convenable, ce partage d'opinions arrivera fréquemment s'ils sont choisis en nombre pair, et surtout s'il ne sont que deux.

Les arbitres ne peuvent se déporter, c'est-à-dire donner leur démission d'arbitres, si leurs opérations sont commencées; ils ne peuvent être récusés, si ce n'est pour cause survenue depuis le compromis. (C. pr. 1014.)

Chacune des parties est tenue de produire ses défenses et pièces quinze jours au moins avant l'expiration du compromis. (C. pr. 1016.)

En cas de partage, les arbitres autorisés à nommer un tiers sont tenus de le faire par la décision qui prononce le partage. S'ils ne peuvent en convenir, ils le déclareront sur le procès-verbal, et le tiers sera nommé par le président du tribunal. Il sera, à cet effet, présenté requête par la partie la plus diligente. (C. pr. 1017.)

Le tiers arbitre est tenu de juger dans le mois du jour de son acceptation, à moins que ce délai n'ait été prolongé par l'acte de sa nomination; il ne peut prononcer qu'après avoir conféré avec les arbitres divisés. (C. pr. 1018.)

Les arbitres et tiers arbitres doivent décider d'après les règles du droit, à moins que le compromis ne leur donne pouvoir de prononcer comme *amiables compositeurs*. (C. pr. 1019.)

Le jugement arbitral est rendu exécutoire par une ordonnance du président du tribunal de première instance; à cet effet, la minute du jugement doit être déposée dans les trois jours par l'un des arbitres au greffe du tribunal. Le président ne peut refuser l'ordonnance d'*exequatur* qui rend exécutoire le jugement arbitral. (C. pr. 1021.)

Les jugements arbitraux ne peuvent, dans aucun cas, être opposés à des tiers. (C. pr. 1022.)

Ils ne sont, dans aucun cas, sujets à l'opposition. (C. pr. 1016.)

L'appel des jugements arbitraux est porté, savoir : devant les tribunaux de première instance, pour les matières qui, s'il n'y eût point eu d'arbitrage, eussent été, soit en premier, soit en dernier ressort, de la compétence des tribunaux de première instance. (C. pr. 1023.)

Sur la différence qui existe entre un arbitre et un expert, voyez chapitre XIX, section 1.

DES FAILLITES ET BANQUEROUTES

DÉFINITION DE QUELQUES TERMES

La *déconfiture* est l'état d'un commerçant ou d'un non-commerçant dont le passif est supérieur à l'actif.

La *faillite* est l'état d'un *commerçant qui a cessé ses payements*.

D'après cela, on voit qu'il y a entre la faillite et la déconfiture des différences essentielles :

1° La faillite est un état exclusivement propre aux commerçants; un non-commerçant ne peut être constitué en faillite.

2° Un commerçant peut être en état de déconfiture, c'est-à-dire avoir plus de dettes que de biens, et cependant, s'il jouit d'un crédit suffisant, continuer ses payements, et par conséquent échapper à la déclaration de faillite.

3° À l'inverse, il se peut qu'un commerçant dont l'actif surpasse beaucoup le passif, soit déclaré en faillite si, faute de ressources présentes, il ne peut exécuter à temps ses engagements, et qu'il se voie forcé de cesser ses payements. (M. Ruben de Couder, v° *Faillite*, n° 53.)

La faillite accompagnée de faute grave ou de fraude de la part du failli est une *banqueroute*.

La banqueroute *simple* est celle qui est accompagnée de négligence et de fautes graves, sans néanmoins qu'il y ait fraude de la part du failli; c'est un *délit* de la compétence des tribunaux correctionnels.

La banqueroute *frauduleuse* est celle qui est accompagnée de fraude; c'est un *crime* de la compétence des cours d'assises.

DE LA FAILLITE

§ 1. De la déclaration de faillite et de ses effets.

Tout failli est tenu, dans les trois jours de la cessation de ses payements, de déclarer cette cessation de payements au greffe du tribunal de commerce. Le jour de la cessation de payements est compris dans les trois jours. — En cas de faillite d'une société en nom collectif, la déclaration doit contenir le nom et l'indication de chacun des associés solidaires. Elle se fait au greffe du tribunal dans le ressort duquel se trouve le siège du principal établissement de la société. (C. com. 438.)

La déclaration du failli doit être accompagnée du dépôt du bilan, ou contenir l'indication des motifs qui empêcheraient le failli de le déposer. Le bilan contient l'énumération et l'évaluation de tous les biens mobiliers et immobiliers du débiteur, l'état des dettes actives et passives, le tableau des profits et pertes, le tableau des dépenses; il doit être certifié véritable, daté et signé par le débiteur. (C. com. 439.)

La faillite est déclarée par jugement du tribunal de commerce, rendu, soit sur la déclaration du failli, soit à la requête d'un ou plusieurs créanciers, soit d'office. Ce jugement est exécutoire provisoirement. (C. com. 440.)

Le jugement déclaratif de la faillite emporte de plein droit, à partir de sa date, dessaisissement pour le failli de l'administration de tous ses biens, même de ceux qui peuvent lui échoir tant qu'il est en état de faillite. — A partir de ce jugement, toute action mobilière ou immobilière ne peut être suivie ou intentée que contre les syndics. — Il en est de même de toute voie d'exécution, tant sur les meubles que sur les immeubles. — Le tribunal, lorsqu'il le juge convenable, peut recevoir le failli partie intervenante. (C. com. 443.)

Le jugement déclaratif de faillite rend exigibles, à l'égard du failli, les dettes passives non échues. (C. com. 444.)

Le jugement déclaratif de faillite arrête, à l'égard de la masse seulement, le cours des intérêts de toute créance non garantie par un privilège, par un nantissement ou par une hypothèque. — Les intérêts des créances garanties ne peuvent être réclamés que sur les sommes provenant des biens affectés au privilège, à l'hypothèque et au nantissement. (C. com. 445.)

Sont nuls et sans effet, relativement à la masse, lorsqu'ils auront été faits par le débiteur depuis l'époque déterminée par le tribunal comme étant celle de la cessation de ses paiements, ou dans les dix jours qui auront précédé cette époque : — Tous actes translatifs de propriétés mobilières et immobilières à titre gratuit; — Tous payements soit en espèces, soit par transport, vente, compensation ou autrement, pour dettes non échues; et pour dettes échues, tous payements faits autrement qu'en espèces ou effets de commerce ; — Toute hypothèque conventionnelle et judiciaire, et tous droits d'antichrèse ou de nantissement, constitués sur les biens du débiteur pour dettes antérieurement contractées. — Tous autres payements faits par le débiteur pour dettes échues, et tous autres actes à titre onéreux par lui passés après la cessation des payements et avant le jugement déclaratif de faillite, pourront être annulés, si, de la part de ceux qui ont reçu du débiteur ou qui ont traité avec lui, ils ont eu lieu avec connaissance de la cessation de ses payements. (C. com. 446-447.)

Les droits d'hypothèque et de privilège valablement acquis peuvent être inscrits jusqu'au jour du jugement déclaratif de la faillite. — Néanmoins, les inscriptions prises après l'époque de la cessation des payements ou dans les dix jours qui précèdent, peuvent être déclarées nulles, s'il s'est écoulé plus de quinze jours entre la date de l'acte constitutif de l'hypothèque ou du privilège et celle de l'inscription. — Le délai est augmenté d'un jour à raison de cinq myriamètres de distance entre le lieu où le droit d'hypothèque a été acquis et le lieu où l'inscription est prise. (C. com. 448.)

Les syndics ont, pour les baux des immeubles affectés à l'industrie ou au commerce du failli, y compris les locaux dépendant de ces immeubles et servant à l'habitation du failli et de sa famille, huit jours, à partir de l'expiration du délai accordé par l'article 492 C. com., aux créanciers domiciliés en France pour la vérification de leurs créances, pendant lesquels ils peuvent notifier au propriétaire leur intention de continuer le bail, à charge de satisfaire à toutes les obligations du locataire. — Cette notification ne peut avoir lieu qu'avec l'autorisation du juge-commissaire et le failli entendu. — Jusqu'à l'expiration de ces huit jours, toute voie d'exécution sur les effets mobiliers servant à l'exploitation du commerce ou de l'industrie du failli et toutes actions en résiliation du bail sont suspendues, sans préjudice de toutes mesures conservatoires et du droit qui serait acquis au propriétaire de reprendre possession des lieux loués. — Dans ce cas, la suspension des voies d'exécution cesse de plein droit. — Le bailleur doit, dans les quinze jours qui suivent la notification faite par les syndics, former sa demande en résiliation. — Faute par lui de l'avoir formée dans ce délai, il est réputé avoir renoncé à se prévaloir des causes de résiliation déjà existantes à son profit. (C. com. 450; L. 12 fév. 1872.)

Si le bail est résilié, le propriétaire a privilège pour les deux dernières années de location échues avant le jugement déclaratif de faillite, pour l'année courante, pour ce qui concerne l'exécution du bail et pour les dommages-intérêts qui pourront être alloués. — Au cas de non-résiliation, le bailleur, une fois payé de tous les loyers échus, ne peut exiger le payement des loyers en cours ou à échoir, si les sûretés qui lui ont été données lors du contrat sont maintenues, ou si celles qui lui ont été fournies depuis la faillite sont jugées suffisantes. — Lorsqu'il y a vente et enlèvement des meubles garnissant les lieux loués, le bailleur peut exercer son privilège comme au cas de résiliation, et en outre pour une année à échoir à partir de l'expiration de l'année courante, que le bail ait ou non date certaine. — Les syndics peuvent continuer ou céder le bail pour tout le temps restant à courir, à la charge de maintenir dans l'immeuble gage suffisant et d'exécuter, à mesure des échéances, toutes les obligations résultant du droit ou de la convention, mais sans que la destination des lieux loués puisse être changée. (C. com. 550; L. 12 fév. 1872.)

§ 2. Nomination du juge-commissaire, des syndics provisoires et des syndics définitifs; apposition et levée des scellés; inventaire.

Par le jugement déclaratif de faillite, le tribunal de commerce désigne l'un de ses membres pour juge-commissaire, avec mission d'accélérer et de surveiller les opérations et la gestion de la faillite; par le même jugement, le tribunal nomme également un ou plusieurs syndics provisoires, et ordonne l'apposition des scellés. — Néanmoins, si le juge-commissaire estime que l'actif du failli peut être inventorié en un seul jour, il n'est point apposé de scellés, et il est immédiatement procédé à l'inventaire. (C. com. 455.)

Les scellés sont apposés sur les magasins, comptoirs, caisses, portefeuilles, livres, papiers, meubles et effets du failli. — En cas de faillite d'une société en nom collectif, les scellés sont apposés, non seulement dans le siège principal de la Société, mais encore dans le domicile séparé de chacun des associés solidaires. (C. com. 458.)

Le juge-commissaire convoque immédiatement les créanciers présumés; il consulte les créanciers présents à la réunion, tant sur la composition de l'état des créanciers présumés que sur le maintien ou le remplacement des syndics. Procès-verbal est dressé des dires et observations des créanciers pour être présenté au tribunal. Sur le vu de ce procès-verbal et de l'état des créanciers présumés, et sur le rapport du juge-commissaire, le tribunal nomme de nouveaux syndics ou continue les premiers dans leurs fonctions. Les syndics ainsi institués sont définitifs; cependant ils peuvent être remplacés par le tribunal de commerce. — Le nombre des syndics peut être, à toute époque, porté jusqu'à trois; ils peuvent être choisis parmi les personnes étrangères à la masse, et recevoir, quelle que soit leur qualité, après avoir rendu compte de leur gestion, une indemnité fixée par le tribunal sur le rapport du juge-commissaire. — Aucun parent ou allié du failli, jusqu'au quatrième degré inclusivement, ne peut être nommé syndic. (C. com. 462, 463.)

Si l'apposition des scellés n'a pas eu lieu avant la nomination des syndics, ils doivent requérir le juge de paix d'y procéder. Le juge-commissaire peut, sur leur demande, les dispenser de faire placer sous les scellés, ou les autoriser à en faire extraire : 1º les vêtements, hardes, meubles et effets nécessaires au failli et à sa famille, et dont la délivrance est autorisée par le juge-commissaire sur l'état que lui en soumettent les syndics; 2º les objets sujets à dépérissement prochain ou à dépréciation imminente; 3º les objets servant à l'exploitation du fonds du commerce, lorsque cette exploitation ne pourrait être interrompue sans préjudice pour les créanciers. Les objets compris dans les deux paragraphes présents sont de suite inventoriés avec prisée par les syndics, en présence du juge de paix qui signe le procès-verbal. (C. com. 468, 469.)

La vente des objets sujets à dépérissement, ou à dépréciation imminente, ou dispendieux à conserver, et l'exploitation du fonds de commerce, ont lieu à la diligence des syndics, sur l'autorisation du juge-commissaire. (C. com. 470.)

Les livres sont extraits des scellés et remis par le juge de paix aux syndics, après avoir été arrêtés par lui; il constate sommairement, par son procès-verbal, l'état dans lequel ils se trouvent. — Les effets de portefeuille à courte échéance ou susceptibles d'acceptation, ou pour lesquels il faut faire des actes conservatoires, sont aussi extraits des scellés par le juge de paix, décrits et remis aux syndics pour en faire le recouvrement. Le bordereau en est remis au juge-commissaire. — Les autres créances sont recouvrées par les syndics sur leurs quittances. (C. com. 471.)

Le failli peut obtenir, sur l'actif de la faillite, des secours alimentaires pour lui et sa famille. (C. com. 474.) — Les syndics doivent appeler le failli auprès d'eux pour clore et arrêter les livres en sa présence. (C. com. 475.) — Dans les trois jours, les syndics doivent requérir la levée des scellés et procéder à l'inventaire des biens du failli, lequel sera présent ou dûment appelé. (C. com. 479.) — L'inventaire est dressé en double minute par les syndics à mesure que les scellés sont levés, et en présence du juge de paix qui le signe à chaque vacation. L'une de ces minutes est déposée au greffe du tribunal de commerce, dans les vingt-quatre heures, l'autre reste entre les mains des syndics (¹). (C. com. 480.)

§ 3. De la vente des marchandises et meubles, et des recouvrements.

L'inventaire terminé, les marchandises, l'argent, les titres actifs, meubles et effets du débiteur, sont remis aux syndics qui s'en chargent au bas dudit inventaire. (C. com. 484.)

Les syndics continuent de procéder aux recouvrements (C. com. 485), que d'ailleurs ils ont dû commencer à effectuer dès les premiers temps de leur gestion.

Le juge-commissaire peut, le failli entendu ou dûment appelé, faire autoriser les syndics à la vente des effets mobiliers ou marchandises dont la vente est nécessitée par le besoin de se procurer des fonds ou par quelque autre circonstance. — Il décide si la vente se fait soit à l'amiable, soit aux enchères publiques. (C. com. 486.)

Les syndics peuvent, avec l'autorisation du juge-commissaire et le failli dûment appelé, transiger sur toute contestation qui intéresse la masse. Si l'objet de la transaction est d'une valeur déterminée et qui excède 300 fr., la transaction doit être homologuée (approuvée) par le tribunal de commerce ou le tribunal civil, suivant qu'il s'agit de droits mobiliers ou immobiliers. (C. com. 487.)

Les deniers provenant des ventes et des recouvrements sont, sous la déduction des sommes arbitrées par le juge-commissaire pour le montant des dépenses et frais, versés immédiatement à la Caisse des dépôts et consignations; ils ne peuvent en être retirés qu'en vertu d'une ordonnance du juge-commissaire. (C. com. 489.)

§ 4. De la vérification des créances.

A partir du jugement déclaratif de la faillite, les créanciers

---

(¹) Il a été institué au greffe de chaque tribunal de commerce et de chaque tribunal civil jugeant commercialement un registre sur lequel sont inscrits, pour chaque faillite, les actes relatifs à la gestion des syndics. (D. 25 mars 1880.)

peuvent remettre au greffier leurs titres, avec un bordereau indicatif des sommes par eux réclamées ; c'est ce qu'on appelle la *production des titres.* (C. com. 491.)

La vérification des créances se fait aux lieu, jour et heure indiqués par le juge-commissaire. — Les créanciers sont convoqués à cet effet. (C. com. 493.)

Les créances des syndics sont vérifiées par le juge-commissaire : les autres le sont contradictoirement entre le créancier ou son fondé de pouvoir et le syndic, en présence du juge-commissaire qui en dresse procès-verbal. (C. com. 493.)

Tout créancier vérifié ou porté au bilan peut assister à la vérification des créances, et fournir des contredits aux vérifications faites ou à faire. Le failli a le même droit. (C. com. 494.) — Le procès-verbal de vérification exprime si la créance est admise ou contestée. (C. com. 495.) — Si la créance est admise, les syndics signent, sur chacun des titres, là déclaration suivante : *Admis au passif de la faillite de...., pour la somme de.....; le.....* — Le juge-commissaire vise la déclaration. — Chaque créancier, dans la huitaine au plus tard après que sa créance a été vérifiée, est tenu d'affirmer, entre les mains du juge-commissaire, que ladite créance est sincère et véritable. (C. com. 497.) — Ordinairement, du moins à Paris, l'affirmation suit immédiatement la vérification, et il n'est dressé du tout qu'un seul procès-verbal.

Si la créance est contestée, le tribunal de commerce ou le tribunal civil, suivant le cas, peut, par provision, et pour une certaine somme déterminée par le jugement, admettre le créancier contesté à prendre part aux délibérations de la faillite. (C. com. 498, 499.) — Le créancier, dont le privilège ou l'hypothèque seulement est contesté, est admis dans les délibérations comme créancier ordinaire. (C. com. 501.)

§ 5. Du concordat.

Le concordat, qu'il ne faut pas confondre avec la *cession de biens* ni avec l'*atermoiement*, est un traité par lequel les créanciers du failli lui accordent du temps pour se libérer et lui font remise d'une partie de ses dettes.

Le traité ne peut avoir lieu qu'après l'accomplissement des formalités ci-dessus ([1]).

Le juge-commissaire fait convoquer, à l'effet de délibérer sur la formation du concordat, les créanciers dont les créances ont été vérifiées et affirmées, ou admises par provision. Aux lieu, jour et heure fixés par le juge-commissaire, l'assemblée se forme sous sa présidence; les créanciers vérifiés et affirmés, ou admis par provision, s'y présentent en personne ou par fondés de pouvoir.

Le failli est appelé à cette assemblée; il doit s'y présenter en personne, s'il a été dispensé de la mise en dépôt, et il ne peut s'y faire représenter que pour des motifs valables et approuvés par le juge-commissaire. (C. com. 505.)

Le concordat ne s'établit que par le concours d'un nombre de créanciers formant la majorité et représentant en outre les trois quarts de la totalité des créances vérifiées et affirmées ou admises par provision. (C. com. 507.) — Pour calculer la majorité en nombre, il faut compter non seulement les créanciers présents, mais encore tous les créanciers vérifiés et affirmés, ou admis par provision (C. com. 504), quoique non présents à la délibération.

Les créanciers hypothécaires inscrits ou dispensés d'inscription, et les créanciers privilégiés ou nantis d'un gage, n'ont pas voix dans les opérations relatives au concordat pour lesdites créances, et elles n'y sont comptées que s'ils renoncent à leurs hypothèques, gages ou privilèges. — Le vote au concordat emporte de plein droit cette renonciation. (C. com. 508.)

Le concordat est, à peine de nullité, signé séance tenante. S'il est consenti par la majorité en nombre, sans l'être par la majorité des trois quarts en somme, ou par la majorité des trois quarts en somme, sans l'être par la majorité en nombre, la délibération est remise à huitaine pour tout délai; dans ce cas, les résolutions prises et les adhésions données lors de la première assemblée demeurent sans effet. (C. com. 509.)

Si le failli a été condamné comme banqueroutier frauduleux, le concordat ne peut être formé. (C. com. 510.) — Si le failli a

([1]) Pour de plus amples développements, voyez le *Dictionnaire* de M. Ruben de Couder, au mot *Concordat*.

été condamné comme banqueroutier simple, le concordat peut être formé. (C. com. 511.)

Tous les créanciers ayant eu droit de concourir au concordat, ou dont les droits ont été reconnus depuis, peuvent y former opposition, et doivent signifier cette opposition dans la huitaine. (C. com. 512.)

L'homologation du concordat ne peut avoir lieu avant l'expiration de ce délai de huitaine; si dans cet intervalle il a été formé des oppositions, le tribunal statue sur ces oppositions et sur l'homologation par un seul et même acte; si l'opposition est admise, l'annulation du concordat est prononcée à l'égard de tous les intéressés. (C. com. 513.)

L'homologation du concordat le rend obligatoire pour tous les créanciers, portés ou non au bilan, vérifiés ou non vérifiés, ainsi que pour tous ceux qui ont été admis par provision à délibérer, quelle que soit la somme à eux attribuée par le jugement définitif. (C. com. 516.) — Les créanciers qui, lors de la délibération, avaient refusé de consentir au concordat, sont donc obligés de l'accepter, une fois qu'il est homologué.

Aussitôt après que le jugement d'homologation est passé en force de chose jugée, les fonctions des syndics cessent. — Les syndics rendent au failli leur compte définitif, en présence du juge-commissaire. Ils remettent au failli l'universalité de ses biens, livres, papiers et effets. Le failli en donne décharge et reprend l'administration de ses biens. (C. com. 519.)

Aucune action en nullité du concordat n'est recevable après l'homologation que pour cause de dol découvert depuis cette homologation, et résultant soit de la dissimulation de l'actif, soit de l'exagération du passif (C. com. 518); dans ces cas, le failli peut être poursuivi par le ministère public comme banqueroutier frauduleux.

Le concordat peut être résolu, si le failli n'en exécute pas les conditions. (C. com. 520.)

§ 6. Du concordat par abandon.

Peut être insérée dans le concordat la clause que le débiteur obtiendra sa libération complète, moyennant l'abandon total ou

partiel de ses biens ; un pareil traité, consenti par les créanciers
formant la majorité en nombre et les trois quarts en somme,
devient obligatoire pour tous les créanciers, une fois qu'il a été
homologué par le tribunal de commerce. Cette espèce particulière de concordat se nomme *concordat par abandon*. Le Code
de commerce n'en parlait pas, mais la légalité en a été formellement reconnue par la loi du 17 juillet 1856. (M. Ruben de
Couder, v° *Concordat*, n°s 367 à 381.)

Le concordat par abandon, pas plus que le concordat ordinaire, ne doit être confondu ni avec la cession de biens, ni
avec l'atermoiement.

§ 7. De l'union.

S'il n'intervient point de concordat, les créanciers sont de
plein droit en état d'*union*.

Le juge-commissaire les consulte immédiatement, tant sur
les frais de la gestion que sur l'utilité du maintien ou du remplacement des syndics. Les créanciers privilégiés, hypothécaires
ou nantis d'un gage, sont admis à cette délibération. Il est
dressé procès-verbal des dires et observations des créanciers et,
sur le vu de cette pièce, le tribunal nomme de nouveaux syndics
ou maintient les premiers. Les syndics non maintenus rendent
leur compte aux nouveaux syndics, en présence du juge-commissaire, le failli dûment appelé. (C. com. 529.)

Une somme peut être accordée au failli à titre de secours sur
l'actif de la faillite, du consentement de la majorité des créanciers présents à la délibération (C. com. 530.)

Les syndics représentent la masse des créanciers (C. com.
532) ; ils sont chargés de poursuivre la vente des immeubles,
marchandises et effets mobiliers du failli, et la liquidation de
ses dettes actives et passives ; le tout, sous la surveillance du
juge-commissaire, et sans qu'il soit besoin d'appeler le failli
(C. com. 534) ; ils peuvent transiger sur toute espèce de droit
appartenant au failli, nonobstant toute opposition de sa part
(C. com. 535.) — Ils pourraient aussi recevoir des créanciers
mandat pour continuer l'exploitation de l'actif. (C. com. 532.)

Les créanciers en état d'union sont convoqués au moins une

fois dans la première année, et, s'il y a lieu, dans les années suivantes, par le juge-commissaire. Dans ces assemblées, les syndics doivent rendre compte de leur gestion, et sont continués ou remplacés dans l'exercice de leurs fonctions. (C. com. 536.)

Lorsque la liquidation de la faillite est terminée, les créanciers sont tous convoqués par le juge-commissaire; dans cette dernière assemblée, les syndics rendent leur compte. Le failli est présent ou dûment appelé. — Les créanciers donnent leur avis sur l'excusabilité du failli. Il est dressé, à cet effet, un procès-verbal dans lequel chacun des créanciers peut consigner ses dires et observations. — Après la clôture de l'assemblée, l'union est dissoute de plein droit. (C. com. 537.) — Le juge-commissaire présente au tribunal la délibération des créanciers relative à l'excusabilité du failli, et un rapport sur les caractères et les circonstances de la faillite. — Le tribunal prononce si le failli est ou non excusable. (C. com. 538.)

Si le failli n'est pas déclaré excusable, les créanciers rentrent dans l'exercice de leurs actions individuelles, tant contre sa personne que sur ses biens. — S'il est déclaré excusable, il demeure affranchi de la contrainte par corps à l'égard des créanciers de la faillite, et ne peut plus être poursuivi par eux que sur ses biens. (C. com. 539.) (Intérêt disparu depuis l'abolition de la contrainte par corps.) — Ne peuvent être déclarés excusables : les banqueroutiers frauduleux, les stellionataires, les personnes condamnées pour vol, escroquerie ou abus de confiance, les comptables de deniers publics. (C. com. 540.)

DE LA BANQUEROUTE SIMPLE

Doit être déclaré banqueroutier simple tout commerçant failli qui se trouve dans un des cas suivants :

1° Si ses dépenses personnelles ou les dépenses de sa maison sont jugées excessives ;

2° S'il a consommé de fortes sommes, soit à des opérations

de pur hasard, soit à des opérations fictives de bourse ou sur marchandises ;

3° Si, dans l'intention de retarder sa faillite, il a fait des achats pour revendre au-dessous du cours; si dans la même intention, il s'est livré à des emprunts, circulation d'effets, ou autres moyens ruineux de se procurer des fonds ;

4° Si, après cessation de ses payements, il a payé un créancier au préjudice de la masse. (C. com. 585.)

Peut être déclaré banqueroutier simple tout commerçant failli qui se trouve dans un des cas suivants :

1° S'il a contracté, pour le compte d'autrui, sans recevoir des valeurs en échange, des engagements jugés trop considérables, eu égard à sa situation lorsqu'il les a contractés ;

2° S'il est de nouveau déclaré en faillite, sans avoir satisfait aux obligations d'un précédent concordat ;

3° Si, étant marié sous le régime dotal, ou séparé de biens, il ne s'est pas conformé à l'obligation de publier son contrat de mariage et le jugement de séparation de biens.

4° Si, dans les trois jours de la cessation de ses payements, il n'a pas fait au greffe la déclaration exigée, ou si cette déclaration ne contient pas le nom de tous les associés solidaires ;

5° Si, sans empêchement légitime, il ne s'est pas présenté en personne aux syndics dans les cas et dans les délais fixés, ou si, après avoir obtenu un sauf-conduit, il ne s'est pas représenté à justice ;

6° S'il n'a pas tenu de livres et fait exactement inventaire; si ces livres ou inventaires sont incomplets ou irrégulièrement tenus, ou s'ils n'offrent pas la véritable situation active ou passive, sans néanmoins qu'il y ait fraude. (C. com. 586.)

DE LA BANQUEROUTE FRAUDULEUSE

Doit être déclaré banqueroutier frauduleux tout commerçant failli qui a soustrait ses livres, détourné ou dissimulé une partie de son actif, ou qui, soit dans ses écritures, soit par des actes publics ou des engagements sous signature privée, soit par son bilan, s'est frauduleusement reconnu débiteur de sommes qu'il ne doit pas. (C. com. 591.)

DE LA RÉHABILITATION

D'après la Constitution de l'an VIII, l'exercice des droits de citoyen français est suspendu par l'état de débiteur failli ou d'héritier immédiat et à titre gratuit de la succession totale ou partielle d'un failli. — Les faillis sont, de plus, d'après le Code de commerce, incapables d'être agents de change ou courtiers (C. com. 83), et il leur est interdit même de se présenter à la Bourse. (C. com. 613.) Mais le failli peut être relevé de ces incapacités et *réhabilité* quand il a intégralement acquitté, en principal, intérêts et frais, les sommes par lui dues [1]. (C. com. 604.)

Le failli ne peut obtenir sa réhabilitation, s'il est l'associé d'une maison de commerce tombée en faillite, qu'après avoir justifié que toutes les dettes de la société ont été intégralement acquittées en principal, intérêts et frais, alors même qu'un concordat particulier lui aurait été consenti. (C. com. 604.)

Ne sont pas admis à la réhabilitation les banqueroutiers frauduleux, les personnes condamnées pour vol, escroquerie ou abus de confiance, les stellionataires, ni les tuteurs, administrateurs ou autres comptables qui n'ont pas rendu et soldé leurs comptes.

Peut être admis à la réhabilitation, le banqueroutier simple qui a subi la peine à laquelle il a été condamné. (C. com. 612.)

Le failli peut être réhabilité après sa mort. (C. com. 614.)

ENREGISTREMENT

Bilan : droit fixe de 3 fr. — Concordat : droit fixe de 4 fr. 50.

---

[1] Sur les incapacités qui frappent le failli, voyez le *Dictionnaire* de M. Ruben de Couder, au mot *Faillite*, nᵒˢ 165 et 166.

ACTES, MANDATS, PROCURATIONS

ACTES SOUS SEING PRIVÉ

On appelle *acte sous seing privé* tout acte souscrit sans l'intervention d'un officier public compétent, et sous la seule signature des parties.

L'acte sous seing privé, reconnu par celui auquel on l'oppose, ou légalement tenu pour reconnu, a, entre ceux qui l'ont souscrit et entre leurs héritiers et ayants cause, la même foi que l'acte authentique. (Code civil, art. 1322.)

Celui auquel on oppose un acte sous seing privé est obligé d'avouer ou de désavouer formellement son écriture ou sa signature. Ses héritiers ou ayants cause peuvent se contenter de déclarer qu'ils ne connaissent point l'écriture ou la signature de leur auteur. (Code civil, art. 1323.)

Dans le cas où la partie désavoue son écriture ou sa signature, et dans le cas où ses héritiers ou ayants cause déclarent ne les point connaître, la vérification en est ordonnée en justice. (Code civil, art. 1324.)

Il résulte des articles ci-dessus du Code civil, que *c'est à celui qui invoque un acte sous seing privé à en prouver la sincérité,* si la signature est déniée par l'auteur de l'acte, ou non reconnue par ses ayants cause. Du reste, le porteur d'un acte sous seing privé est admis à en prouver la sincérité par toutes sortes de moyens : par titres, par experts, par témoins ou par des présomptions graves, précises et concordantes, dont l'examen est abandonné aux lumières et à la prudence du magistrat.

Les actes sous seing privé qui contiennent des conventions

synallagmatiques (¹) ne sont valables qu'autant qu'ils ont été faits en autant d'originaux qu'il y a de parties ayant un intérêt distinct. Il suffit d'un original pour toutes les personnes ayant le même intérêt. Chaque original doit contenir la mention du nombre d'originaux qui ont été faits. Néanmoins le défaut de mention que les originaux ont été faits doubles, triples, etc., ne peut être opposé par celui qui a exécuté de sa part la convention portée dans l'acte. (Code civil, art. 1325.)

En général, les actes sous seing privé ne sont assujettis à aucune forme proprement dite, car on ne peut considérer comme telle la signature. C'est de celle-ci que les actes sous seing privé tirent leur force; c'est elle qui constate le consentement nécessaire pour rendre la convention obligatoire.

Trop souvent l'on voit des actes dans lesquels les parties, ne sachant signer, apposent leur *croix ordinaire*. Ce mode de signer a toujours été considéré comme insuffisant, même accompagné de la signature de témoins.

La règle qui n'assujettit les actes sous seing privé à aucune forme, reçoit exception dans plusieurs cas :

1° Quand il s'agit d'actes synallagmatiques.

2° Les testaments olographes doivent être écrits en entier, datés et signés de la main du testateur.

3° Le billet ou la promesse sous seing privé par lequel une seule partie s'engage envers l'autre à lui payer une somme d'argent ou une chose appréciable, doit être écrit en entier de la main du souscripteur, ou du moins il faut qu'outre sa signature celui-ci ait écrit de sa main un bon ou approuvé *portant en toutes lettres la somme ou la quantité de la chose fournie*, excepté dans le cas où l'acte émane de marchands, artisans, laboureurs, vignerons, gens de journée et de service. (Code civil, art. 1326.)

4° La date est formellement prescrite dans les effets de commerce, dans les contrats d'assurance, et, comme nous l'avons dit plus haut, dans les testaments olographes.

Enfin les actes sous seing privé doivent pour la plupart, et sous peine d'amende, mais non à peine de nullité, être écrits

_____
(¹) C'est-à-dire des conventions qui obligent plusieurs personnes les unes envers les autres.

sur papier timbré; ils doivent tous être soumis à l'enregistrement avant de pouvoir être produits en justice.

En règle générale, il est permis de rédiger sous seing privé
tous les actes et contrats, à l'exception de ceux qui, par une
disposition expresse de la loi, doivent être passés par-devant
notaire, et ne peuvent être reçus que par les officiers publics
ou fonctionnaires préposés à cet effet.

Les actes et contrats qui ne peuvent pas être rédigés sous
seing privé sont, entre autres :

1° Les contrats de mariage;

2° Les constitutions d'hypothèque et les mainlevées d'inscriptions hypothécaires;

3° Les donations entre-vifs;

4° Les testaments mystiques et publics;

5° Les cessions de brevets d'invention.

On remarquera que le législateur permet de faire sous seing
privé les testaments nommés olographes, tandis que les donations entre-vifs exigent un acte notarié.

Ces généralités sur les actes sous seing privé une fois posées,
nous allons donner quelques explications relatives aux *billets*.

Un billet est en général un écrit sous seing privé contenant
promesse de payer une somme d'argent ou d'autres valeurs

On doit faire les billets sur du papier timbré dont le prix
varie avec la somme qui y est portée. Ce droit de timbre est
fixé à raison de 5 centimes par fraction de 100 francs, à :

0f 05 cent. pour les effets de 100 fr. et au-dessous		
0 10	—	200
0 15	—	300
0 20	—	400
0 25	—	500
0 50	—	1000
1 »	—	2000
1 50	—	3000
2 »	—	4000

Il y a plusieurs sortes de billets : le billet simple, le billet à
ordre et la lettre de change.

MANDATS ET PROCURATIONS

Le mandat est un contrat par lequel une personne donne le pouvoir de faire quelque chose pour elle à une autre personne qui l'accepte. On appelle celui qui donne le pouvoir *mandant,* et celui qui l'accepte *mandataire, procureur fondé,* ou simplement *procureur*. — Dans une autre acceptation, le mandat est l'acte par lequel le mandant donne le pouvoir au mandataire. Cet acte s'appelle encore *procuration*.

La procuration est de deux sortes : elle est spéciale et pour une affaire ou certaines affaires seulement, ou générale et pour toutes les affaires du mandant.

Les procurations sous seing privé n'ont pas besoin d'être rédigées en double original ; ce n'est pas là un acte synallagmatique.

Modèle de procuration générale.

Je soussigné Joseph Lautier, propriétaire, demeurant à Paris, rue de Rivoli, 18, donne, par le présent, pouvoir au sieur Charles Bernin, que je constitue mon procureur général et spécial;

De régir et administrer, non seulement activement, mais encore passivement, tous les biens mobiliers et immobiliers qui m'appartiennent ou m'appartiendront par la suite, à quelque titre que ce soit;

Conséquemment de toucher et recevoir de tous débiteurs, fermiers et locataires, les sommes en principal, intérêts, frais et accessoires, qui sont ou pourraient m'être dus; toucher toutes sommes à quelque titre que ce puisse être et de qui que ce soit; accepter ou refuser tous remboursements offerts, exigibles ou de convenance; compter avec tous créanciers ou débiteurs quelconques; payer et rembourser toutes sommes en principal, intérêts qui sont ou pourront être dus par moi, à quelque titre ou pour quelque motif que ce soit; souscrire ou faire souscrire tous contrats, billets ou obligations; louer ou affermer tout ou partie de mes biens immeubles, faire procéder à toutes réparations qui pourraient devenir nécessaires; accepter toutes donations, tous legs particuliers ou universels; assister et être présent à toutes assemblées de créancier, donner ou retirer quittances et décharges valables; faire tous placements, emplois de fonds; recueillir toutes successions directes ou collatérales qui pourraient m'échoir, prendre connaissance de tous testaments et de toutes donations, en consentir ou contester l'effet; procéder amiablement ou en justice à tous comptes; retirer de la poste aux lettres tous paquets et lettres chargées ou non chargées, à moi adressés, signer, émarger tous registres et feuilles; élire domicile, substituer en tout ou partie des présents pouvoirs une ou plusieurs personnes, conjointement ou séparément.

Et généralement faire, au sujet de la régie et administration de mes biens, tout ce que les circonstances, même dans les cas non prévus par ces présentes, détermineront de convenable ou indiqueront de nécessaire dans mes intérêts, car je promets avoir le tout pour agréable.

Paris, le dix-sept avril mil huit cent quatre-vingt-dix.

Joseph LAUTIER.

Droit fixe d'enregistrement : 3 francs, plus le double décime.

Modèle de procuration pour toucher une somme due.

Je soussigné Jérôme Benoît, peintre, demeurant à Paris, rue de Tournon, nº 24, donne, par les présentes, pouvoir à M. Nicolas Batter, de recevoir, pour moi, du sieur X..., la somme de..., qu'il me doit *(indiquer la cause de la dette)*, d'en donner reçu et quittance valable, et, en cas de non-payement, intenter contre lui toutes poursuites devant les tribunaux, former toutes saisies-arrêts, oppositions, se désister ou appeler, transiger, et généralement faire, pour le recouvrement de ladite somme, tout ce que M. Bater jugera convenable.

Paris, le cinq février mil huit cent quatre-vingt-onze.

Jérôme BENOIT.

Droit fixe d'enregistrement : 3 francs, plus le double décime.

DES BREVETS D'INVENTION

Dispositions générales.

Les brevets d'invention sont des titres délivrés par le gouvernement, qui ont pour objet de constater les demandes en priorité d'invention et d'assurer, sous certaines conditions, et pour un certain temps, à l'auteur de la nouvelle découverte ou invention, le droit exclusif de l'exploiter à son profit.

Aucune personne munie d'un brevet d'invention ne peut mentionner sa qualité de breveté, sans y ajouter les mots *sans garantie du gouvernement,* ce qui signifie que le gouvernement ne garantit ni le mérite, ni la priorité, ni même la réalité de l'invention.

Quiconque dans des enseignes, annonces, prospectus, affiches, marques ou estampilles, prend la qualité de breveté, sans posséder un brevet délivré conformément aux lois, ou après l'expiration d'un brevet antérieur, ou qui, étant breveté, mentionne sa qualité de breveté ou son brevet sans y ajouter ces mots : *sans garantie du gouvernement,* est puni d'une amende de 50 fr. à 1,000 francs. — En cas de récidive, l'amende peut être portée au double.

Sont susceptibles d'être brevetés : 1° l'invention de nouveaux produits industriels ; 2° les nouveaux moyens ou l'application nouvelle de moyens connus pour l'obtention d'un résultat ou d'un produit industriel. (L. 5 juill. 1844, art. 1 et 2.)

Ne sont pas susceptibles d'être brevetés : 1° les compositions pharmaceutiques ou remèdes de toutes espèces ; 2° les plans et combinaisons de crédit ou de finances. (Art. 3. M. Ruben de Couder, v° *Brevet d'invent.,* n° 129 et suiv.)

La durée des brevets est de cinq, dix ou quinze années. — Chaque brevet donne lieu au paiement d'une taxe qui est fixée ainsi qu'il suit, savoir : 500 francs pour un brevet de 5 ans ; — 1,000 francs pour un brevet de 10 ans ; — 1,500 francs pour un brevet de 15 ans. — Cette taxe est payée par annuité de 100 francs, sous peine de déchéance si le breveté laisse écouler un terme sans l'acquitter. (Art. 4. M. Ruben de Couder, vº *Brevet d'invent.*, nº 237 et suiv.)

Demande et délivrance des brevets.

Quiconque veut prendre un brevet d'invention doit déposer sous cachet, au secrétariat de la préfecture, dans le département où il est domicilié, ou dans tout autre département, en y élisant domicile : 1º sa demande au ministre du commerce ; 2º une description de la découverte, invention ou application faisant l'objet du brevet demandé ; 3º les dessins ou échantillons qui peuvent être nécessaires pour l'intelligence de la description ; 4º un bordereau des pièces déposées. — La demande doit mentionner la durée que les demandeurs entendent assigner à leur brevet. — Un double de la description et des dessins doit y être joint. (L. 5 juill. 1844, art. 5.)

Aucun dépôt n'est reçu que sur la production d'un récépissé constatant le versement d'une somme de 100 francs à valoir sur le montant de la taxe du brevet. — Un procès-verbal, dressé sans frais par le secrétaire général de la préfecture, sur un registre à ce destiné, et signé par le demandeur, constate chaque dépôt, en énonçant le jour et l'heure de la remise des pièces. — Une expédition dudit procès-verbal est remise au déposant, moyennant le remboursement des frais de timbre. (Art. 7. M. Ruben de Couder, vº *Brevet d'invent.*, nºs 159 à 236.)

La durée du brevet court du jour du dépôt des pièces au secrétariat de la préfecture. (Art. 8. M. Ruben de Couder, vº *Brevet d'invent.*, nºs 458 à 474.)

Les brevets dont la demande a été régulièrement formée sont délivrés, sans examen préalable, aux risques et périls des demandeurs, et sans garantie, soit de la réalité, de la nouveauté ou du mérite de l'invention, soit de la fidélité ou de l'exactitude de la description. Un arrêté du ministre constatant la régularité de la demande est délivré au demandeur et constitue le brevet d'invention. (Art. 11. M. Ruben de Couder, v° *Brevet d'invent.*, n° 247 et suiv.)

Des certificats d'addition.

Le breveté ou les ayants droit au brevet ont, pendant toute la durée du brevet, le droit d'apporter à l'invention des changements, perfectionnements ou additions, en remplissant, pour le dépôt de la demande du certificat d'addition, changement ou perfectionnement, les formalités exigées pour les demandes de brevet. — Ces changements, perfectionnements ou additions sont constatés par des certificats délivrés dans la même forme que le brevet principal, et qui produisent, à partir des dates respectives des demandes et de leur expédition, les mêmes effets que le brevet principal avec lequel ils prennent fin. — Chaque demande de certificat d'addition donne lieu au paiement d'une taxe de 20 francs. — Les certificats d'addition pris par un des ayants droit profitent à tous les autres. (Art. 16.)

Tout breveté qui, pour un changement, perfectionnement ou addition, veut prendre un brevet principal de cinq, dix ou quinze années au lieu d'un certificat d'addition expirant avec le brevet primitif, doit remplir les formalités prescrites pour les demandes des brevets et acquitter les taxes de cinq, dix ou quinze cents francs. (Art. 17.)

Nul autre que le breveté ou ses ayants droit ne peut, pendant une année, prendre valablement un brevet pour un changement, perfectionnement ou addition à l'invention qui fait l'objet du brevet primitif. — Néanmoins, toute personne qui veut prendre un brevet pour changement, addition ou perfectionnement à une découverte déjà brevetée, peut, dans le cours de ladite année, former une demande, qui est transmise et reste déposée sous cachet au ministère de l'agriculture et du commerce. — L'année expirée, le cachet est brisé et le brevet délivré. — Toutefois, le breveté principal a la préférence pour les changements, perfectionnements et additions pour lesquels il aurait lui-même, pendant l'année, demandé un certificat d'addition ou un brevet. (Art. 18.)

Quiconque a pris un brevet pour une découverte, invention

ou application se rattachant à l'objet d'un autre brevet, n'a aucun droit d'exploiter l'invention déjà brevetée, et, réciproquement, le titulaire du brevet primitif ne peut exploiter l'invention objet du nouveau brevet. (Art. 19. M. Ruben de Couder, vº *Brevet d'invent.*, nᵒˢ 273 à 318.)

De la cession des brevets.

Tout breveté peut céder la totalité ou partie de la propriété de son brevet. La cession totale ou partielle d'un brevet, soit à titre gratuit, soit à titre onéreux, ne peut être faite que par acte notarié et après le paiement de la totalité de la taxe. — Aucune cession n'est valable à l'égard des tiers qu'après avoir été enregistrée au secrétariat de la préfecture du département dans lequel l'acte a été passé. — Une expédition de chaque procès-verbal d'enregistrement est transmise, par les préfets, au ministre du commerce. (L. 5 juillet 1844, art. 20.)

Les cessionnaires d'un brevet et ceux qui ont acquis d'un breveté ou de ses ayants droit la faculté d'exploiter la découverte ou l'invention, profitent de plein droit des certificats d'addition ultérieurement délivrés au breveté ou à ses ayants droit. Réciproquement, le breveté ou ses ayants droit profitent des certificats d'addition ultérieurement délivrés aux cessionnaires. — Tous ceux qui ont droit de profiter des certificats d'addition peuvent en lever une expédition au ministère du commerce, moyennant un droit de 20 francs. (Art. 22. M. Ruben de Couder, vº *Brevet d'invent.*, nᵒˢ 372 à 457.)

De la communication et de la publication des descriptions et dessins de brevets.

Les descriptions, dessins, échantillons et modèles des brevets délivrés restent, jusqu'à l'expiration des brevets, déposés au ministère du commerce, où ils sont communiqués, sans frais, à toute réquisition.

Toute personne peut obtenir, à ses frais, copies des dites descriptions et dessins. (Art. 23.)

Après le paiement de la deuxième annuité, les descriptions

et dessins sont publiés soit textuellement, soit par extrait. — Il est en outre publié, au commencement de chaque année, un catalogue contenant les titres des brevets délivrés dans le courant de l'année précédente. (Art. 24.)

Le recueil des descriptions et dessins et le catalogue dont il est question ci-dessus sont déposés au ministère du commerce et au secrétariat de la préfecture de chaque département, où ils peuvent être consultés sans frais. (Art. 25.)

A l'expiration des brevets, les originaux des descriptions et dessins sont déposés au Conservatoire national des Arts et Métiers. (Art. 26. M. Ruben de Couder, v° *Brevet d'invent.*, n°ˢ 319 à 331.)

Des nullités et déchéances, et des actions y relatives.

Sont nuls et de nul effet les brevets délivrés dans les cas suivants, savoir : — 1° si la découverte, invention ou application n'est pas nouvelle; — 2° si la découverte, invention ou application n'est pas susceptible d'être brevetée; — 3° si les brevets portent sur des principes, méthodes, systèmes, découvertes et conceptions théoriques ou simplement scientifiques, dont on n'a pas indiqué les applications industrielles; — 4° si la découverte, invention ou application est reconnue contraire à l'ordre ou à la sûreté publique, aux bonnes mœurs ou aux lois de l'État, sans préjudice dans ce cas et le précédent des peines qui peuvent être encourues pour la fabrication ou le débit d'objets prohibés; — 5° si le titre sous lequel le brevet a été demandé indique frauduleusement un objet autre que le véritable objet de l'invention; — 6° si la description jointe au brevet n'est pas suffisante pour l'exécution de l'invention, ou si elle n'indique pas d'une manière complète et loyale les véritables moyens de l'inventeur; — 7° si le brevet a été pris pour changement, perfectionnement ou addition à une invention qui a fait l'objet d'un brevet délivré à une autre personne dans la même année. — Sont également nuls et de nul effet les certificats comprenant des changements, perfectionnements ou additions qui ne se rattachent pas au brevet primitif. (L. 5 juillet 1844, art. 30.)

N'est pas réputée nouvelle, toute découverte, invention ou

application qui, en France ou à l'étranger, et antérieurement à la date du dépôt de la demande, a reçu une publicité suffisante pour pouvoir être exécutée. (Art. 31.)

Est déchu de tous ses droits : — 1° le breveté qui n'a pas acquitté son annuité avant le commencement de chacune des années de la durée de son brevet; — 2° le breveté qui n'a pas mis en exploitation sa découverte ou invention en France dans le délai de deux ans, à dater du jour de la signature du brevet, ou qui a cessé de l'exploiter pendant deux années consécutives, à moins que dans l'un ou dans l'autre cas il ne justifie des causes de son inaction; — 3° le breveté qui a introduit en France des objets fabriqués en pays étrangers et semblables à ceux qui sont garantis par son brevet. — Néanmoins, le ministre du commerce peut autoriser l'introduction : — 1° des modèles de machines; — 2° des objets fabriqués à l'étranger, destinés à des expositions publiques ou à des essais faits avec l'assentiment du gouvernement. (L. 31 mai 1856.)

L'action en nullité et l'action en déchéance peuvent être exercées par toute personne y ayant intérêt. — Les actions, ainsi que toutes contestations relatives à la propriété des brevets, doivent être portées devant les tribunaux civils de première instance. (Art. 34. M. Ruben de Couder, v° *Brevet d'invent.*, n°s 475 à 648.)

LES PÉTITIONS

Règles à suivre pour les pétitions.

Nous avons jugé bon de donner ici des indications dont nous n'avons pas besoin de démontrer l'utilité sur les règles à suivre pour les pétitions.

En général, les pétitions adressées aux autorités constituées, même sous forme de lettres, doivent s'écrire sur papier timbré.

Il faut en excepter les pétitions ayant pour objet des demandes de secours. Les pétitions des contribuables qui se croient mal imposés doivent être rédigées sur papier timbré de 60 centimes, lorsque la cote dont on demande la décharge s'élève à 30 francs; le timbre n'est pas exigible lorsque la cote est inférieure à 30 francs.

Pour les pétitions écrites sur papier libre, on prend du grand papier, dit papier *à la Teillère*.

Il faut avoir bien soin de laisser une marge de deux ou trois doigts pour les numéros d'ordre qu'on y inscrit dans les bureaux et pour les apostilles, c'est-à-dire pour les recommandations des personnes influentes.

On peut adresser des pétitions :

1º Au chef de l'État, pour lui demander une grâce, un emploi, une récompense ;

2º Aux ministres, aux préfets, aux directeurs de grandes administrations, pour tout ce qui rentre dans leurs attributions ;

3º A toute personne influente, pour lui demander sa protection ;

4º A la Chambre des députés et au Sénat pour appeler l'attention de ces corps sur quelque projet d'un intérêt général.

Pétition pour demander un emploi de bureau dans un chemin de fer ([1]).

A MONSIEUR X..., DIRECTEUR DU CHEMIN DE FER DE ...

Ou :

A MONSIEUR X..., CHEF DE L'EXPLOITATION DU CHEMIN DE FER DE...

Monsieur,

J'ai l'honneur de vous prier de vouloir bien m'accorder une place dans les bureaux de la compagnie du chemin de fer de ...

Permettez-moi de vous faire connaître les titres qui pourraient m'attirer votre bienveillance, et prouver, peut-être, que je puis remplir convenablement le poste que je sollicite. J'ai fait mes études; je suis bachelier ès lettres, ès sciences.

J'ai été employé pendant . . . . (fixer le temps) dans . . . (telle maison de commerce, telle administration publique ou privée).

L'habitude que j'ai acquise des écritures commerciales et de la correspondance me fait espérer que vous daignerez accueillir favorablement la demande que j'ai l'honneur de vous adresser.

Je suis avec respect,

Monsieur l'Administrateur,

Votre très humble et très obéissant serviteur,

CH. BATOLAT.

Lyon, 27 avril 189..

M. Batolat, rue Saint-Dominique, 8, Lyon.

NOTA. — Laisser une grande marge pour les recommandations et les apostilles.

Pétition pour obtenir un emploi d'un ordre secondaire dans le service actif d'un chemin de fer.

A MONSIEUR LE DIRECTEUR DU CHEMIN DE FER DE ...

Ou :

A MONSIEUR LE CHEF DE L'EXPLOITATION DU CHEMIN DE FER DE ...

Monsieur,

Je viens vous prier de vouloir bien m'accorder un poste de
— *Facteur enregistrant,*

[1] Ces modèles sont extraits de l'intéressant ouvrage le *Petit Secrétaire,* d'Armand Dunois. Un volume, Garnier frères, éditeurs, Paris.

— *Conducteur de wagons,*
— *Homme d'équipe,*
— *Graisseur,*

dans le chemin de fer que vous dirigez.

Je sais lire, écrire et compter d'une manière suffisante pour l'emploi que je sollicite de votre bonté. Je suis d'une santé très robuste, et âgé de . . .

J'ai déjà travaillé à . . . dans . . . (telle administration publique ou privée, etc.).

Je joins à ma demande une copie de mes certificats de moralité et de bonne conduite.

Je suis, avec respect,

Monsieur,

Votre très humble et très obéissant serviteur,

PAUL NÉRATIN.

Bordeaux, le 7 mai 189..

M. Paul Nératin, rue des Ours, 5, à Bordeaux.

OBSERVATION. — Les emplois indiqués dans cette lettre sont d'un ordre secondaire et d'une rétribution d'environ 1,200 à 1,500 francs. Voici en quoi ils consistent :

Facteur enregistrant. Celui qui enregistre les bagages : dans les stations de dernier ordre, c'est le chef de station qui est lui-même facteur enregistrant. — Aucun cautionnement n'est exigé.

Conducteur de wagons. Homme placé dans les *vigies* (petites cabanes derrière les wagons) dont l'emploi est de serrer les freins à l'approche des stations, dans les rampes, et dans quelques autres circonstances. — Un cautionnement est généralement exigé. — Au lieu de *conducteur de wagons*, on dit aussi *garde-freins.*

Homme d'équipe. Celui qui, dans les gares, nettoie les wagons, fait les manœuvres nécessaires pour préparer les trains, etc. — Pas de cautionnement exigé.

Graisseur. Celui qui, à toutes les stations, va visiter les pots à graisse pour les tenir toujours suffisamment remplis. — Pas de cautionnement.

En écrivant la lettre ci-dessus, laisser une grande marge pour les recommandations et apostilles.

Pétition pour demander, dans le service d'un chemin de fer, un emploi de surveillant ou de chef de station.

A MONSIEUR LE DIRECTEUR DU CHEMIN DE FER DE ...

Ou :

A MONSIEUR LE CHEF DE L'EXPLOITATION DU CHEMIN DE FER DE ...

Monsieur,

Je prends la liberté de solliciter de votre bienveillance la fonction de surveillant (ou de chef de station) dans votre compagnie. Les études que j'ai faites, l'expérience que j'ai acquise dans diverses administrations où j'ai été employé (indiquer quelles administrations, et surtout les raisons pour lesquelles on les a quittées), me font espérer que vous me jugerez capable de remplir l'emploi pour lequel je me présente. Cependant, si la place que j'ai l'honneur de vous demander n'était pas vacante, et qu'il me fallût occuper un emploi inférieur avant d'y parvenir, je l'accepterais provisoirement, dans la pensée que l'administration, satisfaite de mes services, m'accordera par la suite la fonction de surveillant (ou de chef de station).

Je puis fournir un cautionnement de ... (indiquer la somme), et je vous tansmets les certificats de moralité et de bonne conduite délivrés tant par le maire de ma commune que par les administrations dans lesquelles j'ai servi.

Je suis, Monsieur,

Avec le plus profond respect,

Votre très humble et très obéissant serviteur,

ALFRED BOIZOT.

Perpignan, le 23 août 189..

M. Alfred Boizot, rue Bleue, 23, Perpignan.

NOTA. — Pour les fonctions de surveillant et de chef de station, il est exigé un cautionnement qui varie de 500 à 2,000 francs.

On appelle *surveillant* la personne chargée de vérifier les billets des voyageurs et de surveiller la gare.

Tout le monde sait ce que c'est qu'un chef de station.

Dans la lettre ci-dessus, laisser une grande marge pour les recommandations et apostilles; c'est là un point qu'il ne faut pas oublier.

Observations générales sur les demandes d'emploi dans les chemins de fer.

Le moyen d'arriver dans les administrations de chemin de fer, c'est d'avoir un chef de service qui appuie la demande du pétitionnaire.

Se faire recommander par le chef de service d'un chemin de fer à un autre chef de service d'un chemin différent.

Lorsqu'on pétitionne, être très court. Quand une pétition est trop longue, elle risque de n'être pas lue en entier, et de fatiguer en pure perte celui à qui elle est adressée.

Quand on demande à être admis dans les bureaux, si on a une mauvaise écriture, on a une chance bonne sur cent mauvaises; mais avec une bonne écriture, et l'habitude de former bien nettement les chiffres, on a beaucoup plus d'espérance d'être accepté.

Les études de latinité ne sont pas toujours prises en considération, et l'on préfère une certaine habitude pratique des affaires, et surtout, nous ne saurions trop le répéter, une bonne écriture.

Pour le service actif, une santé de fer est indispensable; n'avoir pas trente-cinq ans.

Les sous-officiers qui ont une belle écriture et des habitudes de discipline sont toujours préférés.

Dans toutes ou presque toutes les positions du service actif, il faut fournir des cautionnements depuis 500 francs jusqu'à 2,000 francs. — Dans les bureaux, aucun cautionnement n'est exigé.

Pétition pour demander l'autorisation d'établir une fabrique ou une manufacture.

A MONSIEUR LE PRÉFET DU DÉPARTEMENT DES VOSGES.

Monsieur le Préfet,

Je suis dans l'intention d'établir, dans la commune de Marzelay, à 300 mètres de toute habitation, une fabrique de produits chimiques.

Cette fabrique, devant employer un grand nombre de bras inoccupés, sera d'une haute utilité pour la commune, et j'ose le croire, rendra quelques services dans les Vosges, en permettant au commerce de trouver sous la main des produits qu'il était obligé de faire venir d'autres départements. Dès lors, Monsieur le Préfet, j'ose espérer qu'après avoir fait afficher ma demande et provoqué l'enquête *de commodo et incommodo*, vous voudrez bien émettre un avis favorable, et que, conformément à cet avis, une décision du chef de l'État m'apportera l'autorisation dont il s'agit.

  Je suis avec respect,

      Monsieur le Préfet,

     Votre très humble et très obéissant serviteur,

          CALVET.

Marzelay, le 8 février 189..

    M. Louis Calvet, à Marzelay, près Saint-Dié.

NOTA. — Les manufactures et ateliers qui répandent une odeur insalubre ou incommode ne peuvent être formés sans une permission de l'autorité administrative. — Ces établissements sont divisés en trois classes : la première classe comprend ceux qui doivent être éloignés des habitations particulières; — la seconde, les manufactures et ateliers dont l'éloignement des habitations n'est pas rigoureusement nécessaire, mais dont il importe de ne permettre la formation qu'après avoir acquis la certitude que les opérations qu'on y pratique sont exécutées de manière à ne pas incommoder les propriétaires du voisinage ni à leur causer des dommages; dans la troisième classe sont placés les établissements qui peuvent rester sans inconvénient près des habitations, mais doivent être soumis à la surveillance de la police. — La permission nécessaire pour la formation des manufactures et ateliers compris dans la première classe est accordée par un décret rendu en Conseil d'État, après un avis du préfet et le rapport du ministre de l'intérieur. — Celle qu'exige la mise en activité des établissements compris dans la seconde classe est accordée par les préfets, sur l'avis des sous-préfets. — Les permissions pour l'exploitation des établissements placés dans la dernière classe sont délivrées par les sous-préfets, qui prennent préalablement l'avis des maires. — La demande en autorisation pour les manufactures et fabriques de la première classe est adressée au préfet; pour les établissements de la seconde classe, au sous-préfet, et pour les établissements de la troisième classe, au maire. Un décret du 31 décembre 1866 a déterminé la division en trois classes des établissements réputés insalubres, dangereux ou incommodes, conformément à un tableau annexé à ce décret. Dans la demande précédente, il s'agit d'un établissement de la première classe. En conséquence, l'autorisation est accordée par décret rendu en Conseil d'État, et doit se demander au préfet. Le lecteur apporterait facilement à cette demande les modifications nécessaires s'il s'agissait d'un établissement de la seconde ou de la troisième classe.

Pour demander un bureau de tabac.

A MONSIEUR LE MINISTRE DES FINANCES.

Monsieur le Ministre,

Je suis veuve d'un ancien militaire décoré, et mère de quatre enfants. Je n'ai qu'une fortune tout à fait insuffisante pour leur entretien et le mien. Depuis la mort de mon mari, je suis parvenue cependant à vivre sans trop de gêne, à l'aide de quelques économies; mais elles touchent à leur terme, et c'est dans ces circonstances que je viens vous supplier de m'accorder un bureau de tabac. Malgré la multitude des demandes de cette nature, j'ai cru, en m'appuyant du souvenir de celui qui a versé son sang pour le pays, pouvoir espérer en la haute bienveillance de l'administration.

Je suis avec un profond respect,

Monsieur le Ministre,

Votre très humble servante,

Veuve CAYROL.

Malbosc (Ardèche), le 16 février 189..

Madame veuve Cayrol, à Malbosc (Ardèche).

Autre lettre pour demander un bureau de tabac.

A MONSIEUR LE MINISTRE DES FINANCES

Monsieur le Ministre,

J'ai eu l'honneur de prendre part à l'expédition du Tonkin, en qualité de maréchal des logis. Ayant eu un bras amputé, j'ai dû quitter les drapeaux, et le Gouvernement a bien voulu m'accorder une pension. En revenant dans mon pays, je me suis marié, et la petite somme que je touche annuellement, suffisante pour moi seul, ne l'est plus pour celui qui est devenu père de famille. C'est pourquoi, Monsieur le Ministre, je crois pouvoir solliciter un bureau de tabac, en considération de mes anciens services.

Je suis avec un profond respect,

Monsieur le Ministre,

Votre très humble et très obéissant serviteur,

MANIGUET,

Ancien maréchal des logis.

Mirecourt (Vosges), le 9 juin 189..

M. Maniguet, rue des Sucriers, 27, à Mirecourt.

LES MILLE ABRÉVIATIONS

DANS LA CORRESPONDANCE COMMERCIALE

Nous avons cru bon de donner, d'après M. Ch. Eberhardt, un des syndics de la Chambre des employés de commerce de Bordeaux, et par ordre alphabétique, les abréviations à notre connaissance employées dans la correspondance française, espagnole, anglaise, allemande, hollandaise, norvégienne.

Une grande partie de ces abréviations s'employant en même temps dans plusieurs langues, nous n'avons pas cru utile d'en désigner la provenance, chacun pouvant y suppléer pour les langues qu'il connaît.

(a) = arroba, *arrobe* (poids de 25 livres).

a/. = auf, *sur*.

A. A. = autores, *auteurs*.

a. c., a/c., acct. = account, *compte*.

a. c. = anno currente ou annis currentis, *cette année*.

A. C., A/C., Acct. Crt. = account current, *compte courant*.

A. C. = año cristiano ou comun, *année chrétienne* ou *commune*.

adm^{or} = administrador, *administrateur*.

adr. = *adresse*.

a. f. = anni futuri, *l'année prochaine*.

ag^{to} = agosto, *août*

a. L. = auf Lieferung, *à livrer*.

A. m. = ante meridiem, *avant midi*.

A. m/c^{ta} = a mi cuenta, *à mon compte*.

am^{o} = amigo, *ami*.

amt. bro'. over = amount brought over, *report*.

amt. car'. forw. = amount carried forward, *report*.

a. p., a p^{to} = anni praeteriti ou praecedentis ou passato, *l'année dernière*.

Ap., Apr. = April, *avril*.

apt., appt = *appoint.*

arr. = arrived, *arrivé.*

art., art° = articulo, *article.*

a. St. = alten Stils, *vieux style* (se dit de la date d'après le calendrier russe ou *Julien* qui retarde de 12 jours sur le nôtre).

at 3 m/d., 3 mos. d. = at 3 months' date, *à 3 mois de date.*

Att., Atty. = attorney, *avoué, avocat, fondé de pouvoir.*

Aug. = August, *août.*

av. = avance, *avance, gain.*

Av. = Average, *avarie.*

a/v. = à vista, *à vue.*

a. Z. = auf Zeit, *à temps.*

B., v. Bf.

B. = butt, *fût.*

bar., brl. ⎫
bbl. ⎭ = barrel, *fût.*

bez. = bezüglich, beziehungsweise, *concernant.*

Bf. = Brief, *lettre.*

Bg. = Bogen, *feuille* (de papier).

Bk. = bank, *banque;* book, *livre.*

B/L. = Bill of Lading, *connaissement.*

Bll. = Ballen, *balle* (de marchandise).

B. L. M. = beso las manos, *je vous baise les mains* (formule de salutations à la fin des lettres espagnoles).

B. L. P. = beso los piés, *je vous baise les pieds.*

B. N. = Banknoten, *billets de banque.*

Brit. = british, *britannique.*

brl., v. bar

bro., v. amt.

b^tto. = brutto, *brut* (poids de la marchandise, emballage compris).

C. = cent, centième partie d'un dollar, florin, etc.

C. = Centre, *centre* (quartier postal à Londres), v. E. C., N. C., S. C., W. C.

C. = copper, *cuivre.*

C., v. Ctr.

C. = coom, 4 *bushels* (32 gallons).

c/. = care..., *aux soins de....*

C^a. = circa, *environ.*

C. a. f., = *coût, assurance et fret compris.*

cap. = capitulo, *chapitre.*

cap., cap^n., capt. $=$ capitan, captain, *capitaine*.

car'., v. amt.

c^{do}. $=$ cuando, *quand*.

cf. $=$ confer, *comparer*.

ch. d. f. $=$ *chemin de fer*.

C^{io}, v. comp.

C. i. f. $=$ cost, insurance, freight, *frais, assurance et fret compris*.

cm. $=$ *centimètre*.

C. M. B. $=$ cuyas manos beso, *dont je baise les mains*.

Co $=$ v. Comp.

col. $=$ coloured, *coloré*; columna, *colonne*.

com. $=$ *commission*.

Comp., C^a, C^y, C^{le} $=$ compañia, company, *compagnie*.

conn^t $=$ *connaissement*.

cons., consol. $=$ consols, *consolidés*.

consig^{on} $=$ consignacion, *consignation*.

consig^{te} $=$ consiguiente, *conséquent, dépendant*.

cons^o $=$ consejo, *conseil, tribunal*.

conto à 1/2, $=$ conto à meta, *compte à demi*.

conto à 1/3, $=$ conto à terzo, *compte à tiers*.

conv^{te} $=$ conveniente, *convenable*.

Cop. $=$ copecks (monnaie russe).

corrp^{da} $=$ correspondencia, *correspondance*.

corr^{te} $=$ corriente, *courant* (de ce mois).

cpt. $=$ v. capt.

cr., crs. $=$ creditor(s), *créancier(s)*.

crt., ct., cur. $=$ current, currentis, *courant*.

d. i. $=$ das ist, *savoir, c'est-à-dire*.

d. J. $=$ dieses Jahres, *de cette année*.

diam. $=$ diameter, *diamètre*.

Dic^{re} $=$ Diciembre, *Décembre*.

dis., disct. $=$ discount, *escompte*.

Dit., d^o, dt^o $=$ ditto.

div., diverse, *divers*.

dls., v. dols.

d. M. $=$ dieses Monats, *de ce mois*.

do., v. dit.

D/O/ $=$ Der Obige, Die Obigen, *les mêmes* (signature après un post-scriptum).

Dom^o $=$ Domingo, *Dimanche*.

doz., dzn $=$ dozen, *douzaine*.

D^r = Doctor, *Docteur,*

dr(s). = debtor(s), *débiteur(s).*

dro = derecho, *droit.*

D/S. = De(n) Samme, *les mêmes* (après un post-scriptum).

d/s. = days after sight, *jours de vue.*

d^{to}, v. dis.

Dtzd., v. Dzd.

Duk. = Dukaten, *ducats.*

d/v. = dias vista, *jours de vue.*

d. v. s. = det vil sige, *c'est-à-dire.*

dw., v. U. E. d.

d. z. = der Zeit, *à ce moment.*

Dzd., Dtzd. = Dutzend, *douzaine.*

Dzn., v. doz.

E. = East, *est;* Elle, *aime.*

E. C. = East Centre, *quartier est.*

ecc. = et cetera.

éclé. = écoulé (mois).

E. E. = errors excepted, *sauf erreur.*

eff. = effectiv(i), *effectif(s).*

E. g. = exempli gratia, *par exemple.*

E. I. C. = East India Company.

Einl. = Einlage, *pièce incluse.*

E. L., E. Long. = East Longitude, *longitude est.*

En^o = Enero, *Janvier.*

enz. = en zoo voort, *et cetera.*

E. & O. E. = errors and omissions excepted, *S. E. & O.*

E. Skr. = Efterskrift, *post-scriptum.*

Esc^{te} = *escompte.*

estmb. = estimable.

Esq. = Esquire, *Monsieur* (se place après le nom).

Etab. = *établissement.*

etc. = et cetera.

E. V. = Eingang vorbehalten, *sous réserve de rentrée.*

Erv. = Euer, Eure, *Votre* (Excellence, Majesté, etc.)

Ex : = *exemple.*

Exch. = exchange, *change, cours.*

excl. = exclusive, *non compris.*

$excem^o$ = excelentisimo, *excellentissime.*

extrf. = extrafein, *extrafin.*

f. = fein, *fin.*

f. a. B. = frei an Bord, *franco à bord, sous vergues.*

Fabr. = **Fabrik**, *fabrique.*
fact. = *facture.*
Fatt^a = **Fattura**, *facture.*
fco. = **franco.**
Feb. = **februar, february, febrero,** *février.*
f. f. = **fein fein,** *très fin.*
fha. = **fecha,** *date.*
fig. = **figured,** *échantillonné.*
fl. = *florin.*
f. m. = **fein mittel,** *fin moyen* (qualité).
f. M. = **forrige Maaned,** *mois dernier.*
F. M. = **Finska Mark,** *Marks finnois* (valeur 1 fr.)
fo., v. **fol.**
fob. = **free on board,** *sous vergues.*
fog°, v. **fol.**
fol., fo., fog° = **folio, foglio.**
f. ord. = **fein ordinär,** *fin ordinaire* (qualité).
fr. = *franco.*
ft. = **foot, feet,** *pied(s).*
f. T. = **for Tiden,** *à ce moment.*
f. v. B. = **for videre Befordring,** *pour réexpédier.*
G. = **Gold,** *or;* **Geld,** *argent.*
gall. = *gallons.*
G. B. = *Gare Bordeaux.*
gefl. = **gefälligst,** *vouloir bien.*
Gent. = **gentleman.**
gesch. = **geschätzt,** *estimée* (lettre).
gez. = **gezeichnet,** *signé.*
Ggwt. = **Gutgewicht,** *tombée, sur poids.*
g. mtt. = **gut mittel,** *bon moyen* (qualité).
Gr : = **Gross,** *grosse* (12 douzaines).
gr. = **grain** (poids).
G. V. = *grande vitesse.*
guin. = **guinea(s),** *guinée(s).*
h. = **hora,** *heure.*
H. = **hundred,** *cent.*
h. b. = **homeward bound,** *destiné au retour.*
Hhd. = **hogshead,** *barrique* (bordelaise).
H. H. = **Herren,** *messieurs.*
hon. = **honourable,** *honorable.*
Hr., Hrn. = **Herr(n),** *monsieur.*
hun. = **hundred,** *cent.*

I^a, v. I^{ma}

ib., ibid. = ibidem, *à la même place*.

id. = idem.

i. d. J. = in diesem Jahre, *cette année*.

i. e. = id est, *c'est-à-dire*.

Ima., I^a, pma. = prima, *première* (qualité) ou *première* (d'une traite).

in. = inch, *pouce*.

incl. = inclusive, *y compris*.

ind. sér. = *industrie séricicole*.

inst. = instant, *mois courant*.

int. = interest, *intérêts*.

inv. = invoice, *facture*.

IOU. = Iowe you, *je vous dois*.

i/R. = ihre Rechnung, *leur compte*.

I/R. = Ihre Rechnung, *votre compte*.

Jan. = January, *janvier*.

jl. = jongstleden, *dernièrement*.

jr., v. jun.

Jul. = July, Juli, *juillet*.

Jun. = June, Juni, *juin*.

jun., jr. = junior, (le plus) *jeune*.

kg. = Keg, *petit fût*.

kil. = *kilogramme*.

kiln. = kilderkin, *petit fût*.

k. M. = künftigen Monats, *du mois prochain*.

K^r = Kroner, *couronnes* (monnaies).

k. S. = kurze Sicht, *à courte échéance*.

l/ = last, *sur; leur; lettre*.

£. = pound sterling, *livre sterling*.

L., Lat. = *latitude*.

lb., lbs. = pound, *livre* (poids).

l. J. = laufenden Jahres, *de l'année courante*.

lib^s = libro(s), *livre(s), tome*.

lin. = linea, *ligne*.

Liv. st. = *Livre sterling*.

ll. = laatsleden, *passé*.

l/ m/ = *le, les même(s)* (après un post-scriptum).

L. M. = last Month (mois), *dernier*.

Long. = *longitude*.

l. R. = laufende Rechnung, *compte courant*.

l. S. = lange Sicht, *à longue échéance*.

l. S. = loco Sigilli, (à la) *place du sceau* (timbre).

L. st., v. Liv. st.

lt. = lånt, *suivant*.

L. T. = Last (tonnage pour les bois).

m/ = *mon, ma,* mein (id.); *mètre, mille;* month (mois).

M. = *monsieur;* Mark, *mark.*

M. a. = *maison assurée.*

M. A. = Mangels Annahme, *faute d'acceptation.*

mar. = march, *Mars.*

m/d. = month(s), date, *mois de date.*

med. = medio, (vers le) *milieu.*

Messrs. = *Messieurs.*

Mks. Bco. = marks banco (1 mark 50)

mlrs. = mil reis.

m. m. = med mere, *et cetera.*

M. M. = *messieurs.*

mo(s). = month(s), *mois.*

m^{or} = mayor, *plus grand, supérieur.*

m. o. w. = mehr oder weniger, *plus ou moins.*

m. p(r). = manu propria, *de main propre, soi-même.*

M^r = Mister, *monsieur.*

m/R. = meine Rechnung, *mon compte.*

mrd. = merced, *vous.*

Mrs. = Mistress, *Madame.*

mrs. = maravedis (monnaie espagnole valant 1 c. 1/2).

m^s a^s = muchos años, *beaucoup d'années.*

ms., v. Mlr. ou mo.

m/s. = month(s) after sight, *mois de vue.*

M^t = Monat, *mois.*

mund. = mundiert, *copié.*

M.Z. = Mangels Zahlung, *faute de paiement.*

n/ = *nous, notre.*

N. = North, *Nord;* Nail (mesure anglaise).

N., N°, Nro. = *numéro;* Nummer, number, *id.*

N. B. = Nota bene; *Nota.*

n. c. = nostro conto, (sur) *notre compte.*

N. C. = North Centre, *quartier nord.*

Nem. con., nem. diss. = nemine contradicente (dissentiente), *unanime.*

N. L. = North Latitude, *latitude nord.*

nl. = nygligen, *récemment.*

N. N. = nomen nescio, *je ne connais pas le nom.*

not. = notiert, *noté.*

Nov. = Noviembr , November, *novembre.*

N. P. = notarius publicus, *notaire public.*

N' P'' = net proceeds, *produit net.*

nro. = nuestro, *notre.*

n. S. = nach Sicht, *à vue, de vue.*

N. S., neuen Styls, *nouveau style* (date d'après le calendrier grégorien).

N. S. = Nachschrift, *post-scriptum.*

N^t = *négociant.*

Nt(o) = netto, *poids net.*

O/. = *Ordre, à l'ordre de.*

obdt. = obedient, *obéissant* (formule de salutations).

oblig. = *obligation.*

Oct. = October, Octubre, *Octobre.*

O. K. = Ohne Kosten, *sans frais.*

O. P. = old price, *ancien prix.*

Ord. = Ordinär, *ordinaire.*

Orn. = Orden, *ordre.*

O. S't. = old style, *vieux style,* v. a. St.

o. s. v. = og so videre, *et cetera.*

O. W. = ohne Werth, *sans valeur.*

ö. W. = österreichische Währung, *valeur légale autrichienne.*

Oz. = *once.*

p. = per, para, *par, pour, à, au.*

p. a, = v. pr. a.

I^a, v. P^{ma}.

p. °/$_o$. = per (pro) cent, *pour cent.*

p. °/$_{oo}$ = per (pro) mille, *pour (par) mille.*

P. a. B. = *pris à bord.*

pag. = pagina, *page.*

pass., p°., p^{to}, = passato, (mois) *passé.*

payt. = *payement.*

p. C. = per (pro) Cent; Prozent, °/$_o$ (pour cent).

pd. = paid, *payé.*

P. D. = Posdata, *post-scriptum.*

pk. = peck, *1/4 de bushel.*

pl. = plana, *page d'écriture.*

p. m. = Pro (pour) mille; post meridiem, *après midi.*

P^{ma}., P^a., = prima, *première* (traite).

P. O. = post office, *bureau de poste.*

p°, v. pass.

Pol. = *Police.*

pp., pp^a., pr. proc. (p^a). = per procura, *par procuration.*

P. P. = postpaid, *franco.*

P. P. = **præmissis præmittendis** (se place en tête d'une circulaire et signifie : à la place de ce qui devrait s'y trouver, noms, titres, professions, etc.). Voir aussi **P. T.** et **S. T.**

P. P. C. = *pour prendre congé* (sur une carte de visite).

pp^{co} = **publico,** *public.*

pp^{on} = *par procuration.*

p^r = **por, per,** *par, pour.*

p^r A., p. a. = **pro anno,** *par an.*

p^r adr. = **per adresse,** *à l'adresse, aux soins de.*

pr^{al}, p^{al}, = *principal.*

p^r compt., = **per comptant,** *au comptant.*

p^r couv. = **per couvert,** *sous enveloppe.*

p^r E. = **per Einschluss,** *à joindre, joint à.*

p^r M^t = **per Monat,** *par mois.*

pro temp. = **pro tempore,** *à ce moment.*

Prov. = **Provision,** *provision, commission.*

prox. = **proximo,** *le mois prochain.*

P. S. = *post-scriptum.*

ps. = *pièces, piastre.*

P. T. = **pleno ou præmisso titulo,** *à la place ou sous réserve des titres.*

Pt. = **pint,** *1/2 bouteille bordelaise.*

pt^a = **plata,** *argent.*

pt^e V. = *petite vitesse.*

pt^o = **puerto,** *port.*

pt^o, v. pass.

P. T. O. = **please turn over,** *verte, T. S. V. P.*

pun. = **puncheon,** *fût.*

pwt. = **pennyweight** (poids).

q^e = **que,** *que.*

q^{en} = **quen,** *qui.*

q^r = **quarter,** *1/4 de quintal; 8 bushels.*

q^t = **quart,** *quantité.*

quint. = *quintal.*

R. = **Rechnung,** *compte.*

R. = **prima,** *1re qualité* (sur des balles de laine d'Espagne).

R. = **ren Hamp,** *chanvre pur* (sur des balles de Riga).

Rab., R^{tt} = **Rabatt,** *rabais.*

Rbco. = *roubles banco.*

Rble, R⁰ = *rouble*.

R^bi = recibi, *j'ai reçu*.

rcd. = received, *acquitté, reçu*.

R^e = roupie (monnaie très variable des Indes).

re = referring to, *concernant*.

reg. = register, *registre*.

resp. = respective, *respectif, de même, soit*.

R. M. S. = Royal Mail steamer, *paquebot, poste royal*.

R. N. = royal navy, *marine royale*.

R. R. = railroad, *chemin de fer*.

R. R. = Retourrechnung, *compte de retour*.

Rs. = *roubles*.

rs. = reales, *réaux* (monnaie esp.).

R^t Hon.= Right Honourable, *très honorable* (titre).

R^tt, v. Rab.

R. Z. = *rouble argent*.

s. = *sur, son sa, ses*.

s. = see, siehe, *voir*; shelling; silver, *argent* (métal).

S. = South, *sud*.

$. = dollar.

s. b. f. = *sauf bonne fin* (sauf rentrée, etc.)

sc., v. scil.

S. C. = South Centre, *quartier sud*.

S. C., S/c. = South Caroline, *Caroline du Sud*.

Sch., Schr. = Schooner.

Scil., sc. = scilicet, *c'est-à-dire*.

Sec., Sec^da, 2da, II^da = Secunda, *seconde* (traite).

S. E. C. = salve errore calculi.

S. E. & O. = salve errore et omissione, *sauf erreur et omission*.

sel. = seliger, selig, *défunt*.

Sem., = semester, *semestre*.

Senr, S^r = senior, *aîné*.

Sens. = Sensarie, *courtage*.

sept. = septembre.

Se^re = setiembre, *septembre*.

serv⁰ = servicio, *service*.

Serv^or = servidor, *serviteur*.

Ser^t = servant, *serviteur* (en signant).

sh. = shelling.

shpd. = shipped, *expédié* (par navire).

shppd. = shippound (poids).

sig. = signum, *marque*; signirt, signed, *signé*.

sig^{te} = siguiente, *suivant.*

s. k. = saakaldet, *soi-disant, ainsi nommé.*

S. L., S. Lat. = south Latitude, *latitude sud.*

sld. = sailed, *fait voile, parti* (navire).

S^o, S^{to} = santo, *saint.*

S^{or}, S^{res} = Señor(es), *monsieur, messieurs.*

S. P. = sopra protesta, *sous protêt.*

Sp. = spain, *espagnol.*

sp^o, spc^o = sporco, *poids brut.*

Sp., Sqr. = square, *carré.*

S^r, v. Senr.

s/R. = seine Reichnung, *son compte.*

S^{ra} = Señora, *Madame.*

S^{res}, v. S^{or}.

S. S. = steam ship, *bateau à vapeur.*

SS^{mo} = escribano, *notaire.*

S. T. = salvo titulo, *sous réserve des titres.*

S^t = straat, street, strasse, *rue;* strait, straede, *ruelle, détroit, poids, mesure.*

st. = stück, *pièce(s).*

std. = stunde, *heure, lieue.*

s^{to}, v. s^o.

sup. — *supérieur.*

sup^{ca} = suplica, *supplique.*

sup^{te} = supliante, *suppliant.*

svt., v. serv^t.

s. w. = *sur wagon.*

T^a = Tara, *tare.*

Tg., Tge. = Tag(e), *jours.*

T^{ia}, 3^a, III^a = Tertia, *troisième* (traite).

T. O., v. P. T. O.

tpo. = tiempo, *tempo.*

trim. = *trimestre.*

T. S. = Tage sicht, ... *jours de vue.*

T. S. V. P. = *Tournez s'il vous plaît.*

u., ult^o = ultimo, *dernier jour du mois, mois dernier.*

u. a. = unter anderen, *entre autres.*

u. A. = unter Anzeige, *sous avis.*

Ued. dw. D^r = Ueds. dienstwillige Dienar, *votre dévoué serviteur.*

U. K. = United Kingdom, *Royaume Uni.*

ult., v. u.

u/R. = unsere Rechnung, *notre compte.*

u. s. = ut supra, *comme ci-dessus.*

U. S. = United States, *États-Unis.*

u.s. w. = und so weiter, *et cetera.*

u. ü. V. = unter üblichem Vorbehalte, *sous réserve d'usage.*

u. z. = und zwar, *savoir, c'est-à-dire.*

v/ = *vous, votre, vos.*

v. = vom, *du;* v., vid. = vide, *voir, voyez;* vidi, *j'ai vu.*

V. = verte, vänd, *tournez S. V. P.*

vᵃ = vista, *à* (de) *vue.*

Vᵃ = Virginia, *Virginie.*

val, Vᵃ = value, valuta, *valeur.*

v. g. = verbi gracia, *par exemple.*

vid., v. v.

v. J. = vorigen Jahres, *de l'année passée.*

viz. = videlicet, *savoir.*

Vm., Vmd. = vuesamerced *ou* usted, *vous.*

vro. = vuestro, *votre.*

V. S. = Vuesaseñoria *ou* Usia, *votre seigneurie.*

W. = Währung, *titre ou valeur légale des monnaies d'un pays.*

   v. ö. w.

W. = West, *ouest;* Wechsel, *traite.*

w/ = werth, *estimée* (lettre).

W. C. = West Centre, *quartier ouest.*

W. I. = West India, *Wes-Indien, Indes occidentales.*

W. L. = West Longitude, *longitude ouest.*

W. S. G. U. = Wenden Sie gefälligst um, *T. S. V. P.*

wt. = weight, *poids.*

Xmas = Christmas, *Noël.*

Y., Yr = year, *année.*

Yd = yard, *aune anglaise.*

z. B. = zum Beispiel, *par exemple.*

z. z. = zur Zeit, *à* (en) *ce moment.*

Z. Z. = ginger, *gingembre*

POIDS, MESURES ET MONNAIES

Mesures linéaires.

		Toises.	Pieds.	Ponces.	Lignes.
Myriamètre........	10,000 mètres.........	5,130	4	5	3,360
Kilomètre.........	1,000 —	513	0	5	3,936
Hectomètre.......	100 —	51	1	10	1,600
Décamètre........	10 —	5	0	9	4,959
Mètre.............................		»	3	0	11,296
Décimètre.........	10e de mètre......	»	»	3	8,330
Centimètre........	100e —	»	»	»	4,433
Millimètre.........	1,000e —	»	»	»	0,443

Mesures agraires.

	Toises carrées.		Toises carrées.
Myriare, kilomètre carré	263,244,93	ARE, décamètre carré......	26,32
Hectare, hectom. carré.	2,632,45	Centiare, mètre carré......	0,26

Mesures de capacité.

	Pieds cubes.		Pouces cubes.
Kilolitre, mètre cube	29,1739	LITRE, décimètre cube....	50,4124
Hectolitre............	2,9174	Décilitre............	5,0412
Décalitre............	0,2917	Centilitre............	0,5044
		Millilitre, centimètre cube.	0,0504

Mesures pour les bois.

	Pieds cubes.		Pieds cubes.
STÈRE, mètre cube......	29,1739	Centistère............	0,2917
Décistère............	2,9174	Millistère, décimètre cube..	0,0291

Poids.

	Liv.	Onc.	Gros.	Grains.		Liv.	Onc.	Gros.	Grains.
Myriagramme ...	20	6	6	63,50	GRAMME, poids du				
Kilog., poids du					centimètre cube				
décimètre cube					d'eau à la tem-				
d'eau à 4o, qui est					pérature de 4o..	»	»	»	19,000
le maximum de					Décigramme....	»	»	»	1,883
la densité....	2	0	5	35,15	Centigramme...	»	»	»	0,183
Hectogramme ...	»	3	2	11 »	Milligr., poids du				
Décagramme....	»	»	2	44 »	mll. cube d'eau.	»	»	»	0,019

Monnaies.

Cinq grammes d'argent, au titre de neuf dixièmes de fin, constituent l'unité monétaire sous le nom de *Franc* (loi du 7 germinal an XI).

On ne fabrique plus aujourd'hui au titre de 900 millièmes que les pièces de 5 francs

Les autres pièces d'argent sont au titre de 835 millièmes d'argent pur et 165 millièmes d'alliage.

Les monnaies d'or contiennent un dixième d'alliage et neuf dixièmes de métal pur.

TABLEAU COMPARATIF DES MESURES ET POIDS ÉTRANGERS

Mesures linéaires.	Millim.	Poids.	Gramm.
Ancien pied français	324,8	Livre poids de marc	489,5
Pied anglais	304,8	— d'Angle-(livre troy	373,2
Varre de Castille	835,9	terre.(avoir du poids	453,6
Pied du Rhin	314,0	— de Castille	460,1
— de Vienne	316,1	— de Cologne	467,7
— d'Amsterdam	283,0	— de Vienne	560,0
— de Suède	296,9	— d'Amsterdam	491,8
— de Russie	354,1	— de Suède	425,0
— de la Chine	319,6	— de Russie	409,7

TABLEAU COMPARATIF

Des Monnaies étrangéres ayant cours aux Monnaies françaises, toutes supposées droites de poids et de titre (¹).

EUROPE

Or. EMPIRE D'ALLEMAGNE		*Or.* ANGLETERRE	
20 marks	24f 69	Souverain (liv. sterl. 20 shil-	
10 marks	12 35	lings)	25f 22
5 marks	6 17	Demi-souverain	12 61

(¹) La valeur de ces monnaies a été calculée, sans retenue, savoir : pour les monnaies d'or, à raison de 3,444 fr. 44 c. 444 mc. le kilogramme fin (1,000/1,000), et pour les monnaies d'argent, à raison de 222 fr. 22 c. 222 mc. le kilogramme fin (1,000/1,000).

Par la convention internationale du 23 décembre 1865, la France, la Belgique, l'Italie et la Suisse se sont constituées à l'état d'union monétaire.

La Grèce a depuis adopté les monnaies de l'Union.

Or. AUTRICHE-HONGRIE
Ducat 11f85
  8 florins (20 fr.). . . . . 20 »
  4 florins (10 fr.). . . . . 10 »
Argent.
  1 florin (100 kreutzers). . . 2 47

DANEMARK, NORWÈGE ET SUÈDE
Or. (Union monétaire scandinave.)
20 couronnes 27 78
10 couronnes 13 89

ESPAGNE
Or. (Loi du 26 juin 1864.)
Doublon de 10 escudos. . . . . 26 »
Argent.
Duro (20 réaux) 5 19
Escudo (10 réaux) 2 60
Or. (Loi du 19 octobre 1868.)
25 pesetas. . . . . 25 »
Argent.
  5 pesetas. . . . . 5 »

Or. EMPIRE OTTOMAN
100 piastres (livre turque) . . 22f79
Argent.
  1 piastre (40 paros). . . . . . » 22

Or. PAYS-BAS
Ducat 11 83
  10 florins 20 83
Argent.
Rijksdaaler, 2 1/2 florins . . . 5 25
Florin 2 10

Or. PORTUGAL
Couronne de 10 milreis . . . 56 »
3 milreis . . . . 28 »
Milreis. 5 60

Or. RUSSIE
1/2 impériale (3 roubles). . . 20 67
Argent.
Rouble (100 kopecks). . . . . 4 »

AFRIQUE

Or. ÉGYPTE
100 piastres (liv. égyptienne) . 25f73
Argent.
Piastre. . . . . » 25

Or. TUNIS
100 piastres 60f43
  10 piastres 6 05
Argent.
2 piastres. 1 24

AMÉRIQUE DU NORD

Or. ÉTATS-UNIS
Aigle, 10 dollars 51f83
Dollar. 5 18
Argent.
Dollar. 5 35

Or. MEXIQUE
20 piastres 101f99
Piastres. 5 10
Argent.
Piastre. 5 43

AMÉRIQUE DU SUD

Or. BRÉSIL
20,000 reis 56f61
10,000 reis 38 31

Or. ÉTATS-UNIS DE COLOMBIE
Condor (10 piastres). . . . . . 50 »
Argent.
Piastre. . . . . 5 »

Or. CHILI
Condor (10 piastres). 47 28
Piastre 4 73
Argent.
Piastre. . . . . 5 »

Or. PÉROU
10 sols. . . . . 50f »
Sol . . . . 5 »
Argent.
Sol . . . . 5 »

Argent. URUGUAY
Piastre. . . . . 5 »

Or. ÉTATS-UNIS DE VÉNÉZUÉLA
Bolivar. . . . . 100 »
5 venezolanos . . . . 25 »
Argent.
Venezolano . . . . 5 »

ASIE

EMPIRE INDO-BRITANNIQUE

Or.
Mohur (15 roupies). 36 83

Argent.
Roupie. 2 38

JAPON

Or.
10 yen 51 67
Yen 5 17

JAPON.

Argent.
Yen. 5 39

PERSE

Or.
Thoman. 11 88

Argent.
Banabat, 10 schahis. , ... 1 04

POSTES ET TÉLÉGRAPHES

TARIF POSTAL

Lettres ordinaires données, distribuables en France, Algérie, Tunisie.

	Affranchies.	Non affranchies.
Jusqu'à 15 grammes inclusivement.	»f 15	»f 30
De 15 grammes à 30 grammes inclus. . . .	» 30	» 60
De 30 grammes à 45 grammes inclus. . . .	» 45	» 90
Au-dessus de 45 grammes, augmentation par 15 grammes ou par fraction de 15 grammes.	» 15	» 30

En cas d'insuffisance d'affranchissement, la taxe est calculée comme si la lettre n'avait pas été affranchie, mais il est fait déduction de la valeur des timbres employés.

CARTES-POSTALES. — Les cartes-postales lancées ou distribuables en France et en Algérie sont taxées au prix de 10 centimes.

CARTES-LETTRES. — Les cartes-lettres utilisables sur tout le territoire de la République, en Corse, en Algérie et en Tunisie, se vendent 15 centimes.

JOURNAUX. — Les journaux et publications, paraissant au moins une fois par trimestre et expédiés dans le département où est le lieu de publication, ou dans les départements limitrophes, paient par exemplaire :

De 25 à 50 grammes 01c

De 50 à 75 grammes 01 1/2

soit 1/2 centime d'augmentation par 25 grammes.

Pour les départements non limitrophes :

Jusqu'à 25 grammes . . . . . 2c | De 25 à 50 grammes . . . 3c

et ainsi de suite, en ajoutant 1 centime par 25 grammes.

Les destinataires de journaux peuvent les réexpédier en se conformant au tarif ci-dessus.

IMPRIMÉS. — Circulaires, prospectus, livres, gravures, lithographies, lettres de faire part, cartes de visite, *circulaires électorales, bulletins de vote*, etc., etc., expédiés sous bandes mobiles qui ne doivent couvrir que le tiers de la surface du paquet, mais qui peuvent être maintenues par un lien facile à dénouer :

De 5 grammes et au-dessous............				01^c
De 5	—	à 10 grammes inclusivement.		02
De 10	—	à 15	—	—	03
De 15	—	à 20	—	—	04
De 20	—	à 50	—	—	05

et ainsi de suite, en augmentant de 5 cent. par 50 gr. ou fraction de 50 grammes.

Les mêmes objets envoyés pliés sous enveloppes ouvertes ou sous forme de lettres non cachetées paient 5 centimes par 50 grammes ou fraction de 50 grammes.

PAPIERS D'AFFAIRES. — Factures, relevés de comptes, manuscrits, épreuves d'imprimerie corrigées, etc., etc., expédiés sous bandes ou sous enveloppes ouvertes : 5 centimes par 50 grammes ou fraction de 50 grammes.

Limite de dimension des imprimés et papiers d'affaires. 45 centimètres.
Limite de poids pour les mêmes objets, par exemplaire ou paquet d'exemplaires..................... 3 kilog.

ÉCHANTILLONS. — Les objets envoyés doivent être enveloppés de façon que l'on puisse facilement vérifier le contenu du paquet; ils ne doivent renfermer aucune lettre ou note pouvant en tenir lieu. Ils paient 5 centimes par 50 grammes ou fraction de 50 grammes.

Limite de poids......................... 350 grammes.
Limites de dimension :
1° Échantillons ordinaires : sur toutes les faces. 30 centimètres.
2° Échantillons collés sur toile......... longueur. 45 —
3° Échantillons de liquides......... { largeur. 5 — / hauteur. 8 — / longueur. 10 —

ENVELOPPES ET BANDES IMPRIMÉES. — L'État fait fabriquer

et livrer au public des enveloppes et des bandes timbrées aux conditions ci-après :

Pour les Lettres :

Enveloppes frappées du timbre d'affranchissement de 15 centimes, vendues 16 centimes.................... les 5, 80 centimes.

Pour les Cartes de visite :

Enveloppes frappées du timbre d'affranchissement de 5 centimes, vendues 5 centimes 1/2.................... les 10, 55 centimes.

Pour les Journaux et les Imprimés :

Bandes à 1, 2 et 3 centimes, vendues à raison de 1 cent. 1/3, 2 cent. 1/3 et 3 cent. 1/3........ les 15 de chaque catégorie, 20, 35 et 50 centimes.

LETTRES OU OBJETS RECOMMANDÉS. — Moyennant l'acquit d'un droit fixe de 25 centimes en sus de l'affranchissement, le public est admis à recommander tous les objets rentrant dans le monopole de la poste.

Les lettres recommandées ne sont assujetties à aucun mode spécial de fermeture.

Les cartes-postales, les échantillons, les papiers de commerce et d'affaires, les journaux et autres objets circulant à prix réduit, restent, en cas de recommandation, soumis aux conditions spéciales qui leur sont imposées.

Les lettres et objets recommandés sont déposés aux guichets des bureaux de poste. L'Administration en est déchargée, en ce qui concerne les lettres, par leur remise contre reçu au destinataire ou à son fondé de pouvoirs ; en ce qui concerne les autres objets, par leur remise contre reçu soit au destinataire, soit à une personne attachée au service du destinataire ou demeurant avec lui.

Il est permis d'insérer des valeurs payables au porteur dans les lettres recommandées, sans en faire la déclaration.

VALEURS DÉCLARÉES. — L'expéditeur qui veut s'assurer, en cas de perte, sauf le cas de force majeure, le remboursement des valeurs payables au porteur insérées dans une lettre, doit faire la déclaration du montant des valeurs que cette lettre contient.

Une lettre contenant des valeurs déclarées est passible, outre le port de la lettre et le droit fixe de 25 centimes, d'un droit de 10 centimes par 100 francs ou fraction de 100 francs déclarés.

Ces divers droits ou taxes sont représentés par des timbres-poste apposés sur les lettres. Si plusieurs figurines sont nécessaires pour former la somme de l'affranchissement, elles doivent être placées sur l'enveloppe à distance les unes des autres. Le montant de la déclaration des valeurs incluses dans une même lettre est limité à 10,000 francs. Les lettres contenant des valeurs déclarées doivent être mises sous enveloppe scellée de cachets en cire fine de même couleur, avec empreinte, et portant sur tous les plis de l'enveloppe. La déclaration doit être portée en toutes lettres à la partie supérieure de la suscription de l'enveloppe et énoncer, en francs et centimes, le montant des valeurs insérées.

VALEURS DÉCLARÉES EN BOÎTES. — Les bijoux ou objets précieux peuvent être expédiés dans des boîtes comme valeurs déclarées. Ils paient : 1º un droit fixe de 25 centimes ; 2º 1 0/0 de la valeur déclarée jusqu'à 100 fr. ; 3º 50 centimes par chaque 100 fr. ou fraction de 100 fr. en plus.

La déclaration ne peut être inférieure à 50 francs ni supérieure à 10,000 francs. Le poids des boîtes renfermant des valeurs déclarées n'est pas limité, mais les dimensions des boîtes ne peuvent excéder 5 centimètres de hauteur, 8 centimètres de largeur et 10 centimètres de longueur.

En cas de perte ou de détérioration résultant de la fracture des boîtes ne réunissant pas ces conditions, la poste n'est tenue à aucune indemnité.

AVIS DE RÉCEPTION. — Moyennant l'acquit d'un droit fixe de 10 centimes, tout expéditeur d'un objet recommandé ou de valeurs déclarées peut recevoir avis de la distribution de l'objet déposé.

MANDATS DE POSTE. — Moyennant un droit de 1 0/0, la poste se charge du transport des sommes d'argent déposées à découvert dans ses bureaux, et délivre en échange des mandats payables à tout individu résidant en France, en Algérie et dans les villes du Levant, de la Chine et du Japon où la France entretient des bureaux de poste, ainsi qu'à tout militaire, marin ou employé de l'État aux armées ou sur les bâtiments de la flotte.

Le public est admis à employer la voie télégraphique pour faire payer à destination, jusqu'à concurrence de 5,000 francs au maximum, les sommes déposées dans les bureaux de poste (Décret du 25 mai 1870).

BONS DE POSTE. — Il est mis en vente, dans tous les bureaux de poste, des bons à somme fixe de 1, 2, 5, 10 et 20 francs. — Droit à acquitter : 5 centimes pour les bons de 1, 2 et 5 francs ; 10 et 20 centimes pour ceux de 10 et de 20 francs.

ABONNEMENTS AUX JOURNAUX, REVUES ET RECUEILS PÉRIODI-QUES. — Les abonnements se font dans tous les bureaux de recette. Il est perçu : 1 centime par franc, plus un droit fixe de 10 centimes par abonnement.

RECOUVREMENT, PAR LA POSTE, DE VALEURS COMMERCIALES. — Les bureaux de poste peuvent effectuer le recouvrement des quittances, factures, billets, traites, et généralement toutes les valeurs, commerciales ou autres, payables sans frais en France et en Algérie, et dont le montant n'excède pas 2,000 francs.

L'envoi des valeurs à recouvrer est fait sous forme de lettre recommandée adressée à un bureau de poste. — Cette lettre supporte une taxe unique de 25 centimes. — L'enveloppe dans laquelle doivent être insérées les valeurs à recouvrer est fournie gratuitement au public par les receveurs des postes. Chaque encaissement donne lieu à un prélèvement de 10 centimes par 20 francs ou fraction de 20 francs sur le montant de la valeur recouvrée, et sans pouvoir dépasser 50 centimes. Le surplus de la somme recouvrée est converti en un mandat-poste, au nom du déposant, après déduction d'un droit de 1 0/0 jusqu'à 50 francs et de 1/2 0/0 sur l'excédent de cette somme. En cas de non-paiement, les valeurs déposées peuvent être protestées par la poste. A cet effet, une demande spéciale doit être jointe au bordereau qui accompagne les valeurs et une somme est déposée par l'expéditeur à titre de consignation.

Les valeurs protestées sont soumises aux mêmes conditions que les valeurs ordinaires.

POSTE RESTANTE. — Les lettres adressées poste-restante ne sont remises aux destinataires que sur une pièce constatant l'identité. Les lettres de cette catégorie, portant seulement des initiales comme suscription, sont exemptes de cette formalité.

CAISSE D'ÉPARGNE POSTALE. — Délivrance gratuite des livrets aux bureaux de recette. Minimum de dépôt : 1 franc; maximum : 2,000 francs. Intérêt de 3 0/0 servi au déposant et capitalisable en fin d'année. Remboursements effectués, par retour du courrier, sur demandes adressées au Ministère, et par la voie télégraphique si, dans un cas urgent, le titulaire d'un livret consent à payer les frais de télégrammes.

Des remboursements au profit de tierces personnes sont effectués par mandats de poste, si le titulaire d'un livret en fait la demande.

BULLETINS D'ÉPARGNE. — Faculté est offerte à toute personne d'obtenir, au moyen de timbres-poste ordinaires de 5 et 10 centimes, le minimum de 1 franc exigé par la loi pour le dépôt à la Caisse d'épargne postale.

Envois pour les Pays étrangers.

Affranchissement pour tous pays du monde, à l'exception de la Bolivie, de la colonie anglaise du Cap, de l'île Sainte-Hélène, de l'Australie et de quelques pays peu connus qui ne font pas partie de l'Union postale universelle :

Lettres affranchies. . . . . . . 25 centimes par 15 grammes.
Lettres non affranchies. . . . . 50 centimes.
Lettres recommandées. . . . . 25 centimes en sus de la taxe d'affranchiss[t].
Cartes-postales. . . . . 10 centimes.
Cartes-postales avec réponse
    payée. . . . . 20 centimes.
Cartes-lettres . . . . 25 centimes.
Papiers d'affaires . . . . 25 centimes jusqu'à 250 grammes; au delà de 250 grammes, 5 centimes par 50 grammes.
Échantillons. . . . . 10 centimes jusqu'à 100 grammes; au delà de 100 grammes, 5 centimes par 50 grammes.
Journaux et Imprimés. . . . . 5 centimes par 50 grammes.
Cartes-postales et objets re-
    commandés. . . . . 25 centimes en sus de la taxe d'affranchiss[t].

ENVOIS DE VALEURS DÉCLARÉES A L'ÉTRANGER. — Des lettres contenant des valeurs déclarées peuvent être expédiées à destination des pays énumérés ci-après et moyennant paiement, en sus des taxes et droits applicables aux lettres recommandées pour les mêmes destinations, d'un droit proportionnel calculé par 100 francs ou fraction de 100 francs déclarés, de la manière suivante :

Allemagne (y compris Héligoland), Belgique, Italie, Luxembourg, Suisse, Espagne (y compris les Baléares et les Canaries). . . .	» 10	
Guadeloupe, Martinique, Guyane française, Sénégal, Réunion, Cochinchine française et Tonkin, Pondichéry, Nouvelle-Calédonie, Antilles danoises.	» 20	
Autriche-Hongrie, Danemark (y compris l'Islande et les îles Feroë), Norwège, Pays-Bas, Portugal (y compris Madère et les Açores), Roumanie, Russie, Serbie, Suède, Bulgarie. . . .	» 25	Droit proportionnel.
Égypte, Groënland, Turquie.	» 35	
Colonies portugaises du Cap-Vert, de San-Thomé et de Loanda..	» 45	

Le montant de la déclaration par chaque lettre ne peut excéder 5,000 francs pour les envois adressés en Égypte, en Serbie, dans les possessions portugaises et en Italie ou par voie d'Italie, et 10,000 francs pour les envois à destination des autres pays.

MANDATS DE POSTE. — Des envois de fonds peuvent être faits au moyen de mandats de poste à destination des pays dénommés ci-après, aux conditions suivantes :

Allemagne (y compris Héligoland), Autriche-Hongrie, Belgique, Bulgarie, Antilles danoises, Danemark (y compris l'Islande et les îles Feroë), Égypte, Italie, Luxembourg, Norwège, Pays-Bas, Portugal, Roumanie, Suède et Suisse (maximum, 500 fr.) : 25 centimes par 25 francs ou fraction de 25 francs.

Colonies françaises (maximum, 500 fr.) : 1 0/0 avec minimum de 25 cent.

Grande-Bretagne (maximum, 252 fr.).	10 centimes par 10 francs ou fraction de 10 francs.
Perse (maximum, 500 fr.).	
Indes orient^les néerlandaises (maximum, 315 fr.)	
États-Unis (maximum, 250 fr.).	10 centimes par 10 francs.
Inde britannique (maximum, 500 fr.).	
Canada (maximum, 262 fr. 50).	10 centimes par 10 francs.
Japon (maximum, 250 fr.).	

COLIS POSTAUX

à destination de l'Intérieur et des Colonies françaises,

pouvant être expédiés par les réseaux de l'État, Est, Midi, Orléans, Ouest, Paris-Lyon-Méditerannée et par les Agences maritimes subventionnées.

Sous cette désignation, l'Administration des postes autorise le transport par chemin de fer, soit pour être remis en gare, soit pour être remis à domicile, *mais seulement dans les localités pourvues de gares ou de correspondances*, de colis ne dépassant pas le poids de 3 kilogrammes, d'une dimension, d'un volume quelconque.

La taxe à payer pour ce transport est de 60 centimes pour chaque colis adressé *en gare*, et de 85 centimes pour chaque colis adressé *à domicile*. — Cette taxe est payée au départ.

Les *colis postaux* peuvent être suivis d'une demande de remboursement, pourvu que la valeur à recouvrer n'excède pas 100 francs.

L'encaissement et la réexpédition de l'argent donnent lieu à une taxe de 60 centimes ou de 85 centimes (suivant que la somme est payable en gare ou à domicile), plus au timbre d'affranchissement de la lettre d'avis d'encaissement. — Ces taxes sont également payables au départ du colis, en même temps que la taxe de transport.

Les chemins de fer sont responsables de la valeur à recouvrer, s'ils ont remis l'objet envoyé sans en exiger le paiement.

Les retours de colis en souffrance ou d'argent non réclamé donnent lieu à la perception à nouveau de taxes semblables.

Les sommes encaissées sur les colis postaux, et qui n'auront pu être livrées aux destinataires pour une cause quelconque, seront tenues à la disposition des ayants droit pendant six mois. Passé ce délai, lesdites sommes seront livrées à l'administration des domaines, conformément au décret du 13 août 1810.

TARIF DES DÉPÊCHES TÉLÉGRAPHIQUES

SERVICE INTÉRIEUR

La taxe s'applique par mot avec un minimum de 10 mots par dépêche.

Entre deux bureaux quelconques de France (Corse comprise) . . . . . » f 05
Entre un bureau de France (Corse comprise) et un bureau d'Algérie
    ou de Tunisie . . . . » 10

SERVICE INTERNATIONAL

Dans le service international, de même que dans le service intérieur, la taxe des télégrammes s'applique par mot sur tout le parcours, *mais sans minimum.*

TABLEAU

DES TAXES A APPLIQUER PAR MOT AUX TÉLÉGRAMMES A DESTINATION DES PAYS ÉTRANGERS, EXPÉDIÉS PAR LES VOIES NORMALES, QUI SONT A LA FOIS LES PLUS DIRECTES ET LES MOINS COUTEUSES.

Les États dont le nom est suivi du signe ⊠ sont admis à l'échange des mandats télégraphiques.

(1) Fait partie du régime extra-européen — longueur maximum du mot simple : 10 caractères.

(2) Fait partie du régime européen — longueur maximum du mot simple : 15 caractères.

(3) Les bureaux ouverts dans cet Etat sont : Batu-Gajah, Haipeng, Kovalla-Kangsa, Paris-Buntar, Port-Weld, Tapa et Teluk-Amson.

(4) En cas d'interruption du câble de Foochow, cette taxe doit être augmentée de 1 fr. 65 par mot.

Pays correspondants et taxe par mot.

Pays	Taxe	Pays	Taxe
Accra Afrique) (1)	9 44	Porto-Rico	14 55
Winnebah, Salt-Pond, Cape-Coast-Castle, Elmina, Pram-Pram et Addah	9 64	Saint-Christophe (St-Kitts) . .	13 40
		Sainte-Croix	14 05
Afghanistan (1)	4 50	Saint-Domingue (Haïti) : Môle Saint-Nicolas (Haïti) . .	8 55
Allemagne (2) ⊠	» 20	Coluy, La Vega, Puerto-Plata, Saint-Domingue-City, Santiago, Moca . .	11 15
Amérique Anglaise (1) : Canada (Terr. d'Ontario et de Québec).	1 25	
Cap Breton	1 25	Sainte-Lucie	12 55
Colombie anglaise	2 20	Saint-Thomas	13 75
Manitoba (terr. de)	1 90	Saint-Vincent	12 60
North Western territory. . . .	2 20	Trinité (ile de la)	13 25
Nouveau-Brunswick, Nouvelle-Écosse, Prince-Édouard (ile du), Terre-Neuve.	1 25	Arabie (1) : Aden, Djedda, la Mecque et Périm	4 25
Vancouver (ile de).	2 20	Assab (Afrique) (3)	4 35
Annam (1).	6 725	Australie (1) : Port-Darwin, Australie méridionale.	4 75
Antilles ou Indes occidentales (1) :		Australie occidentale.	4 75
Antigua (Antigoa).	12 95	Victoria.	4 85
Barbades	12 85	Nouvelle-Galles-du-Sud. . . .	4 95
Cuba : Havane	3 35	Queensland.	11 25
Cienfuegos	4 40	Tasmanie.	5 55
Santiago	5 95	Autriche-Hongrie (2) ⊠. . . .	» 20
Guantanamo,Manzanillo.	6 25	Bassam (Grand) (Afrique) (2) . . .	6 »
Bayamo.	6 25	Belgique (2) ⊠ :	
Autres bureaux . . .	3 65	Correspondance frontière . . .	» 125
Curaçao	11 45	Correspondance générale. . . .	» 125
Dominique (Petites Antilles). .	12 15	Béloutchistan (1)	
Grenada . . . . Id.	12 75	Pusnée, Ormara, Someance, etc.	4 50
Guadeloupe. . . . Id. . . .	11 25	Benguela (2)	12 12
Jamaïque	7 30	Birmanie (1) (Voir Indoustan). . .	» »
Martinique	11 25	Bissao (2)	5 46

Séoul ou Han-Yang.	10 85
Jenchuan.	10 80
Fusan et Tsushima.	15 10
Costa-Rica (1).	6 55
Danemark (2) ⊠	» 285
Egypte (1) ⊠ :	
Alexandrie.	1 65
1re zone : Le Caire, Suez, Kantara, etc. (Basse-Egypte).	1 90
2e zone : Assiout, Luxor, Bellani, Assouan, etc. (Haute-Egypte).	2 15
3e zone : Berber, Kassala, Kartoum, etc. (5)	2 40
Souakim	2 80
Equateur (1) :	
Santa-Héléna et Guayaquil	10 30
Autres bureaux.	10 30
Espagne (2).	» 20
États-Unis de l'Amérique du N. (1):	
Alabama.	1 55
Arizona.	1 90
Arkansas.	1 80
Californie.	1 90
Caroline (Nord)	1 55
Caroline (Sud).	1 55
Colorado (Territoire de).	1 80
Colombie (District de).	1 45
Connecticut.	1 25
Dakotah.	1 80
Delaware.	1 45
Floride : Jacksonville	1 80
Pensacola.	1 55
Key-West.	2 10
Autres bureaux.	1 80
Géorgie.	1 55
Idaho (territoire d').	1 90
Illinois.	1 55
Indiana (territoire d')	1 55
Indien (territoire).	1 80
Iowa.	1 80
Kansas (territoire de).	1 80
Kentucky.	1 55
Louisiane, New-Orléans.	1 55
Autres bureaux.	1 80
Maine.	1 25
Maryland.	1 45
Massachussetts.	1 25
Michigan.	1 55
Minnesota : Duluth, Minneapolis	1 55
Saint-Paul.	1 55
Autres bureaux.	1 80
Mississipi.	1 55
Missouri : Saint-Louis.	1 55
Autres bureaux.	1 80
Montana (territoire de).	1 80
Nebraska (territoire de).	1 80
Nevada (territoire de).	1 90
New-Hampshire.	1 25
New-Jersey.	1 45
New Mexico.	1 80
New-York, City (ville), Brooklyn Yonkers.	1 25
Autres bureaux.	1 45
Ohio.	1 55
Oklaoma (territoire d').	1 80
Orégon.	1 90
Pensylvanie.	1 45
Rhode-Island.	1 25
Tennessee.	1 55

Texas.	1 80
Utah (territoire d').	1 90
Vermont.	1 25
Virginie occidentale et orientale.	1 55
Washington (territoire de).	1 90
Wisconsin.	1 55
Wyoming.	1 80
Gabon (2).	8 21
Gibraltar (2).	» 25
Golfe persique (1) : Bushire.	2 47
Autres bureaux.	4 50
Grande-Bretagne et Irlande (2).	» 20
Guatémala (1).	5 30
Grèce (2) :	
Grèce continentale, île de Poros et Eubée	» 535
Iles, moins Poros et Eubée	» 57
Guyane anglaise (1) : Damerora, Berbice et tous les autres bur.	15 60
Héligoland (île de) (2) ⊠.	» 20
Honduras (1).	5 30
Iles Britanniques (2).	» 20
Indes néerlandaises (1) :	
Boeleleng (île de Bali), Sumatra, Java et Macassar (île de Célèbes).	7 20
Indo-Chine (1) : Penang.	5 95
Perak (4)	6 15
Malacca (1)	6 70
Sungie-Ujong	6 95
Selangor	7 15
Singapore.	6 95
Indoustan (1) :	
Bureaux des Indes.	4 50
Bureaux de la Birmanie.	4 75
Bureaux de Ceylan.	4 625
Irlande (Voir Grande-Bretagne).	
Italie (2) ⊠.	» 20
Japon (1).	9 35
Kotonou (Porto-Novo) (2).	7 61
Lagos (Afrique) (1).	10 44
Laurenço-Marquès (1).	10 55
Luçon (île de) (1) (Manille).	10 50
Luxembourg (grand-duché)(2) ⊠.	
Relations frontières.	» 10
Relations générales.	» 10
Madagascar.	
Madère (1).	1 375
Malte (île de) (2).	» 40
Manche (îles de la) (2).	» 20
Maroc (1) (Tanger, seul bur. ouv.)	» 37
Massouah (Afrique) (1).	4 45
Mexique (1) :	
Chihuana, Guaymas, Hermosillo, Matamoras, Monterey, Sabinas, Baltillo, Sauz.	2 20
Mexico-City, Tampico, Vera-Cruz Coatzacoalcos, Jaltipan, Reyes, San-Geronimo, Tehuantepec,	3 15
Zarabia.	8 35
Autres bureaux.	3 35
Mombassa (île) (1)	9 25
Monténégro (2).	» 285
Moscheedi (colonie du Cap) (Afrique)	11 »
Mossamédès (2).	13 22
Mozambique (1).	10 55
Natal (colonie de) (1) : Durban.	10 50
Autres bureaux.	10 70
Nicaragua (1) : San-Juan-del-Sur	6 25
Tous les autres bureaux.	6 55
Nouvelle-Zélande (1).	12 20

Norwège (2). ☒.	» 40
Obock (1)	4 40
Panama Isthme de (1) Tous les bur.	6 25
Paraguay (1) : tous les bureaux .	8 59
Pays-Bas (2) ☒.	» 16
Pérou (1) :	
Aréquipa, Islay et Puno. . . .	10 20
Callao, Chorillos et Lima. . . .	10 20
Mollendo.	10 20
Payta.	10 20
Piura.	10 20
Chançay, Chicla, Chosica, Hua-	
cho, Matucana, San Bartho-	
lome, San Malco, Santa Clara,	
Supe, Surco.	10 20
Tous les autres bureaux. . .	10 20
Perse (1).	1 70
Port-Nolloth (Afrique)	10 70
Portugal (2) ☒.	» 20
Princes (îles des) ou (Principe) (2)	8 63
Ramoutsa (colonie du Cap) (Afrique).	11 »
République argentine (1) :	
Tous les bureaux	8 59
Rhodes (île de) (2).	2 95
Roumanie (2).	» 285
Russie : d'Europe et du Caucase (2)	» 40
Russie : d'Asie, 1re région (1) . .	1 90
— 2e région (1) . .	3 025
Sainte-Marie-Bathurst Afriq.) (1)	6 94
Saint-Paul-de-Loanda 2)	10 46
St-Pierre-et-Miquelon (îles) (1)	1 25
Saint-Thomas île) (2) ou San-	
Thomé (côte occidle d'Afrique) .	7 96
St-Vincent (Ile du Cap-Vert) (1). .	3 325
Salvador (1) : Libertad	5 »
Tous les autres bureaux. . .	5 30
San-Thiago (Praia) (Cap-Vert) (1).	4 45
Sénégal (2).	1 50
Serbie (2).	» 285
Siam (1).	5 325
Sierra-Leone. (Afrique) (1). . .	7 94
Suède (2).	» 32
Suisse (2) ☒ : Relations frontières	» 125
Relations générales.	» 125
Tonkin (1).	7 225
Transwaal (1).	10 70
Tripolitaine (2).	1 20
Turquie d'Europe et d'Asie, y com-	
pris les îles sauf l'Arabie (2). .	» 53
Uruguay (1), tous les bureaux . .	8 59
Vénézuela (1) : tous les bureaux.	13 65
Zanzibar (1).	9 25

CHEMINS DE FER

VOYAGEURS

Tarif ordinaire.

En France, les six grandes Compagnies de chemins de fer perçoivent, pour le transport des voyageurs :

- 0 fr. 01232 par kilomètre pour la 1re classe.
- 0 fr. 00924 — — 2e —
- 0 fr. 06776 — — 3e —

Les 29/154 de ces sommes sont perçus à titre d'impôt (¹) et reversés au Trésor par les Compagnies.

Les chemins de fer de l'État ont un tarif à base décroissante. Jusqu'à 50 kil. les taxes sont celles des Compagnies; au delà elles diminuent, et le prix kilométrique s'abaisse d'autant plus que la distance à parcourir est plus considérable.

Les données ci-dessus permettent d'établir le prix de la plupart des voyages en chemin de fer : exactement, si l'on connaît le nombre de kilomètres à parcourir; approximativement, dans le cas contraire.

En principe, on paye d'après l'itinéraire suivi. Ainsi, un voyageur qui veut aller de Paris à Marseille rapidement passera par Dijon et Lyon; s'il veut faire une petite économie sur le prix du trajet, il passera par Clermont et Nîmes, voie plus courte, mais plus lente.

(¹) Les Compagnies se sont engagées par les Conventions : 1° à réduire leurs taxes de 10 0/0 pour la 2e classe et de 20 0/0 pour la 3e classe lorsque l'État supprimera la taxe ajoutée par la loi du 16 septembre 1871 aux impôts de grande vitesse (10 0/0 des prix antérieurs à cette date); 2° à faire de nouvelles réductions sur les taxes si ultérieurement l'État en fait d'autres sur l'impôt.

Billets d'excursion sur toutes les Compagnies, avec itinéraires tracés au gré des voyageurs.

Pendant toute l'année, il est délivré des billets à prix réduits de 1re, 2e et 3e classe pour voyages d'excursions sur les réseaux de l'Ouest-Est-État-Midi-Nord-Orléans et P.-L.-M., avec itinéraires tracés d'avance au gré des voyageurs; ces itinéraires peuvent comprendre des lignes d'un seul ou de plusieurs réseaux; ils doivent ramener les voyageurs à leur point de départ. Le voyageur a cependant la faculté de sortir des réseaux participants par une gare frontière et de rentrer sur ces réseaux par une autre gare frontière, et inversement. Le prix d'un voyage d'excursion est fixé à raison du parcours total à effectuer, mais sur un minimum de 300 kilomètres, et comporte une réduction variant de 20 à 60 0/0 environ sur les prix du tarif légal.

Ces billets sont individuels ou collectifs et sont valables pendant 30 jours pour des parcours inférieurs à 1,500 kil.; 45 jours pour des parcours de 1,500 à 3,000 kil.; 60 jours pour des parcours supérieurs à 3,000 kil.

Lorsqu'un billet collectif s'applique à plus de deux personnes, les prix sont réduits de 10 0/0 pour la troisième personne, et de 25 0/0 pour la quatrième et pour chaque personne en sus.

En aucun cas le prix par personne, qu'il s'agisse de billets individuels ou de billets collectifs, ne peut être inférieur au double du prix d'un billet simple au tarif ordinaire entre la gare de départ et la gare comprise dans l'itinéraire pour laquelle ce dernier est le plus élevé.

Le voyage.

L'heure dans les gares. — L'heure qui sert à régler la marche des trains, dans toute la France, excepté sur le réseau du Nord, est celle de l'Observatoire de Paris, retardée de 5 minutes. Sur le réseau du Nord, le retard n'est que de 3 minutes.

C'est cette heure que marquent les horloges *à l'intérieur* des gares. (Il est donc midi à la gare de Brest en même temps qu'à la gare de Nice, bien que l'écart entre les heures locales atteigne 47 minutes.)

Les horloges *extérieures* des gares sont en avance de cinq minutes sur l'intérieur.

Quand on se rend à l'étranger, il ne faut pas perdre de vue qu'entre l'heure d'arrivée à la frontière et l'heure de départ il n'y a pas l'écart qui semblerait résulter du rapprochement des heures données par l'Indicateur; cela tient à ce que ces heures sont celles de deux capitales différentes. Il faut réduire l'intervalle aux frontières de Belgique (de 13 minutes), d'Alsace-Lorraine (26^m), de Suisse (26^m) et d'Italie (47^m); il faut l'augmenter à Irun (25^m), point de transit occidental avec l'Espagne.

Installation en wagon ([1]). — Quand vous montez en wagon, relevez sur votre carnet le numéro du wagon et le numéro du compartiment dans lequel vous vous trouverez. — Vous croyez n'en avoir que faire? — Relevez-les tout de même : l'expérience vous montrera tôt ou tard que c'est une précaution utile.

En route. — Quand on voyage, il est bon d'avoir sur soi un crayon (d'aniline de préférence), des enveloppes et des timbres-poste, tout au moins des cartes-lettres. En partant, on oublie toujours de dire ou d'emporter quelque chose. Vite, en chemin de fer, on répare l'oubli; il n'est pas difficile d'écrire quelques mots au crayon pendant la marche d'un train ; on peut réserver l'adresse pour un stationnement. Les compagnies de chemins de fer viennent de faire mettre des boîtes aux lettres à l'intérieur des gares, comme il en existait à l'extérieur. A défaut, on remet sa lettre à un homme de service; elle est prise par le train venant en sens inverse.

Les Compagnies de chemins de fer ont beaucoup plus d'attentions pour le public que les boutades des journalistes ne pourraient le faire croire. Elles se prêtent par exemple très volontiers à la remise des télégrammes aux voyageurs en cours de route.

([1]) Nous profitons de ce que le chapitre *Chemins de fer* est ouvert pour y glisser quelques conseils.

Vous partez pour Nice, inquiet sur le sort de quelqu'un. Si vous voulez ne pas rester vingt-quatre heures sans nouvelles, télégraphiez, dès votre installation, le numéro de votre wagon, de votre compartiment et de votre train, et vous pourrez recevoir, aux grandes gares d'arrêt, des dépêches de votre correspondant, s'il a la bonne précaution de faire la part des retards éventuels qu'elles peuvent subir.

Bien que ce soit plus connu, nous ajouterons que, inversement, toutes les gares ouvertes à un titre quelconque à la télégraphie privée doivent recevoir les dépêches remises au passage par les voyageurs. Si le stationnement du train n'est pas suffisant pour permettre d'aller au télégraphe, les agents du chemin de fer doivent se charger de la dépêche.

BAGAGES

On appelle bagages les colis qui font route en même temps que les voyageurs.

En France, les Compagnies de chemins de fer transportent gratuitement 30 kilog. de bagages (1) par voyageur et 20 kilog. par enfant payant demi-place; elles perçoivent seulement un droit d'enregistrement de 10 centimes.

Les excédents de bagages sont taxés à raison de 0 fr. 0005544 par kilog. d'excédent et par kilomètre à parcourir, ou, si l'on veut, à raison de 0 fr. 05544 par chaque 10 kilog. parcourant 10 kilomètres. Quand l'excédent dépasse 40 kilog., le prix est réduit à 0 fr. 00044352 (il est applicable dès le premier kilogramme), mais on y ajoute de légers frais de manutention, indépendants du chemin à parcourir (1 fr. 76 par 1,000 kilog.).

Recommandation. — Ne jamais partir en voyage sans munir tous ses colis (aussi bien les malles que les petits sacs qu'on garde avec soi, les couvertures, les paquets de parapluies, etc.) de petites étiquettes parcheminées, à œillet, qu'on

(1) Dans certains pays, on ne reçoit comme bagages que des objets de voyage (malles, valises, sacs, etc.), ce qui est assez naturel. En France, on fait enregistrer une charrue, un sac de charbon, etc.

vend tout exprès (ou, à défaut, de porte-fiches dont il est question ci-après), et qui sont destinées à recevoir l'indication du nom et de l'adresse du voyageur. Si vous ne pouvez pas indiquer avec sûreté votre adresse dans le lieu où vous vous rendez, indiquez votre domicile habituel.

Si cette précaution était observée, des milliers d'objets ou de colis qui se perdent mensuellement sur les chemins de fer, par la faute des voyageurs, retourneraient à leurs propriétaires.

Porte-fiches. — Les Compagnies de chemins de fer commencent à prendre, à l'exemple de la Compagnie de Lyon, une excellente mesure de protection à l'égard des bagages. A tous les colis qui méritent d'être préservés de la colle et des étiquettes, elles attachent un *porte-fiches* sur lequel on colle les fiches de destination qu'on collait autrefois directement sur les malles. Il résulte de là, comme second avantage, très appréciable, qu'il n'y a plus de confusion possible entre la bonne étiquette et les anciennes, et, partant, plus d'erreurs dans l'acheminement des bagages.

Pour être plus sûr d'avoir un porte-fiches à votre malle, mettez-l'y vous-même ou veillez à ce qu'on l'y mette. Les Compagnies de chemins de fer, notamment les gares du réseau de Lyon, en délivrent gratuitement aux voyageurs.

MESSAGERIE

On appelle messagerie les colis transportés par les mêmes trains que les personnes (ou par des trains de même vitesse), mais non accompagnés de ceux qui les expédient.

Le transport de la messagerie se fait aux mêmes conditions de prix que le transport des excédents de bagages.

Recommandation. — Il ne se perdrait jamais de colis de messagerie si les expéditeurs avaient toujours la précaution de mettre l'adresse du destinataire à l'intérieur du colis (ce qui n'empêche pas de la mettre aussi à l'extérieur), parce que le premier soin des gares qui ont un colis dévoyé est de l'ouvrir pour voir si elles trouveront, à l'intérieur, un indice leur permettant de remettre le colis dans la bonne voie.

Le public ne se doute pas combien une simple précaution de ce genre est grosse de conséquences.

PETITE VITESSE

Les transports faits en petite vitesse sont ceux pour lesquels les Compagnies de chemins de fer ont droit à un délai de vingt-quatre heures par 125 kilomètres à parcourir (200 kilomètres sur les grandes lignes), non compris le jour de la remise ni le jour de la livraison.

Dans ce mode de transport, les marchandises payent un prix en rapport avec leur valeur.

Ici, nous n'avons à envisager que les malles, caisses de livres, de linge, les mobiliers si l'on veut, toutes marchandises qui payent la taxe la plus élevée (taxe de la 1re série).

Le prix d'un transport en petite vitesse comprend : 1º une somme de 0 fr. 80 (timbre et enregistrement), indépendante du poids et de la distance; 2º une somme de 0 fr. 015 par 10 kilog. (frais de manutention) indépendante de la distance; 3º une somme variant avec le poids et la distance.

Cette dernière somme est fixée à 0 fr. 0025 par 10 kilog. et par kilomètre (quelle que soit la série) pour les transports ne dépassant pas 40 kilog. Au delà de 40 kilog., la taxe est différentielle (sauf sur le Midi), c'est-à-dire que le prix de base kilométrique est d'autant plus faible que le nombre de kilomètres à parcourir est plus élevé.

La taxe (1re série) part de 16 centimes par tonne et par kilomètre, et elle tombe progressivement à 9 ou à 7 centimes, suivant les Compagnies, quand la distance atteint 1,000 kilomètres. Sur le Midi, elle est uniformément de 14 centimes.

QUATRIÈME PARTIE

LA VIE COURANTE

LE
LIVRE UTILE

LA CORRESPONDANCE PRIVÉE

DES CARTES DE VISITE

La nécessité d'écrire parfois sur les cartes de visite a fait adopter le bristol et le parchemin pour leur fabrication ; les cartes glacées ne sont plus d'usage. Les noms sont imprimés en caractères simples, de grosseur moyenne ; les dimensions des cartes varient suivant le caprice. Les papetiers donnent à choisir parmi les modèles qui sont usités au moment.

Les couronnes et les armoiries ne se mettent pas sur les cartes des grands seigneurs et des grandes dames de France ; les mots Monsieur et Madame ne précèdent pas leurs titres. Quelque nombreux que soient ceux qu'ils possèdent, ils n'en prennent qu'un, à moins de raisons particulières dont ils sont seuls juges.

Les hommes n'ajoutent pas « Monsieur » à leur nom ; ils n'y joignent que leur prénom ; encore se bornent-ils généralement à son initiale. Il est rare qu'ils omettent leur profession sur leurs cartes. Les fonctionnaires et militaires retraités accompagnent leur titre des mots « en retraite ». L'adresse est toujours usitée. Les femmes ne la font pas imprimer, elles l'écrivent, toutes les fois qu'elles ont lieu de penser que leur demeure n'est pas exactement connue des personnes qui ont à leur écrire ou à venir les voir. Les changements de domicile

sont si fréquents à Paris, que cette précaution est loin d'être
superflue.

Une femme non titrée fait précéder son nom du mot
« Madame ». Quand il peut y avoir confusion avec une autre
personne de sa famille, elle ajoute le prénom de son mari, et
non le sien. Elle le prend aussi lorsque ce nom de famille est
vulgaire, et qu'il est illustré par l'homme qui le porte.

Le mari et la femme, outre leur carte personnelle, en ont
une collective. A moins que l'on ne soit titré, l'on imprime
alors Monsieur et Madame ***. Cette carte n'indique ni profession ni adresse.

Il y a aussi des cartes collectives pour une mère et ses filles.
On met alors Madame *** et ses filles; ou mieux Madame et
Mesdemoiselles ***. Il est plus usité maintenant que les jeunes
filles ajoutent simplement leur nom au crayon sur la carte de
leur mère.

La mode commence à proscrire les abréviations sur les cartes
de visite. Les mots Madame, Mademoiselle, etc., ne s'impriment plus Mme, Mlle sur les cartes des gens du monde;
cependant les cartes ainsi rédigées sont encore employées. Les
titres s'impriment aussi en toutes lettres; seulement, si le nom
est trop long pour tenir dans une seule ligne, l'abréviation du
titre est tolérée.

Quelques personnes font imprimer des cartes collectives,
portant les noms de tous les membres de la famille. Ces cartes,
bordées de noir, sont envoyées aux personnes qui ont assisté
à un enterrement.

Les nécessités sociales obligent une orpheline, non mariée et
vivant chez elle, à avoir des cartes, bien qu'en théorie elle soit
dispensée d'en donner, quel que soit son âge. Il est mieux que
deux sœurs orphelines n'aient qu'une carte collective.

Les orphelines qui restent chez une parente en usent avec
elle comme les filles avec leur mère. Elles ajoutent ou ne
mettent pas, selon leur fantaisie, leur prénom ou son initiale.

Les cartes bordées de noir sont de rigueur tant que l'on est
en deuil; la bordure est plus ou moins large, selon la nature
et l'époque du deuil.

Toutes les fois que la carte remplace une visite, elle est

cornée, ou bien, suivant l'usage nouveau importé d'Angleterre, elle est pliée à gauche à l'endroit. Pour les visites de condoléance, c'est à droite à l'envers. Dans tous les autres cas, la carte n'est ni pliée ni cornée.

Celle que l'on envoie est sous enveloppe; celle que l'on porte n'en a pas. Cependant, lorsqu'il y a plusieurs locataires dans la maison, il vaut mieux la mettre sous enveloppe, avec le nom du destinataire, pour éviter toute erreur.

Il est d'usage d'en envoyer aussitôt que l'on a reçu un cadeau, une invitation quelconque ou une lettre de faire part. En cas de refus d'une invitation à dîner — mais seulement dans ce cas — une réponse verbale ou écrite est de rigueur. C'est seulement avec les intimes que l'on se dispense d'envoyer des cartes si l'on accepte l'invitation. On ne prévient par écrit d'un refus que si on ne peut le faire verbalement.

Dans les huit jours qui suivent un bal, une soirée, un concert où l'on a assisté, l'on fait remettre sa carte. Entre personnes qui se voient habituellement, la carte est remplacée par une visite dans la quinzaine.

Tout événement heureux ou malheureux impose aux connaissances l'envoi d'une carte. Pour une élévation subite à une haute position, un sentiment de dignité doit consigner chacun chez soi. C'est au nouveau personnage à reconnaître et à rappeler ses amis. On se bornera à lui adresser une carte, avec quelques mots de félicitations.

Lorsqu'un jeune homme se fait présenter, si la personne l'invite à l'aller voir, il doit, dès le lendemain, lui envoyer sa carte, puis lui faire une visite peu de temps après.

En principe, un homme est tenu de laisser autant de cartes qu'il y a de membres dans la famille, mais en réalité il n'en donne que deux; encore la carte collective du ménage compte-t-elle pour une.

Une carte, non cornée, se joint à tout présent que l'on envoie; on la plie ou on la corne si l'on prend la peine de le porter soi-même. Un coupon de loge, une carte d'entrée quelconque, un renseignement demandé, une lettre de recommandation s'envoient très bien sous enveloppe, avec une carte au lieu de lettre. On ajoute aussi une carte au livre rendu ou prêté, aux papiers que l'on dépose ou que l'on restitue; mais comme cela est un peu cérémonieux, l'on s'en dispense entre amis.

BILLETS D'INVITATION, D'ACCEPTATION, DE REFUS

I. — Invitation à un dîner, à une soirée, etc.

Monsieur et Madame A... présentent leurs respects à Monsieur et Madame D..., et les prient de vouloir bien les honorer de leur présence à dîner mardi prochain à six heures.

Monsieur et Madame A... prient Monsieur et Madame B... de vouloir bien venir dîner avec eux mardi prochain à cinq heures, et leur présentent leurs meilleurs compliments.

Monsieur et Madame D... prient Monsieur E... de leur faire l'amitié de venir dîner avec eux mercredi prochain à six heures, et lui renouvellent tous leurs compliments.

Mon cher Monsieur M...,

Ayez l'extrême obligeance de venir nous voir demain soir. Nous aurons Monsieur P... et quelques autres personnes qui seront très heureuses de faire votre connaissance. Nous serons en très petit comité. Veuillez bien faire nos amitiés les plus sincères à Madame M... et embrasser bien tendrement pour nous votre chère et charmante enfant.

Votre ami tout dévoué.

II. — Acceptation.

Monsieur et Madame D... présentent leurs hommages à Monsieur et à Madame A...; ils s'empresseront de se rendre à leur obligeante invitation.

Monsieur P... prie Madame de C... d'agréer ses respectueux remerciements; il aura l'honneur de se rendre à l'invitation quelle a daigné lui envoyer.

Monsieur O... accepte avec empressement l'invitation qu'il a eu l'honneur de recevoir de Madame D... et la prie d'en agréer tous ses remerciements.

Monsieur L... aura l'honneur de se rendre jeudi prochain à l'invitation que Monsieur P... a eu l'extrême bonté de lui adresser.

III. — Refus.

Monsieur et Madame D... regrettent que des engagements antérieurs les empêchent d'accepter l'aimable invitation de Monsieur et de Madame A... pour mardi.

Monsieur B...prie Madame A...de recevoir ses remerciements et l'expression de ses regrets. Déjà engagé, il ne peut accepter l'invitation qu'elle lui a fait l'honneur de lui adresser.

Des affaires impérieuses ne permettent point à Monsieur G... de profiter de l'invitation que Madame R... a daigné lui adresser; il la prie d'agréer ses excuses et ses hommages respectueux.

LETTRES DE FAIRE PART

On appelle ainsi les lettres dans lesquelles on annonce à ses connaissances un mariage, une naissance ou un décès. Elles sont écrites ou imprimées sur feuilles doubles in-quarto.

I. — Mariage.

Lettre de faire part des parents du marié.

Monsieur et Madame A... (noms et qualités) ont l'honneur de vous faire part du mariage de Monsieur B., leur fils, avec Mademoiselle C.

9

Lettre de faire part des parents de la mariée.

Monsieur et Madame D... (noms et qualités) ont l'honneur de vous faire part du mariage de Mademoiselle C..., leur fille, avec Monsieur B...

OBSERVATION. — La lettre de faire part des parents du marié et la lettre de faire part des parents de la mariée peuvent s'envoyer ensemble.

Autre.

Monsieur et Madame K... ont l'honneur de vous faire part du mariage de Monsieur M..., leur fils, avec Mademoiselle N...

Et vous prient d'assister à la bénédiction nuptiale qui leur sera donnée, le jeudi 18, à 11 heures, à l'église de Saint-Eustache, leur paroisse.

NOTA. — On se servira de ce dernier modèle en écrivant à des amis; on enverra alors la lettre au moins huit jours d'avance, et l'on ajoutera si l'on veut, au bas du billet, l'invitation au repas et au bal.

II. — Naissance.

Monsieur A....a l'honneur de vous faire part de l'heureuse délivrance de son épouse, accouchée aujourd'hui d'un garçon (ou d'une fille).

III. — Décès.

Monsieur A..., Monsieur B..., Madame C..., etc., ont l'honneur de vous faire part de la perte douloureuse qu'ils viennent de faire en la personne de Madame D..., leur épouse, mère, sœur, etc., décédée en son domicile, le...

De profundis.

Monsieur,

Vous êtes prié d'assister aux convoi, service, enterrement de Monsieur Nicolas-Marie-François Clotaire, receveur de l'enregistrement, chevalier de la Légion d'honneur, membre du

Conseil municipal, décédé dans sa soixante-septième année, en son domicile, rue de l'Arcade, n° 17, muni des sacrements de l'Église.

On se réunira à la maison mortuaire à onze heures précises.

De profundis.

De la part de... (noms des parents du défunt jusqu'aux petits-neveux).

DE LA FORME MATÉRIELLE DES LETTRES

Le papier. — On emploie du papier à lettre de différents formats : papier in-folio, dit papier *à la Tellière*, pour les pétitions ; papier in-quarto, pour les lettres ordinaires ; papier in-octavo, pour les lettres familières et les billets ; mais, quel que soit le format que l'on choisisse, il faut toujours écrire sur une feuille double ; cependant, les lettres d'affaires et de commerce s'écrivent souvent sur feuilles simples. Depuis quelques années, on marque assez souvent le coin gauche du papier avec un timbre sec portant les lettres initiales du nom de celui qui écrit, ou même ses armes, quand il en a.

La date. — Elle indique le lieu, le jour, le mois et l'année où l'on écrit. Elle est indispensable dans les lettres d'affaires et de commerce. On peut la placer, soit en haut de la première page, à droite, soit en bas de la dernière page, à gauche, vis-à-vis, ou plutôt un peu au-dessous de la signature. L'usage de placer la date au haut de la lettre a surtout lieu pour les lettres d'affaires ; mais, quand on veut marquer à quelqu'un du respect ou simplement de la politesse, il faut toujours mettre la date au bas de la lettre.

La tête de la lettre. — Une lettre commence ordinairement par le mot *Monsieur*, placé tout seul à une certaine distance du haut de la page et du commencement de la lettre. Quand ce mot *Monsieur* est ainsi isolé, on dit qu'il est placé *en vedette*. Dans les lettres familières, on peut mettre le mot *Monsieur*

9.

dans le corps de la lettre, au lieu de le mettre en vedette ; par
exemple : Je regrette beaucoup, Monsieur, de... J'ai reçu,
Monsieur, la nouvelle...

Quand il existe entre les correspondants un certain degré
d'intimité, on peut se servir des formules : *Mon cher Monsieur,
Mon cher Monsieur X..., Monsieur et cher X...,* que l'on
place ou non en vedette. En écrivant à un parent ou à un ami,
on dira : *Mon cher père, Mon cher oncle, Mon cher ami,
Mon bon ami, Mon ami, Mon cher, Mon cher X...,* que l'on
placera ou non en vedette, suivant qu'on voudra marquer du
respect ou de la familiarité. Mais, quand on écrit à une personne d'un rang élevé, et envers laquelle on tient à observer
toutes les cérémonies de l'étiquette, il est de rigueur de placer
le mot *Monsieur* en vedette, et à une distance d'autant plus
grande du corps de la lettre qu'on veut témoigner plus de respect. Quand cette personne a un titre, il faut le mettre ; par
exemple : *Monsieur le Comte, Monsieur le Préfet, Monsieur
le Maréchal, Monsieur le Premier Président, Madame la
Maréchale, Madame la Comtesse,* etc. De plus, dans les pétitions, il faut mettre au haut de la page : *A Monsieur le Ministre de l'Intérieur, A Monsieur le Ministre de la Justice,
A Monsieur le Préfet du département de...*

Cette suscription doit être placée à peu près au tiers de la
feuille ; à quelque distance au-dessous, on écrit en vedette :
Monsieur le Ministre, ou *Monsieur le Préfet,* suivant les cas ;
au-dessous de ces mots commencera la lettre, qui sur cette
première page ne doit pas avoir, dans les pétitions, plus de
quatre lignes. Il faut avoir bien soin de ne jamais écrire en
abrégé les mots *Monsieur* et autres qualifications telles que
comte, maréchal, général, etc.

Le corps de la lettre. — Il faut éviter les abréviations, les
ratures, les renvois. Les *post-scriptum* ne sont admis qu'entre
personnes usant d'une certaine familiarité ; il faut se les interdire absolument quand on écrit à un supérieur. Si l'on a
oublié quelque chose d'important, on en sera quitte pour
recommencer la lettre.

Il n'est pas convenable de charger la personne à laquelle on s'adresse de faire dire quelque chose à une autre personne, si ce n'est des compliments pour parents.

Le mot *Monsieur* doit se répéter plusieurs fois dans le corps de la lettre, surtout si elle est un peu longue. La politesse exige également qu'on laisse à gauche une marge de deux ou trois doigts.

Les fins de lettres. — Les lettres se terminent par des formules qui expriment un sentiment affectueux ou respectueux pour la personne à laquelle on écrit, et qui sont suivies de la signature.

Pour marquer le respect, on dira :

> *Je suis avec respect, ou avec un profond respect, ou avec le plus profond respect,*
> *Monsieur,*
> *Votre très humble et très obéissant serviteur.*

A ce propos, dit *le Petit Secrétaire,* nous ferons observer que quelques personnes, qui attachent une importance extrême au cérémonial, ont discuté la question de savoir si l'on devait dire : *Je suis avec respect, Monsieur,* etc., ou *J'ai l'honneur d'être avec respect, Monsieur,* etc. Sans vouloir entrer dans un débat aussi puéril, nous croyons que la première formule a prévalu et qu'elle est préférable. Quant au *votre très humble et très obéissant serviteur,* il ne faut pas le prodiguer, à ce qu'il nous semble, mais bien le réserver, au contraire, pour les personnes auxquelles on veut marquer un respect réel. On peut dire aussi *votre très humble et très dévoué serviteur,* ou simplement *votre dévoué* ou *votre très dévoué serviteur ;* mais ces dernières façons de s'exprimer nous paraissent un peu moins respectueuses. On ne doit jamais dire simplement *votre très humble serviteur ;* l'expression *très humble* doit être suivie d'un autre qualificatif.

On se sert souvent de la formule suivante :

> *Recevez, ou Agréez, ou Veuillez recevoir, ou Veuillez agréer,*
> *Monsieur,*
> *L'assurance de ma considération distinguée, ou de ma haute considération.*

Ces manières de s'exprimer sont polies, mais ne doivent s'employer que vis-à-vis d'un inférieur ou d'un égal. Votre supérieur n'a pas besoin de savoir si vous avez de la considération et de l'estime pour lui ; vous lui devez autre chose que de la considération, à savoir du respect et quelquefois de l'obéissance.

On peut dire aussi :

> *J'ai l'honneur d'être, Monsieur, avec la plus grande considération,*
> *Votre très humble et très obéissant serviteur.*

Cette formule est plus respectueuse que la précédente.

Voici des fins de lettres plus familières :

> *Croyez ou Veuillez croire,*
> *Monsieur,*
> *Au respectueux attachement avec lequel je suis votre très dévoué.*

Recevez, Monsieur, l'assurance de mon respectueux attachement.

Je suis, avec les sentiments les plus distingués,
> *Votre dévoué serviteur.*

Agréez mes salutations empressées, ou mes salutations respectueuses.

Dans quelques lettres d'affaires on met : *Je vous salue,* ou *J'ai l'honneur de vous saluer;* dans toute autre lettre, il faut éviter soigneusement de terminer ainsi : ce serait une grave inconvenance et comme un parti pris de blesser la personne à qui l'on s'adresse.

Voici des formules entièrement familières :

Vous connaissez mes sentiments pour vous.

Votre affectionné, ou Votre tout dévoué.

Tout à vous, ou Tout à vous d'amitié.

Voici des formules aussi familières et plus affectueuses :

Je vous serre la main.

Je vous embrasse de tout mon cœur.

Je vous serre la main et je vous embrasse de tout mon cœur.

Croyez à ma vive amitié, ou *à ma vive et sincère amitié*, ou *à ma vieille et sincère amitié*.

Si la personne à laquelle vous écrivez vous a rendu quelque service, n'oubliez pas le mot de reconnaissance; mettez, par exemple :

Recevez, Monsieur, l'expression de ma respectueuse ou, suivant les circonstances, *de mon affectueuse reconnaissance.*

Quand vous vous adressez à quelqu'un qui a des titres, il faut avoir soin de les mettre après le mot *Monsieur;* ainsi, on dira, par exemple :

Je suis avec un profond respect,
Monsieur le Comte,
Votre très humble et très obéissant serviteur.

L'adresse. — Le premier soin à prendre est de l'écrire lisiblement. Elle doit contenir le nom, la profession et le lieu de résidence du destinataire. Quand il s'agit d'un haut fonctionnaire, tel qu'un préfet, un général, l'indication de la ville suffit. Dans tout autre cas, il faut mentionner la rue et le numéro pour les villes tant soit peu importantes. Quand la lettre est adressée dans une localité qui ne possède pas de bureau de poste, il faut indiquer le bureau de poste qui la dessert; on doit toujours ajouter le nom du département, excepté pour les plus grandes villes, comme Paris, Lyon, Bordeaux.

Il y a quelque temps, on répétait toujours dans les adresses le mot *Monsieur;* mais l'usage paraît s'introduire de ne plus l'écrire qu'une seule fois.

Il n'est pas rare de voir des adresses sur lesquelles est écrit le mot *Pressé*. L'administration des Postes ne tiendra et ne peut tenir aucun compte de cette recommandation; mais elle peut avoir son utilité, en ce que le concierge à qui la lettre sera remise la portera peut-être un peu plus tôt au destinataire.

Nous répétons ici l'observation que nous avons déjà faite pour les *têtes de lettres :* c'est que le mot *Monsieur* doit toujours être écrit en toutes lettres, et suivi des titres du destinataire, comme, par exemple : Monsieur le comte X..., Monsieur le général X...

Voici des modèles d'adresse :

Monsieur Bardin, instituteur,
Au Mesnil-sur-Oger,
Près Avize (Marne).

Monsieur Gignoux, banquier,
Rue de la Paix, 27,
A Lunéville (Meurthe-et-Moselle).

Monsieur le comte de la Pannautière, propriétaire,
Rue de la Chaussée-d'Antin, 15,
Paris.

Monsieur Olive, contrôleur des Douanes,
Cours Saint-Louis, 3,
Marseille.

LE MARIAGE

Les publications.

Tout mariage doit être précédé de deux publications, faites deux dimanches consécutifs, à la porte de la mairie de chacun des futurs époux.

Si l'un d'eux ne peut prouver six mois de domicile légal dans le même endroit, des publications à sa précédente mairie sont aussi nécessaires.

De plus, si les ascendants, dont le consentement est indispensable, habitent une autre commune, d'autres publications doivent être faites à leur municipalité.

Pendant les huit jours qui s'écoulent, d'un dimanche à l'autre, un extrait de cet acte reste affiché, à l'endroit réservé à cet effet, à chacune de ces mairies.

Ces actes portent les noms, prénoms, profession et domicile des futurs époux ; leur qualité de mineur ou de majeur, et la mention qu'ils se sont fait promesse de mariage. Les noms, prénoms et profession des parents y sont aussi indiqués, et l'on y mentionne leur domicile ou leur décès.

Le mariage ne peut être célébré que trois jours après la dernière publication, autrement dit, le mercredi, onzième jour à compter de la première publication.

L'on n'est pas obligé de se marier aussitôt après l'expiration du délai légal ; ce n'est qu'après l'année entière écoulée, que l'on serait forcé de recourir à de nouvelles publications.

Il importe de bien s'assurer si ces formalités et les délais prescrits ont été observés, sinon l'on serait passible d'une amende proportionnée à la fortune que l'on possède ; de plus, la validité du mariage pourrait être contestée.

Ces publications ont pour but de porter à la connaissance de tous la promesse de mariage, afin de faire surgir l'opposition de quiconque serait en droit de mettre empêchement au mariage projeté.

Pour les militaires et les employés à la suite des armées, vingt-cinq jours avant la célébration du mariage, les publications sont mises à l'ordre du jour, soit du corps, soit de l'armée, soit du corps d'armée, selon le grade et l'emploi du futur époux. Elles sont, de plus, affichées à la mairie de son dernier domicile.

Les oppositions.

Les personnes aptes à former une opposition pure et simple, sans courir le risque de payer des dommages-intérêts, sont d'abord le conjoint d'un précédent mariage, les père et mère, puis les aïeuls et aïeules, mais ceux-ci seulement si le père et la mère sont décédés ou hors d'état d'exprimer leur volonté.

Les autres membres de la famille n'ont droit d'opposition que si le futur époux en question est privé de ses facultés mentales, ou s'il est sous la dépendance d'un conseil de famille, qui n'a pas consenti au mariage.

Encore, dans le premier cas, l'opposant est-il obligé de provoquer l'interdiction, dans les formes et les délais voulus. Si son opposition est rejetée, il est passible de dommages-intérêts.

Les tuteurs et curateurs sont mis par le Code dans les mêmes conditions; de plus, ils sont contraints d'obtenir, auparavant, le consentement d'un conseil de famille.

Les actes d'opposition sont signifiés, tant aux intéressés qu'à l'officier de l'état civil qui doit procéder au mariage. Celui-ci est obligé de faire mention des oppositions sur le registre des publications.

S'il passait outre, avant que d'avoir la mainlevée, il serait condamné à une amende, et le mariage, ainsi contracté, serait nul de plein droit.

La demande en mainlevée est adressée, par la partie intéressée, au tribunal de première instance, dans la juridiction duquel son domicile est situé.

L'arrêt est prononcé dans les dix jours. En cas d'appel, c'est encore dans les dix jours que le jugement est cassé ou confirmé.

Dans l'acte de mariage, l'on fait mention qu'il n'y a pas eu d'opposition, ou que l'on a obtenu la mainlevée de celles qui se sont produites.

Les dispenses.

Les dispenses sont accordées par le chef de l'État. C'est à lui que la demande doit être adressée.

Une dispense est nécessaire à quiconque veut se marier, homme, avant dix-huit ans accomplis; jeune fille, avant quinze ans révolus.

L'on peut être aussi dispensé de la seconde publication. Mais dans l'un ou l'autre cas, il faut que la demande soit appuyée sur de très graves motifs, pour qu'elle soit prise en considération.

Au contraire, les dispenses de parenté ne sont guère qu'une affaire de forme. Elles sont obligatoires entre tante et neveu, oncle et nièce, beau-frère et belle-sœur.

Aucune loi ne permet une union entre plus proches parents, dans les pays civilisés.

Les consentements.

Le consentement du père et de la mère — à défaut d'eux, celui des aïeuls — est exigé par la loi, quel que soit l'âge des futurs époux. Les veuves même ne peuvent contracter un nouveau mariage, sans leur assentiment.

Cependant, si le fils a vingt-cinq ans et la fille vingt-un ans accomplis, la loi les autorise à passer outre, en faisant signifier, par un notaire, à l'ascendant qui refuse son consentement, les sommations qualifiées d'*actes respectueux*.

Trois sommations, à un mois d'intervalle l'une de l'autre, sont indispensables jusqu'à trente ans. Passé cet âge, un seul acte respectueux suffit, mais l'on ne peut se marier avant qu'un mois ne se soit écoulé depuis la dernière ou l'unique sommation.

En cas de dissentiment entre les parents, aussi bien qu'entre les grands-parents, le consentement du père ou de l'aïeul est suffisant, la puissance paternelle primant l'autorité maternelle.

Pour les mineurs qui n'ont plus d'ascendants directs, le consentement du conseil de famille est nécessaire.

Si les parents ne doivent pas être présents à la cérémonie, l'on est tenu de produire leur consentement notarié.

Les pièces exigées.

Ces pièces sont, de part et d'autre :

L'acte de naissance ou l'acte de notoriété qui en tient lieu;

Le consentement, par acte notarié, de ceux des ascendants qui ne doivent pas assister au mariage; ou, s'il y a lieu, leur acte de décès;

L'acte de décès du premier conjoint, en cas de veuvage;

Les certificats de publication dans les différentes mairies;

La mainlevée des oppositions qui auraient été faites;

Les dispenses de parenté ou d'âge, si elles sont nécessaires;

Un certificat du notaire, s'il y a un contrat de mariage;

Enfin, pour le futur époux, le certificat constatant qu'il a satisfait à la loi du recrutement.

La célébration.

Le mariage peut avoir lieu dans tout endroit ouvert et accessible à tous venants.

S'il est célébré dans une demeure privée, toutes les portes, depuis la pièce où l'on marie jusqu'à la rue, doivent être tenues grandes ouvertes, pendant toute la durée de la cérémonie, et quiconque se présente a le droit d'entrer librement.

Mais, à moins de circonstances particulières, le mariage se fait à la mairie de la future.

L'on marie les mardis, jeudis et samedis, de neuf heures du matin à cinq heures du soir. En s'entendant avec l'officier de l'état civil, maire ou adjoint, l'on peut se faire marier un autre jour.

Dans les grandes villes, la multiplicité des mariages occasionne parfois une attente prolongée. Aussi, pour ne pas retarder la cérémonie religieuse, l'on se marie généralement la veille à la mairie.

Dans ce cas, les mariés s'y présentent en habit de ville, avec leurs parents et les quatre témoins que la loi exige d'eux.

Ceux-ci sont toujours deux proches parents de chacun des mariés, deux amis intimes, ou encore quelque personnage important.

Il n'est pas indispensable que les témoins du mariage religieux soient les mêmes que ceux du mariage civil.

Le marié leur envoie des voitures, qui les mènent directement à la mairie.

Lui-même, accompagné de ses parents, se rend, avec deux voitures, chez sa fiancée; celle-ci l'attend, en toilette de ville, son bouquet à la main.

Dès qu'il paraît, elle prend, pour sortir, le bras de son père et monte avec lui et sa mère dans la première voiture. Les deux femmes sont au fond, la mariée à droite.

Le fiancé les suit, avec sa propre famille, dans la seconde voiture.

C'est au bras de son père, ou de celui qui le remplace, que la mariée se rend à la salle des mariages. Le futur époux passe après elle, conduisant sa propre mère. La mère de la jeune fille vient au bras du futur beau-père.

Les fiancés se placent l'un à côté de l'autre, la mariée à droite, devant le maire, qui est ceint de son écharpe, ou devant l'adjoint qui remplit ses fonctions.

Une table, sur laquelle sont préparés le registre des actes de mariage, le Code et les pièces exigées par la loi, sépare les futurs époux de l'officier de l'état civil. Chacun d'eux a ses témoins près de soi. Les parents se tiennent derrière.

Le maire donne lecture des actes et du chapitre IV du Code civil, relatif aux devoirs et aux droits respectifs des époux; puis il demande à chacun des époux s'il prend l'autre pour époux. Sur leur réponse affirmative, il les déclare, au nom de la loi, unis par le mariage.

La mariée signe la première l'acte de mariage; elle offre ensuite la plume au marié, qui la reçoit en lui disant : Merci, Madame.

Dès lors ce titre lui appartient de droit. Mais, dans quelques familles, ce n'est qu'après la cérémonie religieuse, que la jeune fille prend le nom de Madame. Cependant le mari ne lui en fait pas moins la réponse traditionnelle, devant l'officier de l'état civil.

L'on remet au mari un extrait de l'acte de mariage rédigé sur papier timbré.

Il est d'usage de verser quelque argent dans le tronc des pauvres, avant de quitter la salle des mariages. Les garçons de service reçoivent aussi de menues pièces blanches du marié.

Les époux sortent de la Mairie au bras l'un de l'autre. Ils montent dans la première voiture, avec le père et la mère de la jeune femme. Le marié laisse à sa belle-mère la seconde place du fond.

Les deux familles et les témoins se rendent à la maison de la mariée, pour y dîner, et passer ensemble la soirée.

Les nouveaux époux occupent à la table, en face l'un de l'autre, les places d'honneur, et non pas la place des maîtres de la maison, comme cela se voit parfois. Il en est de même pour tous les repas qui sont donnés à l'occasion des noces.

Le marié se retire avec ses parents, en même temps que les invités, si quelques parents et amis ont été admis à cette réunion.

DIVORCE & SÉPARATION DE CORPS

DU DIVORCE [1]

§ 1. Causes de divorce.

Les demandes en divorce ne peuvent avoir lieu que pour trois motifs :

1º L'adultère de la femme ou du mari. (C. civ., art. 229 et 230 nouveaux ; L. 29 juill. 1884.)

2º Les excès, sévices ou injures graves. (C. civ., 231.) — La

[1] La loi du 29 juillet 1884 a abrogé la loi du 8 mai 1816 et rétabli les dispositions premières du Code civil, à l'exception de celles qui sont relatives au divorce par consentement mutuel et avec des modifications apportées aux articles 230, 232, 234, 235, 261, 263, 295, 296, 298, 299, 306, 307, 310, 312.

Voici les articles du Code civil qui ont été modifiés par la loi du 29 juillet 1884. Nous ne rapportons que ceux relatifs au *divorce*, ceux qui se réfèrent à la *séparation de corps* trouveront leur place marquée plus loin.

De la procédure du divorce.

Des formes du divorce.

ART. 234. — La demande en divorce ne pourra être formée qu'au tribunal de l'arrondissement dans lequel les époux auront leur domicile.

ART. 235. — Si quelques-uns des faits allégués par l'époux demandeur donnent lieu à une poursuite criminelle de la part du ministère public, l'action en divorce restera suspendue jusqu'après la décision de la juridiction répressive : alors elle pourra être reprise sans qu'il soit permis d'inférer de cette décision aucune fin de non-recevoir ou exception préjudicielle contre l'époux demandeur.

ART. 261. — Lorsque le divorce sera demandé par la raison qu'un des époux est condamné à une peine afflictive et infamante, les seules formalités à observer consisteront à présenter au tribunal de première instance une expédition en bonne forme de la décision portant condamnation, avec un certificat du greffier constatant que cette décision n'est plus susceptible d'être réformée par les voies légales ordinaires. Le certificat du greffier question de savoir s'il y a excès, sévices ou injures graves est laissée à la prudence des juges.

· 3° La condamnation de l'un des époux à une peine afflictive et infamante. (C. civ., 232 nouveau.)

Le divorce ne peut avoir lieu par consentement mutuel. (Loi du 29 juill. 1844, art. 1.)

§ 2. **Effets du Divorce.**

Le principal effet du divorce est de dissoudre le mariage, de rompre le lien conjugal.

Les époux divorcés ne peuvent plus se réunir, si l'un ou l'autre a, postérieurement au divorce, contracté un nouveau mariage suivi d'un second divorce. Au cas de réunion des époux, une nouvelle célébration du mariage est nécessaire. — Les époux ne peuvent adopter un régime matrimonial autre que celui qui réglait originairement leur union.

Après la réunion des époux, il n'est reçu de leur part aucune nouvelle demande de divorce, pour quelque cause que ce soit, autre que celle d'une condamnation à une peine afflictive et infamante prononcée contre l'un d'eux depuis leur réunion.

La femme divorcée ne peut se remarier que dix mois après que le divorce est devenu définitif. (C. civ., 296 nouveau.)

Dans le cas de divorce admis en justice pour cause d'adultère, l'époux coupable ne peut jamais se remarier avec son complice. (C. civ., 298 nouveau.)

L'époux contre lequel le divorce a été prononcé perd tous les avantages que l'autre époux lui avait faits, soit par contrat de mariage, soit depuis le mariage. (C. civ., 299 nouveau.)

L'époux qui a obtenu le divorce conserve les avantages à lui faits par l'autre époux, encore qu'ils aient été stipulés réciproques et que la réciprocité n'ait pas lieu. (C. civ., 300 ancien.)

devra être visé par le procureur général ou par le procureur de la République.

Art. 263. — L'appel ne sera recevable qu'autant qu'il aura été interjeté dans les deux mois à compter du jour de la signification du jugement rendu contradictoirement ou par défaut. Le délai pour se pourvoir à la Cour de cassation contre un jugement en dernier ressort sera aussi de deux mois à compter de la signification. Le pourvoi sera suspensif.

Si les époux ne s'étaient fait aucun avantage, ou si ceux stipulés ne paraissaient pas suffisants pour assurer la subsistance de l'époux qui a obtenu le divorce, le tribunal pourra lui accorder, sur les biens de l'autre époux, une pension alimentaire, qui ne pourra excéder le tiers des revenus de cet autre époux. Cette pension sera révocable dans le cas où elle cesserait d'être nécessaire. (C. civ., 301 ancien.)

Les enfants seront confiés à l'époux qui a obtenu le divorce, à moins que le tribunal, sur la demande de la famille ou du ministère public, n'ordonne, pour le plus grand avantage des enfants, que tous ou quelques-uns d'eux soient confiés aux soins, soit de l'autre époux, soit d'une tierce personne. (C. civ., 302 ancien.)

Quelle que soit la personne à laquelle les enfants sont confiés, les père et mère conservent respectivement le droit de surveiller l'entretien et l'éducation de leurs enfants, et sont tenus d'y contribuer à proportion de leurs facultés. (C. civ., 303 ancien.)

La dissolution du mariage par le divorce admis en justice ne prive les enfants nés de ce mariage d'aucun des avantages qui leur étaient assurés par les lois, ou par les conventions matrimoniales de leurs père et mère, mais il n'y a d'ouverture aux droits des enfants que de la même manière et dans les mêmes circonstances où ils se seraient ouverts, s'il n'y avait pas eu de divorce. (C. civ., 304 ancien.)

DE LA SÉPARATION DE CORPS [1]

§ 1. Causes de séparation de corps.

Les causes de séparation de corps sont les mêmes que les causes de divorce. (C. civ., 306 nouveau.)

[1] La loi du 29 juillet 1884, art. 1er, contient encore sur la séparation de corps les dispositions suivantes, qu'il est utile de reproduire :

ART. 307. — Elle sera intentée, instruite et jugée de la même manière que toute autre action civile.

ART. 310. — Lorsque la séparation de corps aura duré trois ans, le juge-

§ 2. Effets de la séparation de corps.

La séparation de corps qui laisse subsister le lien conjugal, produit deux effets principaux :

1° Les époux sont dispensés de vivre ensemble, d'avoir un domicile commun. — Quant aux enfants, ils sont dans la même situation qu'au cas de divorce de leurs parents.

2° La séparation de corps emporte toujours la séparation de biens. (C. civ., 311.) — La femme séparée reprend la libre administration de ses biens et peut en conséquence faire tout acte d'administration ; mais elle n'aurait pas le droit d'aliéner des immeubles sans l'autorisation de son mari ou de la justice, car ce n'est plus là un acte d'administration.

ment pourra être converti en jugement de divorce sur la demande formée par l'un des époux.

Cette nouvelle demande sera introduite par assignation, à huit jours francs, en vertu d'une ordonnance rendue par le président.

Elle sera débattue en chambre du conseil.

L'ordonnance nommera un juge rapporteur, ordonnera la communication au ministère public et fixera le jour de la comparution.

Le jugement sera rendu en séance publique.

Sont abrogés les articles 233, 275 à 294, 297, 305, 308 et 309 du Code civil.

Art. 2. — . . . .

Art. 3. — La reproduction des débats sur les instances en divorce ou en séparation de corps est interdite sous peine de l'amende de 100 fr. à 2,000 fr. édictée par l'article 39 de la loi du 30 juillet 1881.

Art. 4. — Les instances en séparation de corps pendantes au moment de la promulgation de la présente loi pourront être converties par les demandeurs en instances de divorce. Cette conversion pourra être demandée même en cours d'appel.

La procédure spéciale au divorce sera suivie à partir du dernier acte valable de la procédure en séparation de corps.

Pourront être convertis en jugement de divorce, comme il est dit à l'article 310, tous jugements de séparation de corps devenus définitifs avant ladite promulgation.

TABLE DES MATIÈRES

Bordeaux. — Imprimerie G. Gounouilhou, rue Guiraude, 11.

DU MÊME AUTEUR

Notice historique et biographique complète sur le corps des Sapeurs-Pompiers de Bordeaux (1800-1889), 2 éditions.

A travers le vieux Bordeaux, un volume illustré (3 éditions), épuisé.

(Ouvrages honorés d'une approbation du Ministre de l'Instruction publique et d'une subvention du Conseil général de la Gironde et du Conseil municipal de Bordeaux.)

~~~~~

EN PRÉPARATION

A bas le pouvoir ! (chansons populaires politico-satiriques de 1600 à 1800).

Le Livre d'or des Sauveteurs de France.

(Deux forts volumes illustrés.)

Coı tes et Nouvelles.

~~~~~

SOUS PRESSE

Pour passer le temps (fantaisies en prose et caprices en vers).

Illustrations des premiers artistes.

Couverture de Léon FAURET.

Bordeaux. — Imp. G. GOUNOUILHOU, rue Guirau ·, 11.

www.ingramcontent.com/pod-product-compliance
Lightning Source LLC
Chambersburg PA
CBHW070248200326
41518CB00010B/1729